의상 전공자 및 교직이수자를 위한

논리·논술

저자 | 이연순

이화여자대학교 의류직물학과 졸업(이학사).
영남대학교 대학원 의류학전공(이학석사).
대구가톨릭대학교 대학원 공예학과(미술학석사).
경희대학교 대학원 의류학 전공(이학박사).
각종 패션디자인 경진대회 심사위원 역임.
각종 텍스타일디자인 공모전 심사위원 역임.
기능대회, 산업기사 출제 심사위원 역임.
각종 국제대회 초대작가.
개인전 10회.
산업디자이너.
대구 경북 대학 의류패션학과 연합 회장 역임.
영남대학교 생활과학연구소장 역임.
2012년 한국의류학회 저술상 수상.
현. 영남대학교 생활과학대학 의류패션 학과 교수.
현. 한국의상디자인 학회 감사.

의상 전공자 및 교직이수자를 위한

논리 · 논술

초판 발행 2012년 7월 27일

지은이 이연순
펴낸이 이효수

펴낸곳 영남대학교출판부

출판등록 1975년 9월 5일 경산 제16-1호

주소 경북 경산시 대학로 280
전화 053) 810-1801~3
FAX 053) 810-4722
홈페이지 book.yu.ac.kr

ISBN 978-89-7581-451-8 93590

의상 전공자 및 교직이수자를 위한

논리·논술

이연순 지음

영남대학교출판부

머리말

어떻게 생각을 잘할 것인가? 아마도 논리적으로 생각하라는 대답을 들을 수 있을 것이다. 우리들은 논리는 '어렵고, 옛 것이고, 고리타분하고, 매사를 따져야 하는 머리 아픈 것' 쯤으로 생각할 수도 있다. 의상관련 전공자들은 자신들과 논리는 전혀 관련이 없으며, 격이 맞지도 않다고 멀리했을지도 모르겠다. 논리하면 대학입시의 논술시험만을 연상했을 수도 있다.

현대는 수많은 정보가 밀물같이 밀려왔다가는 썰물같이 빠져나가기에, 지금의 생각들이 금방 낡아지고, 또 다른 낯선 생각들 속으로 내몰리고 있다. 이와 같이 우리들은 생각을 빠르게 하고 결정과 실행을 곧바로 하도록 채근 받고 있다. 이러한 상황에서 생각을 올바르게 하고, 결정과 실행에서 오류를 최소화하기 위해서는 우리 모두가 논리와 손잡고 재미있게 놀아야 한다.

특히 멋스러움과 사치 혹은 허영의 구획선에서 위태롭게 곡예를 해야 하는 의상 전공자들이 멋스러움의 영역에 우뚝 서기 위해서는 논리를 패션쇼 스테이지로 초대하여 런웨이(runway) 위를 함께 발맞추어 걷는 연습을 해야 할 것이다

교육과학기술부는 2009학년부터 대학의 교원양성교육과정에 논리 · 논술 교육을 필수과목으로 지정하였다. 따라서 유치원부터 초 · 중등교육 및 대학교육에 이르는 한국교육기관에서 논리 및 논술을 바탕으로 한 창의 · 인성교육을 교육목표로 제시하게 되었다. 이에 따라 대학에 교직과목이 개설된 모든 학과에서 전공과 관련한 논리 및 논술 교과목이 필수교직과목으로 개설되었으며, 의상과목 예비교사를 양성하는 대학의 의상관련 학과에서도 '의상논리 및 논술' 교과목이 필수교직과목으로 개설되었다.

저자는 대학에서 전공과목 및 교직과목을 강의해 오면서 토론수업, 과제 보고서 및 졸업 논문 작성, 작품 제안 및 제작 등을 지도할 때 생각의 실마리 풀어 나가는 능력, 의견을 설득력 있게 말이나 표현하는 능력, 디자인의 아이디어를 감각에만 의존하지 않고 논리적이고 창의적으로 제안하는 능력 등에 대한 교육이 필요함을 절실히 느껴 오고 있었다. 그

래서 '의상 논리 및 논술' 교과목의 개설은 매우 바람직하다고 생각하며, 이 교과목을 담당하게 되었고, 수업효율화와 강의의 수월성을 위해서 교재를 개발하게 되었다. 논리 및 논술관련 문헌으로는 대학입시의 논술고사용 교재와, 예비교사 또는 유아교사를 위한 교재들이 출간되고 있으나, 의상 관련 문헌들은 매우 드문 실정이다.

의상의 학문 분야는 피복재료 등의 자연과학분야, 패션마케팅 등의 사회과학분야 및 패션디자인 등의 조형예술분야가 공존하는 종합학문 성격과, 패션생활 및 산업과 직결된 응용학문의 성격을 가지고 있다. 따라서 학습 및 교육활동에 있어서 이론적 지식 함양과 더불어 디자인제안 및 의상제작 등에 필요한 창의적 능력과 실기 능력을 개발해야하는 특수성을 가지고 있다. 또한 오늘날에는 어느 분야를 막론하고, 자기주장을 말로써 논리적으로 표현하는 가장 강력하고 역동적인 형식인 토론이 수업에 활발히 적용되고 있으며, 사회 전반에 토론문화가 형성되고 있다.

이에 이 책은 논리 · 논술, 창의성 및 토론의 기본적인 내용과 이들을 의상분야를 비롯한 디자인분야의 학문적 특수성에 부합시켜, 실제 적용하는데 필요한 내용으로 구성하였다. 또한 논리 · 논술을 어렵게 생각하는 학생들을 위하여 실제적인 사례를 많이 제시하여, 이해하기 쉽고 재미있게 구성하고자 노력하였다.

이 책이 사회생활을 위해 요구되는 원활한 의사소통 능력을 함양하는 교양도서로서, 의상과목을 포함한 여러 분야의 예비교육자의 논리 · 논술 · 창의성 자질을 기르는 교직과목 교재로서, 의상을 비롯한 각종 디자인 전공자들을 위한 전문 지식, 창의성 개발, 졸업논문 작성, 졸업 작품 제작 능력 기르기 및 졸업 후 직장생활에 요구되는 전문가적 능력을 함양하는 전공도서로서 널리 활용되기를 바란다.

2012년 7월
이 연순 씀

차례

제3장

논리란 무엇이며, 의상분야에서 어떻게 적용할 것인가?

제4장

논증은 무엇이며, 의상분야에 어떻게 적용할까?

제5장

제6장

제8장

의상분야와 디자인

제9장

토론은 무엇이며, 어떻게 행해야 하나?

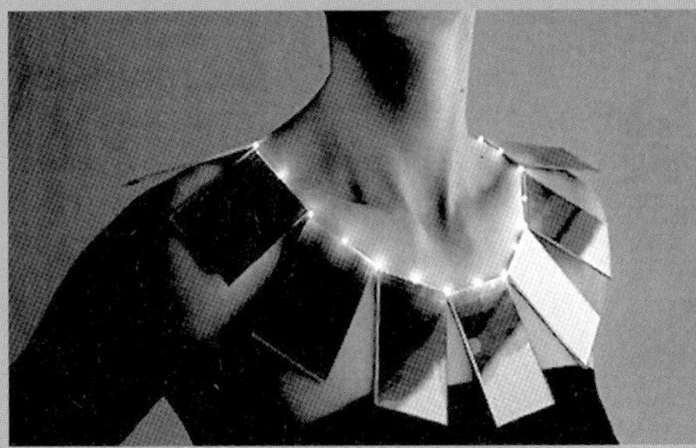

- Solar necklace uses sleek solar panels during the day to power stylish LED lights at night and clothing as thin flexible displays.
- Flexible displays has incorporated a flexible full color LED display on the jacket sleeve which reveals directional icons and arrows to direct skiers down the slopes.

제1장

의상관련 학문과 논리·논술

논술(論述)은 어떤 주제에 대해 논리적으로 서술하는 것을 말하며, 논리적으로 서술하기 위해서는 논리적 사고가 선행되어야 한다. 어떤 사안이나 사물에 대해 논리적 사고를 행하지 않고는 이치에 맞게 서술할 수가 없기 때문이다. 다시 말해서 논리적으로 사고한 바를 이해하기 쉽도록 체계적으로 서술한 것이 논술인 것이다. 따라서 논리와 논술은 하나로 연결된 과정이라 할 수 있다.

한국의 초기 논술시험은 고려시대 과거시험에서 찾아 볼 수 있으며, 1994학년도 대학입시에서 본고사 금지정책에 따라 논술고사 및 면접고사를 입시에 반영하게 되었다. 이와 같이, 대학 논술시험이 대학입학시험의 한 유형으로 도입되면서 학생과 학부형들에서부터 일반 대중들에 이르기까지 논술에 대한 관심과 중요성에 대한 인식이 높아지게 되었다. 오늘날에는 논술이 여러 자격 취득이나 취업을 위한 입사에서뿐만 아니라, 승진 등에서도 광범위하게 요구되고 있다.

또한 교육과학기술부는 2009학번부터 대학의 교원양성 교육과정에 논리 및 논술 교과목을 필수과목으로 지정하였으며, 이에 따라 유치원부터 초 · 중등교육 및 대학교육에 이르기까지 이에 대한 교육이 도입되어, 의상관련 분야에서도 '의상논리 및 논술' 이라는 교과목으로 논리 및 논술교육이 본격적으로 행해지게 되었다.

이에 본 장에서는 의상관련 학문의 특성과 논리 · 논술 관련성 및 의상관련 교직과목으로서 논리와 논술을 어떻게 적용할 것인지에 대해서 살펴보겠다.

1. 의상관련 학문의 특성은 무엇인가?

1_ 의상관련 용어

의상과 관련된 용어로는 의복, 의류, 피복, 복식, 복장, 패션 등 다양한 용어들이 사용되며, '옷' 이라는 용어로 통용되기도 한다. 이들의 용어 간에는 다소의 차이가 있는데, 다음과 같이 정리할 수 있다.

1) 의상 (衣裳, Costume)

의상(衣裳)의 한자어 의(衣)는 웃옷을, 상(裳)은 치마, 바지 등 하의를 의미하므로 한자어 의미로는 '겉에 입는 치마 혹은 바지와 저고리'를 의미한다. 의상을 영어로는 대개 'costume' 으로 번역하고 있으며, '특정 지역이나 시대의 의상(복장), 연극이나 영화 등에서 옷, 분장, 변장' 등을 의미하고 있다. 이와같은 이유에서 한국의상, 무대의상, 민속의상, 신부의상 등으로 널리 사용되고 있다.

그러나 오늘날 의상의 의미가 확대되어, 저고리와 치마, 겉에 입는 옷, 배우나 무용하는 사람들이 연기할 때 입는 옷 , 여자들이 입는 '겉옷' 등 '모든 옷' 의 의미로 폭넓게 사용되어 '의복' , '피복' 등과 혼용되기도 한다.

2) 의복 (衣服, clothes)

의복의 사전적 의미는 '몸을 싸서 가리거나 보호하기 위하여, 피륙 따위로 만들어 입는 물건' 이며, 영어로는 'clothes' 로 주로 번역된다. 그 뜻은 '신체를 덮어 보호하는 옷' 의 의미로 정리될 수 있다.

앞서 살펴본 '의상' 은 '겉옷의 의미와 특정 시기나 지역, 또는 특정용도로 입는 옷' 이라는 상징성이 다소 강하게 반영되고 있는데 비해서, '의복' 은 '속옷 등을 포함한 모든 옷' 의 의미와 옷의 기능성이 다소 강하게 반영되고 있다. 따라서 의복이라는 용어가 '사용된 사례로는 의복의 기원, 의복재료, 겨울철 의복, 의복관리,' 등을 들 수 있다.

3) 의류 (衣類, clothing)

의류의 사전적 의미는 '옷의 종류를 통틀어 일컫는 말'로서, 영어로는 대개 'clothing'으로 번역된다. 근래에는 '어패럴(apparel)'이라는 용어가 사용되기도 하는데 패션산업이 발달함에 따라 '매장에서 판매되는 의류, 또는 공식 행사 때 입는 의복이나 복장 등'을 의미한다. 따라서 의류라는 용어는 일반적으로 '여성의류, 남성의류, 의류도매상, 고급의류, 니트 의류' 등으로 사용되며, 어패럴 디자인, ㅇㅇ어패럴(의류제조회사명칭) 등으로도 사용된다.

4) 피복 (被服, clothing, garment)

피복(被服)의 사전적 의미는 '옷의 문어적 표현, 또는 공공기관의 단체복'이다. 옷과 관련된 용어 중에서 '의복'과 '피복'이 가장 널리 사용되는데, 이 두 용어를 엄격하게 구분하기는 힘들다. 그러나 통념적으로 의복은 신체의 몸통 부위에 착용하는 옷을 의미하는데 비해, '피복'은 옷은 물론이며, 모자, 장갑, 신 등 신체 전체에 착용하는 모든 것을 포함하는 의미로 이해되고 있다. 피복이라는 용어는 군용피복, 방한피복, 개인피복, 피복재료, 보호용 피복. 피복봉제공장, 피복수당 등으로 사용된다.

피복(被覆)을 피복(被服)과 혼동하는 경우가 있다. 이 두 용어는 발음은 같으나, 한자가 달라 의미가 다르다. 즉, 피복(被覆)의 의미는 '거죽을 덮어씌움 또는 그런 물건'이지만, 한자를 배우지 않은 사람들은 음의 장단은 다르지만 발음이 같아 혼동하는 경우가 있으므로 유의해야 한다.

5) 복장 (服裝, attire)

'복장'은 의복을 입는 법, 치장이나 옷차림까지도 의미하며, '학생복장, 복장 단정, 복장검사' 등으로 사용된다.

6) 패션 (fashion)

패션(fashion)은 라틴어의 '행위, 동작'의 뜻을 가진 'Factio'에서 유래되었고 중세에 'Facioum'으로 변화되어, 오늘날에는 fashion 으로 사용되고 있다. 패션은 '유행, 인기 있는, 풍조, 풍습, 관습, 방식 생김새, 양식 등'으로 다양하게 해석되고 있으며, 이들 중에 '유행'으로 가장 널리 사용된다.

이와 같이 패션은 넓게는 '지금 행해지고 있는 풍습, 방법, 양식' 등을 의미하며, 웹스터 사전에 의하면, '어떤 장소, 때, 또는 단체에서의 의복, 예의, 관습, 말씨 등이 유행하고 있는 것' 으로 설명되고 있다. 이와 같이 패션은 생활전반에서 유행되는 양식을 일컫는 말이지만, 유행하는 의상이나 장식을 의미하기도 하며 또한 의상과 동의어로도 사용된다.

따라서 패션은 '의상이나 장식에서 특정 기간이나 계절에 널리 보급되어진 스타일, 즉 어떤 사회에서 널리 수용되는 의상의 색상, 실루엣, 형태, 재료 등' 으로 말해지고 있다. 이는 유행하는 양상이 의상이나 장식에서 시각적으로 강하게 인식되기 때문인 것으로 생각된다.

이상에서 살펴본 바와 같이, 의상과 관련된 다양한 용어가 사용되고 있으나 본 저서에서는 이들 용어를 폭넓게 함축하는 의미로 '의상' 을 사용하기로 한다.

2_ 의상관련 학문분야의 특성

1) 종합학문이다.

학문은 연구대상에 따라, 대개 인문사회 계열, 자연과학 계열, 예체능 계열로 구별되며, 각 계열에서 다시 하위 학문 분야로 나누어진다. 따라서 그 하위의 학문 분야는 구별된 한 계열에 포함되는 것이 일반적이다. 예를 들면 어학, 철학, 사회학, 경제학, 정치학 등은 인문사회 계열, 기초과학, 의학, 공학, 농학 등은 자연과학 계열에, 음악, 미술, 무용, 체육 등은 예체능 계열에 각각 포함된다.

그러나, 의상관련 학문은 어느 한 계열에 속하지 않고, 3개의 학문 계열을 부분적으로 모두 포함하고 있는 특성을 가지고 있다. 즉 의상 관련 하위 학문 분야인 복식사회심리, 패션 마케팅, 복식사, 복식미학 등은 인문사회 계열에, 피복재료학, 염색학, 피복정리학, 피복환경학 등은 자연과학 계열에, 패션디자인, 텍스타일디자인, 매장연출 등은 예체능 계열에 각각 포함된다. 이와 같이 의상관련 학문은 여러 학문 계열에 포함되고 있어 그야말로 종합학문이라 할 수 있다.

2) 응용학문이다.

학문을 용도에 따라 기초학문과 응용학문으로 분류되고 있다. 기초학문은 순수학문이라고도 할 수 있으며, 학문자체를 이해함이 목적인 학문으로, 철학, 문학, 사학, 수학, 물리, 화학, 생물 등이 이에 해당된다고 할 수 있다. 산업혁명 이후 인류는 기초학문 등 축적한 모든 지식들을 집약해서 인류가 필요로 하는 생산물들을 만들어 내고, 또 소비하게 되었으며, 경제적 성과를 낼 수 있는 연구 분야가 학문에서도 크게 중시되었다. 이와 같이, 응용학문은 기초학문을 이용하여 생활에 응용함을 목적으로 하는 학문을 말하며 의학, 공학, 농학, 의상관련 학문이 속하는 생활과학 등이 이에 포함한다.

의상관련 학문은 기초학문들을 응용하여, 인간의 의생활에 적용하는 응용학문이다. 즉, 인류의 건강과 심리적 만족 등을 위해, 인간-환경-피복 간의 관계를 규명하고, 이에 적합한 피복재료 개발, 염색법 적용, 디자인 개발 등을 행하여 아름답고 경제적인 피복을 생산하여 적정한 가격, 시기와 장소에 공급함을 목적으로, 이에 관련된 분야에 대해 연구하는 학문이라 할 수 있다.

따라서 의상관련 전문가는 관련된 기초학문과 피복 분야에 대한 지식은 물론이며, 피복을 생산하기 위한 디자인, 봉제 등 실기능력과 소비자들에게 합리적이고 효율적인 피복상품을 공급하기 위한 마케팅, 매장연출 등 다양한 분야를 소화하는 논리적, 창의적, 체계적인 사고를 바탕으로 한 폭넓은 지식과 능력을 갖추어야 한다.

3_ 의상관련 학과(전공)의 특징

1) 실업계 고등학교에서의 의상관련 학과 개설

① 실업계 고등학교에서 의상관련학과 개설

제7차 교육과정 개정에 따라(교육부 고시 제1997-15호), 고등학교 선택 중심 교육과정 편성에서, 고등학교 학과를 보통교과와 전문교과를 구분하였다. '의상' 교과가 농업, 공업, 상업 등과 함께, 전문교과로 분류 편성되었으며, 이에 따라 실업계 고등학교에서 의상관련학과가 개설되었다.

대학의 의상관련학과의 교직과목 이수자들은 실업계 고등학교에서 의상관련학과가 개설되기 이전에는 일반 고등학교의 가사가정 교과목을 담당할 가정 과목 교사로서 양성되었다. 그러나 실업계 고등학교에서 의상관련학과가 개설됨에 따라, 대학의 의상관련학과에서는 실업계 고등학교의 의상교과 담당 교사 양성을 위하여, 교직과목과 의상관련 전공과목을 이수하게 하여 예비교사들을 배출하고 있다.

② 실업계 고등학교 의상관련학과의 교과과정

실업계 고등학교의 의상학 교육교정의 전공과목을 보면 이론과목으로는 의복재료 및 관리 등이 이론 및 실습 통합과목으로는 한국의복구성, 서양의복구성, 복식디자인, 홈패션, 텍스타일디자인 디스플레이, 편물 등이 각각 구성되어 있다. 이러한 전공교과과목은 대학의 의상관련 학과(전공)의 교과과정과 거의 비슷한 경향을 보이는데, 이론과목이 다소 적고, 이론 및 실습통합과목이 다소 많이 편성되어 있다.

③ 실업계 고등학교의 의상관련학과의 교육목표

실업계 고등학교의 의상관련학과 교육목표는 '의상분야에 관한 전문 능력을 길러서, 개인과 사회의 발전에 적극적으로 기여하는 태도를 기르고, 의상관련 분야의 실무에 활용할 수 있는 능력을 기르는 것' 으로 제7차 교육과정에 명시되어 있다. 즉, 실업계 고등학교의 의상관련학과 교육과정에서 의상관련 이론에 대한 전문지식과 이를 바탕으로 하여 실기능력을 길러서, 의상관련 실무 분야, 구체적으로는 패션산업 분야에서 창업 또는 취업하여 고등학교에서 닦은 전문능력을 적극적으로 활용할 수 있도록 함으로써, 개인 발전은 물론이며, 사회발전에 이바지 할 수 있는 인재를 양성함을 교육목표로 하고 있다.

2) 대학의 의상관련 학과의 특징

국내 여러 대학의 의상관련 학과(전공)가 다양한 명칭으로 개설되어 있다. 이는 앞서 살펴 본 바와 같이, 근본적으로는 의상관련 학문이 여러 계열의 학문을 포함하고 있는 종합학문이며, 의상과 관련되어 사용되는 용어가 많기 때문이다. 또한 시대의 변천에 따라 산업 및 사회의 요구가 다양해져서, 이에 부응하여 의상관련 학문 분야에서 세분화, 특성화, 융합화, 통합화 등에 기인하기도 한다. 즉 종래에는 의류학과, 의류직물학과, 의상디자인학과, 패션디자인학과 등의 명칭을 주로 사용하였으나, 근래에는 의류환경학과, 패션비즈니스학과, 의류디자인학과, 전통의상학과, 패션마케팅학과, 패션소재디자인학과, 공연의상학과, 패션제품디자인학과, 패션스타일리스트학과, 패션코디네이션학과, 패션학과, 의상학과, 의류패션학과 등으로 다양한 명칭이 사용되고 있다.

① 실업계 고등학교의 의상과목 담당 교사 양성

실업계 고등학교에 의상관련학과가 개설됨에 따라, 이 분야를 담당할 교사가 필요하게 되어, 대학의 의상관련학과(전공)에서는 의상관련 교과목의 교사를 양성하고 있다. 이들

교직과목 이수자들은 실업계 고등학교의 의상관련학과 학생들을 전문적지식과 실기능력과 아울러 인성 지도할 수 있는 교사로서의 자세와 능력을 길러야 한다. 이에 실업계 고등학교의 의상관련학과의 교육목표를 명확하게 인식하고, 의상관련 이론지식과 실기능력과 아울러, 논리 및 논술 능력도 길러야 한다.

2. 의상과목 예비교사와 논리 및 논술

1_ '의상 논리 및 논술' 교과목이 필수교직과목으로 개설

교육과학기술부는 2009년도부터 대학의 교원양성교육과정에 논리 · 논술 교육을 필수과목으로 지정하였으며, 2009년 12월에 우리나라 유치원부터 초, 중등교육 및 대학교육에 이르는 한국 교육기관에서 논리 및 논술을 바탕으로 한 창의, 인성교육을 교육목표로 제시하게 되었다. 이에 따라 대학에 교직과목이 개설된 모든 학과에서 전공과 관련한 논리 및 논술 교과목이 필수교직과목으로 개설되었으며, 이에 따라 의상과목 예비교사를 양성하는 대학의 의상관련 학과에서도 '의상 논리 및 논술' 교과목이 2010년도부터 필수교직과목으로 개설되었다.

2_ 논리 · 논술의 이해

논리 · 논술에 대해서는 제3장, 제4장 및 5장에서 상세히 살펴보겠으며, 본 장에서는 논리 및 논술이 필수 교직과목으로 지정된 이유에 대한 이해를 돕기 위해 논리 · 논술의 기본적인 개념에 대해서 간략히 설명하겠다.

1) 논리의 이해

논리(論理, Logic)는 '사고(思考) 작용이 밟는 과정'을 말한다. 사고라 함은 사물에 대해 어떤 형태의 반성(反省, reflection) 작용을 하는 것을 말하며, 사물을 감각에 의해서 직접적으로 식별하거나, 기억 또는 상상에 의해서 깨닫는 직관(直觀, intuition)이나 일상적인 생각보다 높은 차원이라 할 수 있다. 논리란 바른 판단이나 인식을 얻기 위해 깊고 넓게 생각하거나, 여러 가지 정황을 미루어 생각하는 과정이나 방법을 말한다. 다시 말하면, 오류를 범하지 않는 사고(思考)의 형식과 규칙, 또는 사고가 진행되는 과정을 오류 없이 전개하기 위한 규칙과 형식을 의미한다.

이상의 내용을 종합하여 논리의 의미를 이해하기 쉽게 표현한다면, 단순하게 생각하여 무턱대고 어떤 의견을 제시하거나 주장하는 것이 아니라, 바르게 판단하고 인식하기 위해서, 어떤 사물에 대해 깊고 넓게 생각하여, 그 의견이나 주장에 대한 합당한 근거나 이유를 생각해 내어 제시할 수 있을 때, 논리적이라 할 수 있다.

따라서 논리적 사고라 함은 의견이나 주장과 함께 그에 대한 타당한 근거나 이유를 생각하거나 타당한 근거나 이유를 바탕으로 하여 의견이나 주장을 생각하는 것을 의미한다. 이에 논리적 사고를 하는 사람을 '논리적인 사람', 그렇지 못한 사람을 '비논리적인 사람'이라고 흔히 말한다.

예를 들어, 세탁 물 온도에 대해서, 한 사람(A)은 세탁을 해본 경험으로 미루어 볼 때, 물 온도가 높을수록 좋다고 주장하고, 다른 한 사람(B)은 '세탁 물 온도가 높아질수록 열 운동이 활발하고, 용해도가 높아서 오염물을 많이 용해시키므로 일반적으로는 세탁 물 온도가 높아질수록 세탁 효률은 높다. 그러나 견직물 등 일부 직물은 지나친 고온에서는 촉감이나 광택 등이 나빠지므로, 의복의 섬유 종류에 따라 세탁 온도가 높을수록 반드시 좋다고는 할 수 없다.'고 말했다. 어느 사람이 바람직한가? 그 이유는 무엇인가?

2) 논술의 이해

논술은 '어떤 것에 관하여 의견을 논리적으로 서술 하는 것, 또는 그러한 서술'을 의미한다. 즉, 어떤 문제에 관한 의견을 타당한 근거나 이유들과 함께 서술하는 것이다. 논술을 한마디로 말한다면, '논리적인 글'이라 할 수 있다. 따라서 논술을 하기 위해서는 무엇보다도 논리적인 사고가 바탕이 되어야 하며, 논리적으로 사고한 내용을 효과적으로 나타내기 위해서는 글쓰기를 바르게 해야 한다. 즉, 어떤 사항(주제)에 대한 나의 의견(주장)을 명확히 확립하고, 그 의견(주장)의 타당함을 이치에 맞게 증명해야 하며, 이러한 일연의 내용들을 글로 적절하고 효과적으로 서술해야 한다.

논술의 목표는 다른 사람으로 하여금 나의 의견 혹은 주장을 논리적으로 설득 하는 것이다. 이를 위해서는 많은 사람들이 나의 의견이나 주장을 공감할 수 있도록, 그 근거나 이유를 합당하게 또한 이해하기 쉽도록 분명하게 제시하는 글쓰기 능력을 길러야 한다.

3_ 예비교사를 위한 논리 논술 · 교육의 필요성

1) 바람직한 교육목표와 방향설정을 위해서 논리 · 논술 능력이 요구된다.

교육은 원론적으로 인간의 심신의 가치를 높이기 위해 가르치고 지도하는 것이며, 내부의 능력을 개발시키고, 미숙한 상태를 성숙한 상태로 만드는 것이다. 이에 '어떤 존재로 교육해야 할 것인가' 가 교육에서 매우 중요한 문제이며. 이러한 문제들을 종합적으로 검토하여 교육의 목표 및 방향이 설정되는 것이다. 따라서 바람직한 교육목표 및 방향 설정을 위해서는 이러한 점들에 대해 교사 개개인이 여러 가지 정황을 논리적으로 생각하여 합당한 근거를 가지고 의견을 확립하고, 교사 상호 간이나 교육정책 관련자들과 토론을 통해서 바람직한 결론을 도출해야 한다. 그리고 바로 이를 위해 논리 및 논술교육이 요구되는 것이다.

2) 교사의 논리 · 논술 능력과 교육 효과

'논술' 이라고 하면, '자기주장을 펴는 거창하고 긴 글, 대학입시 과목 등과 같이 어렵게 쓰는 글' 등으로 알고 있는 경우가 많은데, 직장에서 사업계획서, 제안서, 편지글 등 여러 형태로 표현되는, 논리적으로 작성하는 모든 형태의 글들이 논술에 포함된다. 따라서 오늘날에는 인터넷의 발달로 인해, 정보의 홍수 시대에 살고 있어 대부분의 사람들이 어떤 정보가 참인지, 어떤 사안에 대해서 어떻게 결정해야 되는지 혼동을 경험하는 경우가 허다하다. 따라서 현대인 모두가 바른 정보를 식별하여 받아들이고 이를 바탕으로 올바른 가치관과 행동양식을 가지기 위해서는 논리적 사고와 비판적 사고를 통해서 자기의 주장이나 의견을 확고히 설정해야 한다. 또한 이를 다른 사람들에게 설득하기 위해서는 언어수단, 즉 말 혹은 글 등을 사용하여 효과적으로 표현하는 능력을 길러야 한다.

특히 교육은 교사가 가르치고 지도하는 바가 교과지도이든지 생활지도이든지 간에 학생들이 공감하고 적극적으로 수용할 때 이루어지며, 그 정도가 클수록 교육의 효과는 높아진다. 가르치고 지도하는 바가 교사의 의견이나 주장이라 볼 때, 학생 측의 입장, 시회의 요구도 및 교육이 지향하는 목표 등 여러 측면에서 논리적으로 사고하여 이를 종합하여 합리적이고, 체계적으로 학생들에게 설명하여, 학생들이 공감하여 수용하고, 나아가서 학생의 태도 변화까지 이루어질 때 진정한 교육의 목표를 달성할 수 있게 된다. 이러한 교육활동에 앞서서, 대개는 학교 및 교육당국에 교육활동과 관련한 제안서 또는 계획서를 제출하거나, 학부형들의 동의와 협조를 구하기 위한 가정통신문 등, 글로서 교사가 행하고자 하는 교육활동에 대해 표현하는 것이 일반적이다. 따라서 교사가 교육활동을 효과적으로 수행하기 위해서는 다른 직장인들에 비해 특히 논리 및 논술 능력이 요구된다.

3) 교육방법의 변화에 대응 ; 학생들의 논리 · 논술 교육을 위해서

종래의 주된 교육방법은 강의식, 주입식, 획일화 등이었음에 비해, 근래에는 토론식, 탐구식, 개별화 등으로 변화되고 있다. 따라서 교육내용에 대해서 교사가 학생들에게 전달 및 주입시키던 종래의 방식을 탈피하여, 교사와 학생들, 학생 상호 간에 함께 생각하고 토론하는 교육방법이 적용되고 있다. 이에 학생들에게도 논리적으로 생각하고, 토론하며, 서로의 의견을 존중하고, 공동체를 형성해 나갈 수 있는 능력이 요구되고 있다. 따라서 학생들에게 논리 · 논술 능력 함양을 위한 교육이 절실히 요구되고 있다. 학생들에게 논리적 사고와 논술 능력 함양을 위한 교육을 행하기 위해서는 교사 자신부터 민주적 사고방식을 가지고, 효율적으로 표현하는 능력을 가져야 함은 물론이며, 교사들은 이에 대해 학생들을 어떻게 교육할 것인지에 대한 다각적인 지식을 갖추고 또한 교육적 기술을 익혀야 한다.

4) 학생들의 합리적 사고력 함양을 위해서

오늘날 우리의 교육현장은 학생들의 언어가 거칠어져서 욕설이 난무하고, 논리적인 설득이나 주장보다는 폭력이 앞서서 학생 간의 폭력사태가 빈발할 뿐만 아니라 심지어 교사의 꾸중에 폭력적으로 대응하는 상황까지 벌어지고 있는 실정이다. 또한 이유 없이 친구들을 따돌림하거나 괴롭히면서도 이에 대한 죄의식이 전혀 없기도 하며, 따돌림이나 괴롭힘을 당한 학생들은 아무런 대응도 하지 못하고 막다른 상황에 이르는 등으로 큰 사회문제로 대두되고 있다.

이러한 문제를 사전에 방지하고, 또한 문제가 발생 시에 위기 대처능력을 기르기 위해서는 학생 개개인의 심적 안정감을 가지도록 지도하고, 바르게 생각하는 힘을 길러야 한다. 이를 위해서는 교사들이 논리 · 논술 능력을 갖추고 학생들과 상담을 통해 심적 안정감을 가지도록 유도하고, 독서지도를 통해서 다양한 생각들을 접하게 하여 논리적이고 합리적으로 생각하는 힘을 기르도록 교육이 행해져야 한다.

따라서 학생들이 본인의 불만, 주장, 의견을 폭력이 아닌 말이나 글로서 다른 사람들을 설득할 수 있도록 교사는 학생들의 논리적 사고와 표현능력을 지도해야 한다.

4_ 의상관련 전공자의 전문적 특성 개발과 논리 · 논술

1) 의상관련 학문의 특성과 논리 유형의 적용

논리의 유형을 여러 측면에서 분류해 볼 수 있는데, 이들에 대해서는 제3장에서 상세히 살펴보겠다. 본 장에서는 의상관련 학문과 논리 유형의 적용을 이해하기 위해서, 학문분야에 따라 주로 적용되는 논리유형에 대해서 간략하게 설명하겠다.

학문 분야에 따라 특성이 있어, 주로 적용되는 논리 유형이 다르다. 즉 과학 분야는 연역논리가, 역사 분야는 변증논리가, 문학 분야는 귀추논리가, 철학 분야는 변증논리가, 예술 분야는 귀납논리가, 종교 분야는 실천논리가 각각 주로 적용된다. 따라서 소속된 학문분야에 따라 적용되는 논리 유형에 대해서 주로 심도 있는 이해가 요구된다.

그러나 의상관련 학문은 앞서 살펴 본 바와 같이, 여러 학문 분야를 포함하고 있어, 한가지 논리유형을 적용할 수 없고, 각 분야별로 각각 다른 논리 유형을 적용해야 하는 어려움이 있다. 즉, 복식 사회심리학, 패션 마케팅 등은 사회학분야에, 복식사는 역사 분야에, 복식미학은 철학분야에, 피복 재료학, 염색학, 피복관리 및 정리학, 피복환경학 등은 자연과학 분야에, 패션디자인, 텍스타일 디자인, 매장 연출 등은 예술 분야에 각각 포함된다. 따라서 의상관련 학문분야에 논리 유형을 적절하게 적용하기 위해서는 세부 내용이 어느 학문 분야에 속하는가에 따라 다양한 논리유형에 대한 이해가 요구된다.

2) 논문 작성과 논리 및 논술

대학의 의상관련 학과 중에는 졸업 자격으로 논문 작성이 요구되기도 하므로, 졸업을 앞둔 학생들이 '어떻게 논문을 작성할 것인가' 고민하는 학생들이 있다. 논문 작성에 관해서는 제6장에서 상세히 살펴보겠으며, 본 장에서는 논문의 의미, 논문 작성을 하기 위해 요구되는 능력에 대해서 간략하게 서술하겠다.

논문(論文, thesis)의 사전적 의미는 '어떤 것에 관하여 체계적으로 자기 의견이나 주장을 적은 글로서, 그 체계는 대개 서론, 본론, 결론의 세 단계이다'. 또한 '어떤 문제에 대한 학술적인 연구 결과를 체계적으로 적은 글'을 말한다.

논문(論文)은 한자어의 의미에서 알 수 있듯이, '논리적인 글'을 말한다. 그러므로 논문은 논리적으로 작성되어야 한다. 그러면 논리적으로 작성한다는 것은 어떻게 작성하는 것인가? 간략이 말한다면, 논문 주제에 대해 여러 지식들을 바탕으로 하여, 주제에 대한 여러 가지 근거들을 수집하여 이들을 분석, 고찰하여 결론을 도출하고, 이러한 일연의 과정과 결과에 대해 서론, 연구방법, 결과 및 고찰, 결론 등의 체계를 갖추어 서술하는 것이다.

근거로 제시할 자료를 수집하는 방법은 학문의 영역에 따라 다른데, 이에 대한 구체적인 내용은 제6장 논문 작성에서 살펴보겠다.

따라서 논문 작성을 위해서는 주제에 대한 기본적인 지식, 자료 수집 방법에 대한 이해와 기술, 자료를 분석 및 고찰하는 논리적 사고와 체계적으로 서술하는 글쓰기 능력 등이 요구된다. 이에 논문 작성을 위해서는 논리 및 논술에 대한 능력이 요구되는 것이다.

3) 디자인 제안과 논리 및 논술

의상관련 학문 분야 중에 패션디자인, 텍스타일디자인, 디스플레이 등에서는 창조적 활동과 그 결과물을 창출하는 것이 핵심이다. 종래에는 이러한 창조적 활동이 디자인하는 사람의 직관이나 미적 감각에 주로 의존해서 행해졌으며, 창조 활동의 결과물이 크게 많지 않은 시기에는 대중들로부터 수용되는 경향이 높았다. 그러나 오늘날과 같이, 창조 활동의 결과물이 상품이나 제품으로 홍수같이 쏟아지고 있어, 대중들의 입맛에 맞은 경우에만 수용되는 경향이 높아지게 되었다.

따라서 의상관련 분야에서 디자인을 제안하고 창출할 때는 디자이너 자신의 직감이나 미적 감각 등 주관적으로 디자인을 제안할 것이 아니라, 제안하는 디자인의 수용 여부에 영향을 미칠 것으로 예상되는 주요 요인들을 추출하고, 이들에 대한 자료를 과학적으로 수집 분석한 후에 이를 토대로 하여, 디자인을 제안 · 창출해야 한다. 즉 디자인은 순수 예술작품과는 달리, 용도에 부응하면서 아름다운 제품을 창출해야 하므로, 사람들의 동감을 얻기 위해서는 기초적 자료의 토대 위에 용도에 부합되면서 미적 감각을 표출할 수 있도록 합당한 근거에서 여러 가지 디자인 요소들을 선택, 조합해야 한다. 따라서 어떤 주제에 대한 주장이나 의견(제안 하는 디자인에 해당함)을 정하고, 이에 대한 근거나 이유를 논리적(디자인의 원리를 적용하는 것에 해당함)으로 말이나 글 등 언어 체계(선, 형태, 색채, 질감 등 디자인의 요소들을 사용하는 것에 해당함)를 통해서 밝히는 논술이나 마찬가지임을 알 수 있을 것이다.

다시 말해서, 디자인 창출은 디자이너의 감각에 의해서만 행해서는 안 되며, 디자인할 제품과 관련한 여러 가지 사항들에 대해 논리적으로 사고하여, 사용목적 및 심미성을 최대한 부여할 수 있는 디자인의 원리 및 디자인 요소들을 사용해야 한다. 따라서 우수한 디자인을 창출하기 위해서는 논리 · 논술 능력을 요구되므로 이에 대한 교육이 행해져야 한다.

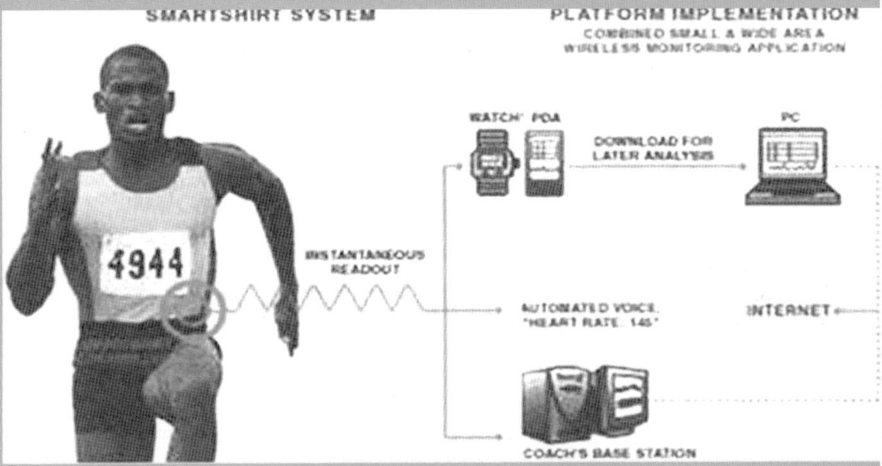

· Clothes will be part of the ambient intelligent environment. The resulting smart environment (e.g. chips) will know who we are, what we are doing, where we are. The Chips in the environment or on our person will offer processing, storage, sensing identity and communications.

제2장

인간은 왜, 어떻게 생각하는 힘을 길러야 하나?

우리 사람들은 아침에 잠자리에서 일어나면서, '더 자고 싶다, 밥이 너무 맛있네, 등등' 의 단순한 생각에서부터, '어떤 사안에 대해 무엇을 주장을 할 것인지, 다른 사람들의 주장이 옳은지 혹은 그른지, 어떤 결정을 내릴까 등등' 의 복잡한 또는 중대한 사안에 대해 생각을 하고, 생각한 바를 기초로 하여 결정을 내리고 또한 결정된 바를 실행하면서 살아간다. 이런 점에서 볼 때, 인생은 생각과 결정의 연속이라 할 수 있을 것이다.

어떤 상황을 정확하게 판단하기 위해서나, 바람직한 결정을 내리기 위해서는 생각을 바르게 잘 해야 한다. 잘못 생각하여 혹은 소홀히 생각하여 개인적으로 낭패를 보기도 하고, 사회적 문제를 초래하는 경우도 허다하며, 전 인류를 절망의 늪으로 빠뜨리는 일도 있었음을 역사를 통해 알 수 있다.

이와 같이 인간의 삶의 질은 근본적으로 생각에 달려있다고 해도 과언이 아니다. 따라서 생각의 오류를 범하지 않기 위해서는 생각을 바로 하는 힘을 길러야 하는 것이다. 그렇다면, 생각의 힘을 어떻게 기를 것인가가 우리의 중요한 관심사가 된다.

그래서 본 장에서는 우리 인간이 생각의 힘을 왜 길러야 되는지, 또 생각의 힘을 어떻게 기를 것인가에 대해 살펴보겠다.

1. 인간은 왜 생각의 힘을 길러야 하나?

1_ 인간의 생각하는 능력

인간에게는 근본적으로 마음먹은 대로 할 수 있는 자유와 생각하는 능력이 있다. '마음먹음' 이라 함은 곧 '생각' 을 말하며, 마음먹은 대로 할 수 있는 자유는 생각할 수 있는 능력이 있기 때문에 누릴 수 있는 것이다.

인간은 주어진 자극에 대해서, 생물학적으로 주어진 본능에 의해 즉각적이고 고정된 반응을 할 수도 있으나, 시간을 가지고 해석하고, 여러 가지 전략을 세워서 반응할 수도 있다. 이러한 선택의 자유는 사람이 생각할 수 있는 능력을 가졌기 때문에 가능하다.

이와 같이 인간이 생각하는 능력을 가졌기 때문에, 기계적으로 반응할 수밖에 없는 존재나 주로 본능적으로 반응할 것으로 간주되는 짐승들에 비해 매우 유리한 입장에서 삶을 영위해 왔음이 역사적으로 잘 알려져 있다.

1) 생각하는 힘의 위력

사람들의 생명을 위협할 막강한 힘이나 치명적인 독을 가진 동물들이 다수 있다. 그러나 이들보다 인간이 더 우월한 위치에 있는 이유는 사람들이 그들에게 어떻게 대응할 것인가를 고안하는 생각의 능력을 가지고 있기 때문이다. 이와 같이 인간은 힘센 동물에 비해 물리적인 힘은 미약하지만, 생각에 의해서 많은 이점을 누리며, 엄청난 힘을 가지게 되는 것이다.

생각은 인간에게 물리적 힘만 강하게 해 줄뿐 아니라, 삶에 의미를 부여하고 삶을 더 즐겁게, 더 다양하게 살 수 있도록 만들어 준다. 이와 같이 생각은 인간을 인간답게 해주며, 생각의 힘에 의해서 오늘날 인간이 만물의 영장이 되었다 할 수 있다.

인간은 생각할 수 있기에 문화를 이룩할 수 있었다. 문화(文化, culture)의 광범위한 의미는 인간에 의하여 이룩된 모든 것, 즉 인간집단의 생활양식의 총체를 뜻하며, 구체적으로 관찰되는 행동 그 자체가 아니고, 그런 행위를 위하거나 또는 그것을 규제하는 규칙의 체계이다. 그리고 사람들은 그러한 규칙에 따라 행동한다.

인간이 생각하는 바를 말이나 글로 표현하여 다른 지역이나 문화권에 전달함으로서, 자연의 도전에 대해 효과적으로 대처하는 전략이 하나의 전통으로 정착되기도 하는 것이다. 또한 더 재미있게 사는 방법, 더 멋있게 사는 방법 등이 다른 사람, 또는 사른 사회에도 알려져서 파급되기도 하며, 다른 사람이 이미 창조해 놓은 것을 기초로 하거나 자극으로 삼아서, 보다 새로운 것을 만들어 내고, 또 다른 사람이 그것을 배워가면서 문화가 형성되기도 한다. 이와 같이, 사람들은 실제 생각하고, 생각한 바를 말이나 글로서 서로 소통하고, 행동하며, 그것을 지배하는 규칙이나 원리를 구별함으로서 문화를 형성하고 있다. 따라서 인간은 '문화를 지닌 유일한 동물' 로서 동물계의 다른 종(種)에 비해 가장 두드러지고 우위의 위치를 차지하고 있는 것이다.

2) 생각의 위험성

그러나 인간이 생각할 수 있는 능력과 사유기 있다고 해서 그렇지 못한 존재들보다 항상 우위에 있는 것은 아니다. 인간의 생각하는 능력으로 말미암아 오히려 더 악해질 수도 있다. 예를 들면, 철새는 본능적으로 길을 찾아가지만 가는 길을 잃거나 장애물에 부딪히는 경우가 거의 없다. 그러나 사람이 고도의 생각을 모아 만든 항공기가 사람들의 생각으로 치밀하게 짠 항로를 이탈하거나, 장애물에 충돌하는 사고가 발생하기도 한다. 철새의 본능적인 방향 감각은 실수하지 않으나 사람이 생각을 모아 짠 전략은 실수할 수 있으며, 동물들이 무리를 이루어 사는 데는 질서의 혼란으로 파멸되지는 않으나, 인간의 삶에는 전쟁 등 질서의 혼란으로 파멸되기도 한다.

생각으로 인해 더 많은 가능성이 열려지기는 하지만, 자연적으로 될 일도 지나친 생각으로 인해 불가능해질 위험도 크며, 너무 자유롭게 생각하는 것이 일을 그르칠 가능성도 커진다. 생각은 인간에게 주어진 특권이며, 가장 강력한 힘을 가지고 있으나, '생각' 을 어떻게 하느냐에 따라 인간에게 유익할 수도 있으나, 반대로 오히려 인간에게 무서운 재앙을 초래할 수 있다. 인간의 생각이 만들어낸 위대한 산물이라 할 수 있는 핵무기나 자동차 등을 그 예로 들 수 있다. 이들을 '어떻게 사용할 것인가' 에 대한 생각에 따라 인류의 번영을 가져올 수도 있으나, 인류의 재앙을 초래할 수도 있다. 즉 인간의 생존과 파멸은 인간의 생각에 달려있다고 할 수 있다.

또한 어떤 생각이 모든 사람들에게 좋거나 해로울 수도 있지만, 생각에 따라서는 일부 집단이나 개인에게는 이롭지만, 다른 집단이나 개인에게는 해로울 경우도 있다.

이와 같이, 사람들의 생각에는 위험성이 내재되어 있으므로, 생각을 과신하거나 자만하지 말고, 생각의 양면성을 되짚어 보고, 생각이 이로운 쪽으로 적용될 수 있게 하는 현명함이 요구된다.

2_ 생각의 특성

인간의 생각은 위대성과 함께 위험성도 가지고 있으므로, 이러한 생각의 특성을 바로 이해하고 올바르게 활용해야 해야 한다. 인간이 가진 생각의 특성은 다음과 같이, 인식 활동의 단계와 사고하는 방법에서 살펴 볼 수 있다.

1) 인식 활동 단계에 따라 어떤 인식 방법으로 구분되나?

우리의 인식활동 단계에는 감각적 인식과 이성적 인식이 있다.

감각적 인식은 감각기관을 통해 사물의 외형과 개별적인 특성을 두뇌에 구체적이고 직접적으로 반영하는 낮은 단계의 인식이며, 감각, 지각, 표상 등이 있다. 감각은 사물의 개별적 속성이 감각 기관을 통해 두뇌에 직접 반영된 것이며, 지각은 이렇게 감각된 사물의 여러 가지 개별적인 속성들이 받아들여 그 사물 전체에 대한 관념을 만들어 내는 것을 말한다. 예를 들면, 색깔, 향기, 감촉 등 여러 감각 기관에 포착된 사물의 개별적인 속성들이 우리 두뇌 속에서 서로 결합되어 '꽃' 이라는 지각을 이끌어 내는 것이다. 표상은 지각된 사물을 두뇌 속에 저장하여 재생하고 재현할 수 있는 형태의 관념을 말한다.

이성적 인식은 대상들의 보편적이고 본질적인 속성들을 법칙에 맞게 연관시켜 반영하는 인식이며, 사물이나 현상의 보편적인 특성, 내적인 본질, 그것들의 고유한 연관과 법칙성을 반영하는 발전된 형태의 인식이다. 이성적 인식의 단계에서 우리가 흔히 '사고' 라고 부르는 인간 특유의 인식 활동이 시작된다.

2) 생각 및 사고(思考)의 의미상 차이는 무엇인가?

'생각' 과 '사고(思考)' 라는 용어가 일반적으로는 같은 의미로 혼용되고 있으며, 본 교재에서도 이해를 쉽게 하기 위해서 구분하지 않고 사용되지만 다음과 같은 차이가 있다.

생각은 '사람이 머리를 써서 사물을 헤아리고 판단하는 작용, 어떤 사람이나 일 등에 대한 기억, 어떤 일을 하고 싶어 하거나 관심을 가짐, 어떤 일을 하려고 마음을 먹음, 앞으로 일어날 일에 대해 상상해 봄, 어떤 일에 대한 의견이나 느낌을 가짐, 어떤 사람이나 일에 대해 성의를 보이거나 정성을 기울임, 사리를 분별함' 등으로 인간의 기본적인 정신활동을 의미한다.

넓은 의미에서의 사고는 '생각하고 궁리함' 을 뜻하나 심리측면에서는 '심상이나 지식을 사용하는 마음의 작용과 이에 의하여 문제를 해결함' 을 의미한다. 즉, 사고는 생각에만 머무르지 않고, 궁리하여 문제를 해결하는, 생각보다 차원이 높은 인간의 정신활동이라 할 수 있다. 따라서 사고의 의미는 '사물이나 현상의 보편적인 특성, 내적인 본질, 그것들의 고유한 연관과 법칙성을 반영하는 발전된 형태의 생각이며, 결론 혹은 문제해결을 얻으려는 관념의 과정이며, 목표에 이르는 방법을 찾으려고 하는 정신 활동' 으로 요약될 수 있다.

이러한 사고는 직관적, 분석적, 집중적, 확산적, 귀납적, 연역적 등 다양한 방식으로 행해지게 된다.

'사상' 은 사고한 내용을 일컫는데, 이는 판단 이전의 단순한 직관에 의한 결과인 일시적인 사고의 내용을 말하는 것이 아니라, 직관 내용과 함께 논리적 반성을 곁들여 만들어진 사고의 결과로서 정리된 통일적 내용을 뜻한다. 다시 말하면 사상은 원리적 통일을 지니는 판단 체계이며, 사회 · 인간에 대한 일정한 견해를 의미한다. 예를 들면 사상은 어떠한 행위를 선(善)인가, 악(惡)인가 판단하는 것이 아니라 무엇을 '선' 혹은 '악' 이라는 하는 것인지 판단함을 말한다.

3) 사고는 어떤 특성을 가지고 있나?

① 사물을 간접적으로 반영한다.

우리는 모든 사물들의 본질을 감각과 지각만으로 직접 인식할 수는 없다. 삼국시대의 의상들을 직접 보지는 못했으나, 현대인들이 벽화 등의 자료를 통해서 간접적으로 추측하여 개략적으로 알 수 있다. 이와 같이 사람들의 사고는 사물을 간접적으로 반영하는 특성이 있어, 시간과 공간을 초월해서 사고할 수 있다.

어떤 사물을 매개로 하여 다른 사물을 간접적으로 알아낼 수 있는 사고의 간접성 또한 사람들의 사고의 폭을 넓게 할 수 있는 중요한 특징이 된다. 따라서 사고의 폭을 넓히기 위해서는 사고의 간접성을 널리 활용하는 것도 하나의 좋은 방법이 된다.

② 사물의 일반적인 특성을 전체적으로 반영하는 포괄성을 가지고 있다.

우리의 사고는 어떤 사물의 개별적인 특성만이 아니라, 사물의 일반적인 특성을 전체적으로 반영하는 포괄성을 가지고 있다. 예를 들면, '꽃' 이라는 용어에서 어떤 개별적인 여러 꽃들의 일반적인 특성, 예를 들면 '아름답다 등' 을 개괄해서 생각하게 된다. 이러한 개괄성은 모든 사고 과정에서 나타나는데, 어떤 사안에 대한 특정한 사실만을 개별적으로 인식한 것이 아니다. 여러 가지의 일반적인 특성들을 개괄해서 인식하게 된다.

이러한 개괄적 사고력이 뛰어날수록 우리는 그만큼 사물의 본질을 더 정확하게 인식할 수 있다. 따라서 어떤 사물의 본질을 정확하게 인식하기 위해서는 어떤 사물에 대해서 개별적인 특성만을 볼 것이 아니라, 사물의 전반적인 특성을 인지하도록 노력해야 한다.

인간의 사고 방법과 과정이 가진 특성에 따라 삶의 현장에서 나타나는 다양한 사고 유형이 있으며, 이들은 여러 측면에서 분류되고 있다.

사고방식에 따라서 계통적 사고, 곡선적 사고, 측향 사고, 반향 사고, 합병 사고, 분리사고 등으로, 연구관점에 따라 다양한 용어들이 사용되기도 한다. 또한 정신자치(mental self-government) 이론에 근거하여 정신자치의 기능, 형태, 수준, 경향 측면에서 사고의 양식을 체계적으로 분류한 스턴버그(Sternberg)사고 양식론 등이 있다.

2. 사고의 유형에는 어떤 것이 있으며, 나의 사고유형은?

1_ 사고방식에 따른 분류

1) 계통적 사고와 비계통적 사고

계통적 사고는 대상을 계통의 형식 속에서 고찰함을 말하며, 부분과 전체 사이의 상호연관, 상호작용, 상호제약 속에서 대상을 종합적으로 정확하게 고찰하는 것이다. 계통적 사고방식은 오늘날 산업, 행정, 과학 기술, 군사, 이론과학의 깊은 문제 등 각 분야에서 적용하는 대표적인 현대적 사고방식이며 사회가 복잡해질수록 더욱 중요해진다.

비계통적 사고는 나무만 보고 숲을 보지 않는 것과 같이, 부분만 보고 전체를 보지 않는 사고유형으로, 사물의 본질을 똑똑히 못 보며, 사물의 전체적인 모습을 정확히 인식할 수 없다.

현대의 계통적 사고의 특징은 '전일체성, 종합성 및 최적화' 이며, 계통적 사고를 하기 위해서는 이러한 특징이 충족되도록 사고해야 한다.

① 전일체성

계통적 사고방식의 가장 기본적 특징이며, 대상 전체의 운동법칙과 기능, 특징이 각 구성요소들 간의 관계 속에 존재하는 것으로 보는 것이다. 그러나 전체를 여러 구성요소로 분해하고 이를 다시 기계적으로 합쳐 놓거나, 각 구성 요소들을 단순히 합쳐놓는 것이 아니라, 각 구성요소들을 상호 간의 관계 속에 생각하도록 한다.

② 종합성

각 요소들이 어떤 특정한 목적을 중심으로 결합하여 구성된 종합체로 보는 것이며, 종합적인 방식으로 진리와 운동법칙을 파악하는 것을 의미한다. 따라서 어떤 대상을 연구할 때 그 구성 요소, 구조, 기능, 상호 연관방식, 역사적 발전 등을 종합적으로 고찰하는 것이 바람직하다.

③ 최적화

문제를 해결할 때 목표를 실현할 수 있는 여러 가지 방법 중에서 가장 훌륭한 방안을 선택하는 것을 의미하며, 먼저 계통을 여러 등급과 층으로 나눈 다음에 전체와 부분, 전체와 층간의 차, 전체와 환경, 구조와 기능 따위의 여러 관계들을 조절하여, 전체적인 목표와 기능에 부분적인 목표와 기능을 배치시킴으로써 전체 문제를 최적화하는 것이다.

2) 곡선적 사고와 직선적 사고

직선적 사고는 하나의 측면, 하나의 논리 규칙, 하나의 평가 기준, 하나의 사고결과에 얽매인 사고방식을 말하며, 대상을 일면적이고 보수적으로 바라보는 지극히 단순한 사고방식이다.

곡선적 사고는 여러 측면, 규칙, 기준 및 결과들을 고려한 사고방식이며, 여러 갈래의 사고 방법들을 서로 교차하고 보충하고 통일시켜서 대상을 바라볼 수 있다.

따라서 창조적인 사고를 하기 위해서는 곡선적인 사고를 행하는 것이 매우 중요하다.

곡선적 사고를 하기 위해서는 자신의 생각에 갇히지 말고, 시야를 넓혀서 사고하는 버릇을 가질 필요가 있다. 또한 논리학이나 철학을 학습하여, 그것을 실천 경험 속에서 적용하기 위해 노력하는 것도 중요하다.

곡선적 사고 방법은 다음과 같으며, 이러한 방법으로 사고하도록 노력해야 한다.

① 사물의 양 측면을 함께 생각하도록 한다.

사물에는 하나의 측면만 있는 것이 아니라, 긍정적인 측면과 부정적인 측면, 유리한 측면과 불리한 측면 등 양 측면을 가지고 있다. 따라서 어떤 조건에서 어떤 측면이 나타나는가를 살피면서 사고할 필요가 있다.

② 사물의 전후관계를 함께 생각하도록 한다.

사물은 대개 인과관계로 연관되어 있으므로, 원인에 얽매여 결과를 무시하거나, 결과에 얽매여 원인을 무시한다면 사물을 올바로 바라볼 수 없다. 따라서 사물을 볼때는 반드시 원인으로부터 결과를 예측하는 유연한 사고를 할 필요가 있다.

③ 사물의 다양한 연관들을 함께 생각하도록 한다.

사물은 다른 사물들과 매우 다양한 연관 속에서 존재한다. 따라서 폭넓은 시각에서 이러한 연관들을 전면적으로 바라봄으로써, 어떠한 사물이 문제의 해결에 어떠한 영향을 미치는가를 파악해야 한다.

3) 측향 사고

측향 사고란 어떤 대상과 직접 관련이 없는 다른 대상으로부터 새로운 생각을 이끌어 내는 사고 방법이다. 측향 사고는 예술, 과학, 발명 등 여러 창조적인 분야에서 크게 도움을 받을 반한 중요한 사고 방법 가운데 하나다.

측향 사고의 사례로 '나팔꽃 스커트' 를 들어 보겠다. 경북 안동 출신으로 미국에서 활동하는 한 디자이너가 오랜만에 고향에 다니러 와서 시골마당 한쪽에 피어있는 나팔꽃을 보다가 문득 나팔꽃을 뒤집은 형상의 스커트 디자인을 생각하게 되었으며, 후일 획기적인 디자인으로 등록되었고 많은 사람들로부터 아름다운 스커트 실루엣으로 인정을 받았다고 한다. 스커트와 관련이 없는 나팔꽃에서 스커트 디자인을 발상한 것이다.

4) 반향 사고

반향 사고란 사고의 순서를 거꾸로 하는 사고 방법이다. 결과를 놓고 원인이 풀리지 않던 문제도, 사고 순서를 거꾸로 해서 되짚어 보면 뜻밖에 쉽사리 풀리는 경우가 있다.

'갈릴레이의 체온계' 가 그 예로 흔히 말해지고 있다. 갈릴레이는 물의 온도가 올라가면 부피가 늘고, 온도가 내려가면 부피가 줄어드는 현상의 순서를 거꾸로 생각하여, 물의 온도 변화에 따라 부피가 변한다면, 물의 부피를 보면 온도의 변화를 알아낼 수 있을 것이라고 뒤집어 생각했다. 그리고 가는 시험관에 물을 넣고 공기를 빼고 밀봉하여 물의 부피에 따른 온도를 시험관 표면에 눈금으로 새겨서 체온계를 만든 것이다.

5) 합병 사고

합병 사고란 서로 다른 사물들을 합하여 새로운 사물을 창조해 내는 사고 방법이며, 과학 발명이나 새로운 제품개발 등에서 흔히 쓰이는 방법이다. 합병 사고에서 주의해야 할 점은 합병된 사고의 결과물이 합병되기 전의 사물이나 사항들보다 더 발전된 새로운 질을 가지고 있어야 한다는 점이다. 즉, 두 가지 사물을 합하여 새로 발명한 결과물이 합병한 각각의 사물을 따로 사용하는 것보다도 오히려 불편하다면 바람직하지 못한 것이다.

근래에는 패션계에서 의류와 IT기술을 접목하여 웨어러블 컴퓨터(wearable computer), 스마트 의류(Smart clothing) 등이 등장하고 있는데, 이들이 합병 사고의 산물이라 할 수 있다.

6) 분리 사고

분리 사고는 어떤 사물을 구성하는 부분들을 분리시켜 새로운 사물을 창조하는 사고 방법이며 과학 발명에서 많이 응용되는 사고 방법이다. 어떤 사물에서 특정 단점을 가진 경우에 분리 사고를 통해서 개선방안을 마련한다면, 양질의 사물을 만들어 낼 수 있다.

어떤 피복 재료가 옷감으로서 여러 가지 좋은 특성을 가지고 있으나, 너무 가벼워서 드레이프성이 좋지 않다면, 무게를 증가시키는 가공을 행한다면 우수한 피복재료가 될 것이라고 사고할 수 있다.

2_ 관점에 따른 분류

1) 좌우 뇌의 기능에 따른 분류 (브루너, Bruner)

좌우 뇌의 기능에 따라 오른손 형 사고유형과 왼손 형 사고유형으로 구분된다.

오른손 형 사고는 좌뇌의 기능을 발휘하는 사고양식을 말한다. 좌뇌는 추상력, 언어사고력, 수리력, 추리력 등을 담당하므로, 오른손 형 사고경향의 사람은 언어, 단어, 상징, 숫자에 강하며, 논리적이고 분석적으로 사고하는 특징이 있다. 그러나 한 번에 한 가지씩 단계적으로 생각하며, 규칙과 계획대로 일을 처리하는 것을 선호하는 경향이 있다.

왼손 형 사고는 우뇌의 기능을 발휘하는 사고방식을 말한다, 우뇌는 집중력, 구성력, 통찰력, 지각 속도력 등을 담당하므로, 왼손 형 사고경향의 사람은 시각적, 감성적, 직관적, 창의적으로 동시에 여러 가지를 함께 사고하는 특징이 있고 말하는 내용보다는 말하는 방법을 중요하게 생각하는 경향이 있다.

왼손 형 혹은 오른손 형으로 사고 유형이 어느 한쪽으로 치우치는 것보다는 조화되는 것이 균형 잡힌 사고라 할 수 있다. 따라서 각자의 사고 경향이 어느 쪽으로 치우치는지 살펴보고, 조화를 이룰 수 있도록 의도적으로 노력하는 것이 필요하다.

2) 생각하는 초점의 집중 여부에 따른 분류(길포드, Guilford)

생각하는 초점의 집중 여부에 따라 발산적 사고와 수렴적 사고로 구분할 수 있다.

발산적 사고는 확산적 사고라고도 하며, 생각의 초점이 집중되지 않고 사방으로 흩어지는 경향이 있으며, 주어진 문제에 대해 하나의 해결책을 찾기보다는 여러 가지의 가능한 대안을 모색한다. 이 사고방식은 다시 유창성, 융통성, 독창성, 정교성 등으로 특징지어진다. 일반적으로 유창성은 과학적으로 타당한 제안을 많이 하는 경향이며, 융통성은 다양하게 제안하는 경향이고, 독창성은 여태까지 없는 제안을 하는 경향이며, 정교성은 구체성에 따라 판단된다. 실제에 있어서는 이들 경향이 상대적으로 판단된다.

수렴적 사고는 한곳으로 집중하려는 경향의 사고양식을 말하며, 무언인가를 정리하고, 요약하고 암기하는 행위에 필요 되는 사고이며. 정합성, 통합성, 단순성의 속성이 있다.

실제의 사고에 있어서는 발산적 사고 혹은 수렴적 사고의 한쪽으로 치우치는 것 보다는 균형을 이루는 것이 바람직하다.

3) 사고하는 방향에 따른 분류(드 보노, de Bono)

사고하는 방향에 따라 수직적 사고와 수평적 사고로 분류된다.

수직적 사고는 새로운 원리가 사고에 도입되는 것을 의미하며, 기존에 알고 있던 지식의 차원에서 한 단계 깊은 차원으로 사고함을 말한다. 하나의 경로를 통해서 정확한 해결방법을 모색한다.

수평적 사고는 사물을 보는 관점의 변화를 목적으로 하는 정신적인 태도를 의미하며. 불연속적 사고 또는 변화를 위한 사고로 본다. 수평적 사고는 수직적 사고에 비해 충동적이고 가능성의 과정으로, 수평적 사고를 하는 사람은 공상적이며 추상적인 면이 있으며, 브레인스토밍(Brain storming) 훈련에 강한 면모를 나타낸다.

수평적 사고는 다양성을 지향하고 확산적이고 창의적인 사고에서 본질적인 역할을 한다. 따라서 현대 사회, 기업, 직장 및 교육의 현장에서 종래의 경직된 수직적 사고에서 벗어나, 유연하고 융통성 있는 수평적 사고로의 전환이 요구되고 있다. 또한 수직적 사고만 하거나, 수평적 사고만을 하는 사람보다는 이들 두 사고유형이 교차되는 T형 사고양식을 가진 사람이 지식체계를 포괄하게 된다.

4) 위험 감수성에 따른 분류(바틀릿, Bartlett)

위험성을 감수하려는 도전적 자세를 가진 모험적 사고와 그렇지 않은 폐쇄적 사고로 구분된다. 폐쇄적 사고는 안전성이 있고, 모험적 사고는 실패의 위험성이 내재되어 있다. 그러나 오늘날은 도전성의 가치가 인정되고 있으며 모험적 사고에서 기발한 아이디어가 개발 될 수 있는 가능성이 있으므로 '모험적 사고' 능력을 기르는 것이 요구되고 있다.

5) 생각의 틀에 따른 분류

생각의 틀에 얽매이지 않게 하는 자유로운 비형식적 사고와 틀을 존중하여 그 틀의 범위 안에서 생각하는 형식적 사고로 나눌 수 있다. 형식적 사고에 비해서 비형식적 사고가 개방적이며, 다양한 아이디어를 개발할 수 있다.

6) 가설과 관련한 생각의 성향에 따른 분류

가설을 형성하려는 시작에 관심을 두는 가설 형성 사고와 가설을 검증하려는 결과에 관심을 기울이는 가설 검증 사고로 구분된다. 이 두 유형의 사고를 필요한 상황에 따라 적절히 적용하는 유연성이 필요하다.

7) 추리 방법에 따른 분류

추리 방법에 따라 귀납적 사고와 연역적 사고로 구분된다.

귀납적 사고는 개개의 사실이나 원리에서 일반적이고 보편적인 명제나 법칙을 유도해내는 사고방식이다. 귀납적 사고는 주어진 사실이나 현상들을 근거로 하여, 새로운 정보와 지식을 얻을 수 있게 하므로 일상생활에서도 흔히 적용될 뿐만 아니라, 여러 학문 분야에서도 폭넓게 적용되고 있다. 예를 들어, '그의 속옷은 면이다, 중간 옷도 면이다, 겉옷도 면이다. 그가 세 벌의 옷을 입고 있다면, 그가 입고 있는 옷은 전부 면이다' 라고 귀납적 사고를 할 수 있다.

귀납적 추리는 근본적으로 관찰과 실험에서 얻은 부분적이고 특수한 사례를 근거로 전체에 적용시키는 '귀납적 비약' 을 통해 이루어진다. 따라서 귀납적 사고에서 얻어진 결론은 단지 일정한 개연성을 지닌 확실성만을 가지며, 개연적인 논리적 필연성을 가져다주지는 못한다. 그러나 그것은 과학의 발전에서 중요한 역할을 해 왔으며, 확률이나 통계학의 발달과 밀접히 연관되어 발전해 왔다. 개별 사실들에 관한 정보처리를 더욱 쉽고 빠르게 해 주는 컴퓨터 등의 기술적 도구들이 발달되면서 귀납적 사고방식에 의한 연구방법 더욱 영향력이 높아질 것으로 본다.

연역적 사고는 이미 알고 있는 일반적인 판단이나 원리에서 개개의 사실 또는 새로운 판단을 추론하는 사고방식이며, 진리일 가능성을 따지는 귀납 추론과는 달리, 명제들 간의 관계와 논리적 타당성을 따진다. 즉, 연역적 사고는 전제들로부터 절대적인 필연성을 가진 결론을 이끌어 낼 수 있다. 그러나 연역적 사고는 여러 전제에서 결론을 이끌어 내며, 결론은 전제에서 수집된 정보 이상의 정보를 가지지 못한다. 그러므로 만약 전제가 참이라면 결론은 참이 되어야 한다. 예를 들어, '모든 사람은 죽으며, 영희는 사람이다. 따라서 영희는 죽는다' 라고 연역적 사고를 행할 수 있다.

8) 생각의 접근 방법에 따른 분류

생각의 접근 방식에 따라 탐구적 사고와 분석적 사고로 구분할 수 있다.

탐구적 사고는 원하는 것을 찾아내기 위해 전체적으로 궁리하는 것이며, 어떤 일을 기획하기 위해서요구되는 사고이다.

분석적 사고는 낱낱이 분해하여 찾아보려는 사고양식을 말하며, 어떤 결과를 평가하거나 비판하기 위한 방법으로 유용하다. 따라서 상황에 따라 요구되는 사고방식을 취하는 것이 바람직하다.

9) 생각의 방향과 목적에 따른 분류

생각의 방향과 목적에 따라 창의적 사고와 비판적 사고로 구분할 수 있다.

창의적 사고는 새로운 것을 찾아내려는 사고양식이며, 디자인 창출 등 창작활동을 할 경우에는 창의적 사고가 유용하다. 비판적 사고는 판단해 보려는 경향의 사고이며, 과학적 규명 등을 행할 때 대체로 유용하다고 할 수 있다.

따라서 상황에 따라 적절한 사고 유형으로 사고하는 것이 효과적이며 좋은 결과를 도출할 수 있다.

3_ 스턴버그의 사고양식에 따른 분류

1) 스턴버그의 사고양식 이론

스턴버그(이종승, 김인서 역, 2004)는 학생의 학습 효과와 인간의 성공에 대한 현상이 능력 요인만으로는 설명되지 않음을 깨닫고 다른 시각의 설명을 시도하였다. 그리고 인간의 능력은 능력을 사용할 때의 선호하는 사고 양식과 관련이 있다고 말한다. 즉 그는 능력 요인도 중요하지만 사고 양식이 능력보다 훨씬 중요하다고 강조한다. 삶에서 일어나는 그 무엇은 우리가 얼마나 잘 생각하느냐에 달려 있는 것이 아니라, 어떻게 생각하느냐에 달려 있다는 관점이다.

양식이란 개인이 선호하는 사고의 방식이며, 그것은 능력이 아니라, 우리가 가진 능력을 어떻게 사용하느냐와 관련되어 있다. 사람들은 하나의 양식을 가지고 있다기보다는 여러 가지 양식, 즉 양식의 프로파일을 가지고 있다고 본다.

사고 양식의 원리는 다음과 같다.

· 양식이란 능력이 아니라 능력 사용의 선호 경향성이다.
· 양식과 능력이 조화되면 이 둘의 단순한 합보다 많은 시너지 효과를 창출한다.
· 능력과 양식을 잘 맞출 때, 좋은 결과를 기대할 수 있다.
· 사람들은 하나의 양식이 아니라, 양식 프로파일(패턴)을 가지고 있다.

· 양식은 주어진 과제와 상황에 따라 변화한다.
· 선호도의 강도는 사람마다 다르다.
· 양식의 유연성은 사람마다 다르다.
· 양식은 사회화된다.
· 양식은 생의 발달단계에 따라 변한다.
· 양식을 측정할 수 있다.
· 양식을 가르칠 수 있다.
· 어떤 때나 장소에서 가치 있던 양식이 때나 장소가 바뀌면 그렇지 않을 수도 있다.
· 양식은 좋거나 나쁜 것이 아니라 단지 적합성의 문제이다.
· 양식의 적합성은 사람의 능력 수준에 따라 다르다.

2) 스턴버그의 사고양식에 따른 분류

인간은 정신적으로 스스로 다스린다는 정신자치(mental self-government) 이론에 근거하여 정신자치의 기능, 형태, 수준, 경향 측면에서 사고의 양식을 설명한다. 정신자치의 기본적 개념은 세계 각국의 정부 형태와 같이, 서로 다른 사람 마음속의 어떤 것을 외부로 반영한 것이며, 인간의 사고를 조직화하는 대안적인 방식을 나타낸다. 이에 정부를 기능에 따라 입법형, 행정형, 사법형으로, 형태에 따라 군주형, 계급형, 과두형, 무정부형으로, 수준에 따라 전체형, 부분형으로, 범위에 따라 내부지향형, 외부지향형으로, 경향에 따라 진보형, 보수형 등으로 분류하듯이, 사고의 양식을 분류하고 있다.

① 정신자치의 기능에 따른 분류

사람은 자기 자신의 사고와 활동에서 정부의 입법부,행정부, 사법부와 같은 기능을 수행해야 하며, 어느 성향이 강한가에 따라 입법형, 행정형, 사법형으로 분류할 수 있다.

· **입법형**(legislative) 사람 : 해야 할 일의 수행방식을 스스로 생각해 내기를 좋아하고, 무엇을 할 것인가, 그것을 어떻게 할 것인가를 스스로 결정하는 것을 좋아한다. 입법형은 자신의 규칙을 만들기를 좋아하고, 사전에 구조화되어 있지 않거나 미리 짜여 있지 않는 문제들을 선호한다. 입법형은 창의적인 논문쓰기, 혁신적인 프로젝트 설계하기, 새로운 사업이나 교육체제 개발하기, 새로운 물건 발명하기 등의 행동하기를 좋아한다. 이들이 선호하는 직업은 작가, 과학자, 예술가, 투자 은행가, 정책 입안자,

건축가 등이다. 창의적인 사람은 새로운 아이디어를 생각해 내는 능력과 그렇게 하고자 하는 욕구가 필요하므로 입법적인 양식이 도움 된다.

- **행정형**(executive) 사람 : 규칙을 따르는 것과 미리 조직화되거나 짜여있는 문제를 선호하며, 스스로 어떤 조직을 채우는 역할을 좋아한다. 행정형은 주어진 수학문제 풀기, 문제에 규칙 적용하기, 다른 사람의 아이디어에 기초하여 이야기하거나 가르치기, 규칙 집행하기 등을 선호하며, 이들이 선호하는 직업은 변호사, 순찰 경찰관, 타인의 설계대로 건출하는 건축가, 군인, 타인의 체계를 개조하는 사람, 행정 보조원 등이다. 행정형은 지시받은 대로 일을 잘 수행하고 또 그러한 일을 즐겨하기 때문에 학교나 사업 분야에서 우대받는 경향이 있으며, 지시와 명령에 따르고, 지시받은 것들을 얼마나 잘 해내는가에 따라 자기 자신을 평가한다. 그래서 행정적 양식에 재능 있는 학생은 학교에서 잘할 가능성이 높은 반면, 입법적 양식에 재능 있는 학생은 학교에서 비동조자 혹은 반항아로 보일 가능성이 많다.
- **사법형**(judicial) 사람 : 규칙과 절차를 평가하기 좋아하고, 기존의 사물이나 아이디어를 분석하고 평가할 수 있는 문제를 선호한다. 사법형은 비평문 쓰기, 의견 제시하기, 사람과 그의 과업 판단하기, 프로그램 평가 등과 같은 활동을 좋아하며, 판사, 비평가, 프로그램 평가자, 컨설턴트, 인허가 전문요원, 계약 모니터, 시스템 분석가 등의 직업을 선호한다.

학교를 포함한 많은 사업 분야에서는 지시받은 대로 일을 하고, 또 그것을 잘하려고 노력하는 행정형이 환영받으며, 일정 기간 후에 높은 관리적으로 승진되기도 한다. 보다 높은 수준의 관리직에서는 지시 받은 대로 일을 잘하는 행정형보다는 입법형, 사법형이 더 바람직할 수도 있다. 하지만 이들 중 상당수가 일찍 관리직에서 벗어나, 높은 수준의 관리직까지 결코 도달하지 못하고 있는 실정이다.

② 정신자치의 형태에 따른 분류

군주형, 계급형, 과두형 및 무정부형의 네 형태로 분류되며, 각각의 형태는 주변의 사물과 문제에 대해 접근하는 방식이 서로 다르다.

- **군주형**(monarchic) 사람 : 오직 한 가지 목표만 지향하고 추구하는 사람이며, 자신의 문제해결 방식에 끼어드는 그 어떠한 것도 용납하지 않는 경향이 있다. 군주형은 하기로 마음만 먹는다면, 잘 수행할 것이라는 믿음을 가질 수 있다. 군주형의 책임자는

어떠한 변명이나 참작해야 할 사정도 고려하지 않고, 수행되기를 기대한다. 군주형의 아동은 보통 현재 하는 일보다는 다른 무엇인가를 하기를 원하고, 교사의 설명에 주의 집중해야 할 시간에 다른 것에 대해 생각하고 있을 가능성이 많다.

· **계급형**(hierarchic) 사람 : 계급형은 주어진 목표를 모두 성취할 수 있다거나 혹은 모든 목표를 다 성취할 수 없을 때 우선순위를 정할 필요성을 깨닫는다. 이런 사람은 군주형의 사람보다 복잡성을 더 잘 받아들이는 경향이 있고, 우선순위를 정확하게 결정하기 위하여 다양한 관점에서 문제를 조망하는 경향이 있다. 계급형은 우선순위에 대한 필요성을 깨닫기 때문에 조직 내에서 잘 적응하는 경향이 있다. 이때 그들은 조직이 아닌 자신의 우선순위에 맞추어 일을 조직화할 가능성이 많다.

· **과두형**(oligarchic) 사람 : 같은 시간의 틀 안에서 하나 이상의 일을 하려는 욕구를 가지고 있다는 점에서 계급형의 사람과 닮았으나, 중요하다고 지각되는 여러 경쟁적인 목표에 의해 동기화되는 점이 다른 점이다. 종종 이들은 시간이나 다른 자원에 대한 경쟁적인 요구에 직면하고 압박감을 느낀다. 그들은 무엇을 우선적으로 해야 할 것인지, 혹은 완수해야 할 각각의 과제에 대하여 얼마만큼의 시간을 할당해야 하는지 등에 대해 항상 확신하는 것은 아니지만, 속한 조직의 우선순위에 대해 최소한의 지침만 주어지면 다른 양식의 사람만큼 혹은 그 이상 효과적인 사람이 될 수 있다.

· **무정부형**(anarchic) 사람 : 분류하기 어려운 요구나 목표의 혼합형에 의해 동기화되는 듯하며, 문제에 대해 제멋대로 접근하는 것처럼 보이는 방법을 취하고 엄격한 체제를 거부하는 경향이 있다. 무정부형이 학교나 직장에 적응할 때, 특히 환경이 엄격하다면, 어려움에 직면할 수 있다. 그러나 무정부형 사람은 자신들을 싫어하는 많은 사람들이 하는 것보다 더 크게 기여할 수 있는 창조적인 잠재력을 가지고 있다. 무정부형은 여기저기 조금씩 정보를 수집하는 특성 때문에 종종 다양한 정보와 아이디어를 독창적으로 결합한다. 그들이 고려하는 문제의 범위는 광범위하여 다른 사람이 간과하기 쉬운 문제에 대한 해결책을 찾을 수 있다.

③ 정신자치의 수준에 따른 분류

· **전체형**(global)의 사람 : 비교적 크고 추상적인 문제를 다루는 것을 선호하며, 세부적이고 자잘한 것을 좋아하지 않거나 무시해 버리고, 나무보다는 숲을 보기를 선호한다. 가끔 이들은 숲을 이루는 나무를 보지 못하는 경우가 있으므로, 비현실적인 상태

에 빠져 길을 잃지 않도록 주의해야 한다.

· **부분형**(local)의 사람 : 자세하고 세부적인 것이 요구되는 구체적인 문제를 좋아하며, 실용적, 현실적, 실제적인 경향이 강하나, 위험한 점은 나무는 보되 숲을 놓칠 수 있다는 점이다. 그런데 비행기나 로켓 발사에서 일어난 최악의 시스템 실패 중의 일부는 당시 아주 작은 세부적인 것을 무시하여 발생하였던 것이었다. 따라서 어떤 과제를 수행하는 팀이건 최소한 몇 명의 부분형 사람은 있어야 한다.

④ 정신자치의 범위에 따른 분류

· **내부(internal) 지향형** 사람 : 내적인 일에 관심을 가지며, 이들의 관심은 내부로 향한다. 이들은 내향적이고, 과제 중심적이며, 냉담하고, 때로는 사회적인 인식이 부족하고 혼자 일하기를 좋아한다. 기본적으로 다른 사람과 떨어져서 자신의 재능을 일과 아이디어에 발휘하는 것을 선호한다.

· **외부(external) 지향형** 사람 : 외향적이며, 야외 활동적이고, 대인 지향적인 경향이 상하며, 사회적으로 민감하고, 다른 사람이나 어떤 일이 벌어지고 있는지에 대해 잘 인식하고 있다. 이들은 어디서든 될 수 있는 대로 다른 사람들과 함께 일하기를 좋아한다.

⑤ 정신자치의 경향에 따른 분류

· **진보형**(liberal) 사람 : 기존의 규칙이나 절차를 뛰어넘기 좋아하며, 변화를 좋아하고, 다소 모호한 상황을 추구한다. 모험을 추구하는 사람이 자유로운 양식을 가지는 경향이 있고, 일반적으로 빨리 싫증을 내는 사람들도 그러하다.

· **보수형**(conservative) 사람 : 기존의 규칙이나 절차를 고수하며, 변화를 최소화하고, 될 수 있는 대로 모호한 상황을 피하며, 일을 하는 데서 익숙한 상황을 고수하려고 노력하고, 전문적인 직업을 좋아한다. 이러한 사람은 구조화되어 있고 상대적으로 예측 가능한 환경에서 가장 행복할 수 있는데, 만약 이와 같은 환경이 존재하지 않으면 스스로 그것을 만들려고 노력할 것이다.

4) 교육현장에 스턴버그의 사고 양식의 적용

사고의 유형은 사고의 기능, 형태, 수준, 범위 및 경향에 따라 다양하므로 교육현장에서 진행되는 수업방식과 평가방식, 평가과제 등에 다르게 나타난다고 스턴버그는 주장한다.

4_ 나의 사고 유형은?

1) 관점에 따른 사고 유형

▶ **활동 2-1** : 관점에 따른 사고 유형 중에 본인의 사고 경향은 상대적으로 어느 유형의 경향이 강한지를 각 항목에 따라 부등호로 표시해 보고, 실제 사고에 있어서는 균형 잡힌 사고를 하기 위해 보완할 점에 대해 이야기 해보자.

〈표 2-1〉 연구자 관점에 의한 사고 유형

분류학자/기준	사고 유형	나의 사고 성향	사고 유형
브루너/뇌의 기능	왼손형 사고(Left-handed thinking)		오른손형 사고(Right-handed thinking)
길포드/사고의 초점	발산적 사고(Divergent thinking)		수렴적 사고(Convergent thinking)
드 보노/다차원성	수평적 사고(Lateral thinking)		수직적 사고(Vertical thinking)
바틀릿/위험 감수성	모험적 사고(Adventurous thinking)		폐쇄적 사고(Closed thinking)
생각의 틀	비형식적 사고(Informal thinking)		형식적 사고(Formal thinking)
가설과의 관계	가설형성사고 (Hypothesis forming thinking)		가설검증사고 (Hypothesis testing thinking)
추리 방법	귀납적 사고(Inductive thinking)		연역적 사고(Deductive thinking)
생각의 접근	탐구적 사고(Exploratory thinking)		분석적 사고(Analytical thinking)
생각의 방향	창의적 사고(Creative thinking)		비판적 사고(Critical thinking)
보완할 점			

2) 스턴버그의 사고유형

▶ **활동 2-2** : 스턴버그의 사고유형 중에 본인의 사고경향이 속하는 유형은 무엇인지 평가해서 (부록편에 평가지 사용), 본인의 사고 유형에서 보완할 점에 대해 이야기해 보자.

〈표 2-2〉 연구자 관점에 의한 사고 유형

구분	기능에 따라	나의 유형	형태에 따라	나의 유형	형태에 따라	나의 유형	형태에 따라	나의 유형	형태에 따라	나의 유형
유형	입법형 행정형 사법형		군주형 계급형 과두형 무정부형		전체형 부분형		내부지향형 외부지향형		진보형 보수형	
보완할 점										

3. 생각의 힘을 어떻게 기를 것인가?

우리는 생각하는 힘이 얼마나 위대한지 살펴보았으며, 생각의 힘을 길러야 할 필요성도 인식하고 있다. 이제 생각의 힘을 어떻게 기를 것인가에 관심이 모아진다. '어떻게 하면 큰, 좋은, 적절한 등의 생각을 해낼 수 있을까?'에 대해 함께 생각해 보자.

1_ 기본적인 방법

생각의 힘을 기르는 기본적인 방법으로는 독서, 토론, 논술쓰기 등을 들 수 있다.

1) 독서를 통해 생각 수집하기

책을 비롯한 신문사설 등 다양한 종류의 저작물은 저자를 비롯한 많은 사람들의 생각들이 담긴 창고라고 할 수 있다. 따라서 독서를 통해서 다른 사람들의 다양한 생각들을 모으고 이들에 대해 공감하거나 비판하면서 본인 나름대로의 어떤 생각을 가짐으로서 생각의 힘을 기를 수 있다. 또한 독서한 내용에 대해서 다른 사람들과 토론하거나 자신의 생각이나 주장을 논리적이고 체계적으로 글로 적어보는 훈련을 병행한다면 본인의 생각이 무엇인지 확실하게 인식되면서 더욱 효과적으로 생각의 힘을 키울 수 있다.

2) 토론

토론은 사람들 상호 간에 생각을 교환하면서, 본인 생각을 주장하거나, 상대방의 의견에 동감하거나 비판하면서 서로의 생각들을 모아 공동의 결론을 도출할 수 있는 효과적인 방법이다. 토론을 통하여 다른 사람의 생각에 대한 이해의 폭도 넓힐 뿐만 아니라, 자신의 생각도 명료해지게 된다. 이러한 과정을 통해서 생각의 폭이 넓어지고, 깊어지며, 어떤 사안에 대해서 논리적이고 통합적으로 생각하는 습관이 생겨 평상적으로 사고하는 힘을 기를수 있다.

3) 논술하기

논술(論述)의 의미는 '어떤 것에 관하여 의견을 논리적으로 서술하는 것' 이다. 그렇다면 어떻게 하는 것이 논리적으로 서술하는 것인가? 논리적이라 함은 어떤 사안에 대한 의견 혹은 주장이 타당한 근거나 이유를 가질 때를 말한다. 따라서 어떤 사안에 대한 본인의 생각을 주장할 때는 그 근거가 타당한지, 또는 합리적인 이유를 가지고 있는지를 검토해 보아야 하며, 이를 글로 써보면 더욱 분명해진다,

어떤 사안에 대해서 막연히 생각을 많이, 오랜 시간 한다고 생각의 힘이 커지는 것은 아니며, 논리적으로 생각할 때만이 비로소 힘을 가지게 된다. 따라서 본인이 생각하는 바를 논리적으로 서술하는 훈련이야말로 생각의 힘을 극대화할 수 있는 좋은 방법이다.

따라서 일상생활 속에서 독서를 생활화하고, 토론 및 논술쓰기를 꾸준히 훈련하여 논리적으로 사고하는 습관을 가짐으로서 생각하는 힘을 기르도록 노력해야 한다.

2_ 구체적이고 실제적인 방법 - 사고기술 적용

생각을 할 때를 유심히 관찰해 보면, 어떤 사안에 대해서 분석하거나 종합하는 등의 여러 가지 기술들이 적용하고 있음을 알 수 있다. 생각이 잘 되지 않을 때는 이런저런 기술을 적용해 보면 생각의 실마리가 풀리는 것을 경험해 본 적도 있을 것이다. 특히 논리적인 사고는 여러 가지 사고의 기술들을 적절히 적용해서 이루어지는 것이 일반적이다. 따라서 생각의 힘을 기르는 구체적이고 실제적인 방법으로 사고의 기술을 적절하게 활용할 수 있다. 이에 사고의 기술에는 어떤 것들이 있으며, 각각은 어떤 특징을 가지고 있고, 어떻게 활용하는 것이 유용한지에 대해 살펴 보겠다.

1) 정의하기

정의(定義)란 어떤 말이나 사물의 뜻을 명백히 밝혀 규정하는 뜻매김을 의미한다. 논리학에서는 개념이 속하는 가장 가까운 유(類)를 들어 그것이 체계 가운데 차시하는 위치를 밝히고 다시 종차(種差)를 들어 그 개념과 등위(等位)의 개념에서 구별하는 일을 말한다.

즉 '사람은 이성적(理性的)인 동물이다.' 와 같이, 판명하려는 개념을 주어로 하고 종차와 최근류(最近類)를 객어로 하는 판단으로써 성립하는 체계를 말한다.

어떤 사물에 대해 생각하는 초기단계에서는 막연할 때가 많은데, 그 사물에 대해 정의를 내려 보면 그 개념이 명료해지므로 생각의 실마리가 쉽게 풀려지게 된다. 특히 자기 생각을 다른 사람에게 보다 확실한 바탕 위에서 이해시키기 위해서 정의를 활용하면 정확하고 섬세하게 자기 생각을 표현할 수 있게 된다.

예를 들어, 오늘날 패션계에서 화두가 되고 있는 스마트(Smart) 의류의 필요성에 대해 생각해보고자 한다면, 스마트 의류가 무엇인지 먼저 알아야 한다. 우선 스마트 의류의 정의를 살펴보고 이에 대한 생각을 명료하게 한 다음에서야 스마트 의류가 필요한지, 불필요한지, 필요하다면 왜 필요한지 등으로 사고를 넓혀 나갈 수 있기 때문이다. 따라서 사물에 대해 생각하는 초기단계에서는 그 사물에 대한 정의를 명확하게 정립하는 것이 그에 대한 사고를 넓히는 기초가 된다.

2) 추상화하기 : 컨셉 설정 등

추상화는 어떤 구체적인 대상의 속성으로부터 다른 특정한 속성을, 또한 어떤 구체적인 대상들의 관계들로부터 다른 특정한 관계를 추출해 내는 사고 과정이다. 추상화는 구체적인 사물에 근거한 것이며, 구체적인 사물은 사고 과정에서 더 정확하게 추상화된다. 우리의 사고는 아주 낮은 단계의 사고로부터 추상화 과정을 거치게 된다. 우리가 일상적으로 사용하는 개념어들 또한 추상화 과정을 거쳐 형성된 것들이다.

추상화의 과정은 어떤 대상의 특성을 분별하여 사물의 본질적인 특성을 뽑아내고 비본질적 특성을 버리는 과정이다. 예를 들어, '사람들' 이라고 할 때, 현실에 존재하는 사람은 이○○, 김○○ 등 개별적인 사람들일 뿐으로 대응하는 현실적인 사물은 없지만 사람들 하나하나 다 아는 것보다도 더 정확한 정보를 준다. 그것은 사람이라는 개념이 사람 수에 따라 변할 수 없는 보편적이고 본질적인 특성만을 추출하여 반영한 것이기 때문이다.

3) 분석하고 종합하기

분석은 한 대상을 해체해서 그 기본 요소들을 통해 본질을 캐내는 사고 과정이다. 세상의 사물들은 매우 복잡한 연관 속에서 존재하기 때문에 사물의 요소들 중에 어떤 것이 본질적 요소인지 가려내기가 어렵다. 그러므로 그 사물의 요소들을 분석하여 본질적 요소를 취하고, 비본질적인 요소들을 버리는 분석의 사고 과정을 거치면 사물의 본질에 쉽게 다가갈 수 있다.

종합은 한 대상의 다양한 구성 요소들을 연관된 것들과 결합하여, 그것들을 규정하는 하나의 본질로 통합하는 사고 과정이다. 종합은 분석을 거꾸로 하는 과정이 아니며, 분석을 기초로 하지만, 분석 전 상태로의 단순한 복귀가 아닌 '발전된' 복귀라 할 수 있다.

분석의 예를 든다면, 패션상품 디자인 창출 시에 기업이나 사회의 상황에 의거하여 컨셉을 먼저 설정하고, 설정한 이미지를 표출하기 위해서는 디자인의 각 요소들의 어떤 측면들을 사용할 것인지, 또한 어떤 디자인 원리를 적용할 것인지 등에 대해 분석한다면, 사고의 범위가 확대되어 디자인이 창출되어질 것이다.

종합하기의 예로 역시 '패션상품 디자인 개발' 을 든다면, 패션 트렌드, 경쟁사 조사, 타깃의 라이프 스타일, 소재 등에 대한 정보 등에 관한 자료들을 종합해 본다면, 디자인 컨셉 설정 등 디자인 과정에 대한 사고를 넓혀 갈 수 있을 것이다.

앞의 사례를 보더라도 분석과 종합은 동일한 사고 과정의 두 측면임을 알 수 있다. 분석과 종합은 변증법적으로 연결되어 있어, 분석 → 종합 → 재분석 → 재종합 등의 과정을 통해서 사물의 본질에 더 가까이 접근하게 된다. 분석과 종합은 반대되는 개념이지만, 상호 관련성을 가지며, 상호 진화하여 발전하므로 매우 중요한 사고 과정이다.

4) 대조하고 비교하기

대조(對照)란 둘 이상인 대상의 내용을 맞대어 같고 다름을 검토하는 사고과정을 말하며, 비교(比較)는 사물의 내용을 꼭 맞대지 않더라고 이들 사이의 같은 점, 다른 점, 일반 법칙 등을 고찰하는 사고 과정이다. 세상의 여러 사물들이 겉보기에 비슷한 경우가 많기 때문에, 비교 또는 대조해서 생각하는 과정을 거치면 그 본질을 올바르게 파악할 수 있다. 사고 과정에서 대상을 비교, 대조하면서 이를 분류하고 개괄할 수 있다.

대조나 비교는 어떤 상태를 구분할 때 요긴하며, 비교 대상을 고르는 행위를 통해 상황을 자신이 추구하는 목적에 유리하게 만들 수도 있다.

5) 비유하기

비유(比喩)란 어떤 현상이나 사물을 직접 설명하지 않고 다른 비슷한 현상이나 사물에 빗대어서 설명하는 일을 말한다. 비유는 말하는 이의 의도에 따라 재미와 교훈을 줄 수도 있고, 비난 받거나 미화될 수도 있다. 비유가 매우 다양하게 쓰이기 때문에 정치적 논쟁, 학술적 논쟁 등 여러 종류의 논쟁들에서 매우 즐겨 사용된다.

비유는 재미를 줄 뿐 아니라 전하려는 뜻을 보다 분명하게 만들어 준다. 훌륭한 비유는 즉흥적인 착상에서 비롯되는 것이므로 타고난 재주라고도 할 수 있다. 그러나 비유의 기본 규칙은 비유로 쓰고자 하는 상황, 장면 혹은 사실은 그 비유에 담기게 될 원본보다 간단하고 구체적이며 일목요연해야 한다. 고상한 비유는 어딘가 격을 높이는 것 같은 인상을 주게 되고, 천박한 비유는 어딘가 격을 떨어뜨리는 것 같은 인상을 준다. 따라서 비유하기로 생각의 힘을 기르기 위해서는 적절한 비유하기를 적용해야 한다.

비유는 직유, 은유, 풍유, 환유 등으로 적용된다. 직유는 '어머니 손결 같은 비단결' 같이 이야기에 무게를 두며, 은유는 '옷이 날개다' 와 같이 비유를 숨기는 기법이며, 풍유는 '초록은 동색' 같이 특별한 코드에 따라 구성되는 비유로서, 논리적 전개가 필요한 논쟁보다는 오히려 예술과 문학에서 많이 쓰인다. 환유는 '내가 바지저고리로 보이느냐' 와 같이 관련된 사물을 빌어 나타내는 기법이다.

6) 관찰하기와 추론하기

관찰은 사물이나 현상에 대해 의도를 가지고 주의하여 자세히 살펴보는 것을 말하며, 관찰대상이 의식적으로 선택되어, 관찰이 수행될 때 이미 목표가 추구되므로 목적 규정적이라 할 수 있다. 대개 사람들은 여태 하던 방식으로 대강 보고서는 사항들의 중요 여부를 미리부터 결정해 버리는 경향이 있어, 면밀히 관찰하는 것이 쉽지 않다. 그러나 꼼꼼히 살펴본다는 것은 보고 있는 것을 진지하게 받아들임을 의미하므로, 그 대상에 대해 생각을 깊이 하게 된다. 따라서 어떤 사안이나 사물에 대해서 관찰하는 것이 생각, 즉 사고를 넓히는 좋은 방법이 된다.

추론(推論)의 일반적 정의는 미루어 생각하여 논한다이다. 논리학에서는 어떠한 판단을 근거로 삼아 다른 판단을 이끌어내는 것, 알려진 사실로부터 새로운 사실을 추출해 나가는 과정을 을 말한다. 알고 있는 사실만을 생각하는 것이 아니라, 그것으로 부터 다른 어떤 새로운 사실을 유추하거나 추출하려는 생각 그 자체가 사고를 확장시키는 활동이라 할 수 있다.

7) 당연함에 도발하기

사람들은 온갖 관습과 익숙함 속에서 살아가고 있는데, 이를 그대로 받아들여 안주했다면, 아마도 현대사회와 같이 발전하지 못했을 것이다. 일부의 사람들이 인정한 사안이나 익숙해진 가치를 다르게 평가하고 변화를 시도했기 때문에 발전해 온 것이다. 즉 당연함에 대해 도발 또는 도전을 시도하는 것이 사고를 확장하게 만든다. 특히 오늘날과 같이 기발한 아이디어가 속출하고 변화무쌍한 사회에서는 일상적인 사고만으로는 부족하며, 당연하게 받아들여지는 것에 대해서 당연하지 않다고 도발해 봄으로써 새로운 미지의 세계로 사고 범위를 확대할 수 있다.

그러기 위해서는 어떤 사안이나 사물을 현재 상태의 한계를 감지하는 감각을 키우고, 기민한 재치와 대담한 용기도 갖추어야 한다. 인정된 사실이나 당연한 것으로 받아들여진 가치에 도발 하거나 도전하는 사람들이 많은 사람들로부터 공격을 받거나 따돌림을 당하는 것이 일반적이기 때문이다. 일례를 들면, 1960년대 한국 여성의 치마길이는 무릎 아래로 내려오는 것이 관습이었다. 이 때 당시 유명 여가수가 해외 공연 귀국 길에 무릎 위 15cm 정도의 미니스커트를 입어 사회로부터 많은 비난을 받았다. 이러한 도발적 사고와 행동이 한국의 미니스커트 패션의 시작점이 된 것이다.

8) 권위에 따르지 말고, 자신의 판단과 경험에 의지하기

어린아이들은 직접 보기도 전에 많은 것들에 대한 이야기를 전해 듣고, 또한 어떤 생각을 가져보기도 전에 다른 사람들의 생각을 접하게 되므로, 다른 사람들의 이야기를 쉽게 믿고 다른 사람들의 생각을 따르게 된다. 성인이 된 후에도 이러한 성향이 있어, 나름대로의 생각을 가지는 노력과 훈련이 필요하다. 즉 생각의 힘을 스스로 기르기 위해서는 다른 사람의 생각을 그대로 믿고 따를 것이 아니라, 스스로의 판단과 스스로 경험에 의지하여 생각을 키워 나가도록 해야 한다.

9) 다른 식으로 정리하기, 다른 식으로 평가하기, 거꾸로 뒤집기

어떤 사안이나 사물에 대해 생각한 것에 머무르지 말고, 다른 방식으로 바꾸어 생각해 보거나, 다른 사람의 생각을 그대로 수용할 것이 아니라, 반박할 여지는 없는지 생각해 본다든지, 여태까지의 생각들을 거꾸로 뒤집어 생각해 보는 것이 생각의 힘을 키우게 한다. 일단 어떤 생각을 알게 되면 그것을 다른 식으로 정리, 평가, 뒤집기 등으로 제2, 3, 4의 생각을 만들기는 쉽다.

마치 주위의 여러 재료들로 모아 붙여 새로운 예술로 승화시킨 초현실주의의 콜라주(collage)와 같이, 다른 사람들의 많은 의견을 들어 보고 이를 다양한 각도로 생각을 모아 훌륭한 사고를 행하는 것이 생각의 힘을 키우게 한다.

10) 기다리기

뚜렷한 목표를 향해 치열하게 궁리만 한다고 생각이 풀리는 것은 아니며, 쉬면서 기다리다 보면 불현듯 좋은 생각이 떠오르기도 한다. 생각이 무르익어 결정체가 되기 위해서는 시간이 필요하므로, 그 때까지 기다는 것도 중요하다. 생각 없이 조용한 가운데 자기 안을 들여다보고 내면에 귀 기울이고, 다가올 것을 기다리는 동안에 문제해결 능력이 준비되는 것이다.

이 장에서는 생각의 힘을 길러야 하는 이유와 근거, 여러 사고 유형의 특징, 생각의 힘을 기르는 방법에 대해 살펴보았다.

생각의 힘을 길러야 하는 이유와 근거는 생각이야말로 인간을 인간답게 하는 특성이기 때문이다. 하지만 생각은 위대함과 함께 위험성도 가지므로, 과신하거나 자만하지 말고, 많은 사람들에게 이로운 쪽으로 적용될 수 있도록 생각하는 자세를 가져야 한다.

많은 사고 유형이 열거되어서 혼동되었을 것이며, 또한 사고 유형 명칭이 한자어로 되어 있어 한자를 배우지 않은 세대들에게는 낯설었을 것인데, 사고 유형 이름 외우기가 핵심은 아니다. 각 유형의 의미와 특징을 이해하고 본인의 사고방식이 그들 중에 어떤 유형의 경향이 높은지 점검해 보고, 편협된 점이 있다면 보완하여 실제로 생각을 균형되게 하는 태도를 기르는 것이 중요하다.

생각의 힘 기르기 편에도 다양한 방법을 제시해서 다소 혼동될 수도 있겠으나, 여러분들이 실제로 어떤 생각을 할 때, 적절한 방법을 적용함으로서 각자의 생각하는 힘을 실제로 기르는 것이 가장 중요하다.

제3장

논리란 무엇이며, 의상분야에서 어떻게 적용할 것인가?

인간의 생각이 위대한 힘과 함께 위험성이 있음을 고려할 때, 생각을 잘해야 한다. 어떻게 생각을 잘할 것인가? 이에 대해 논리적으로 하라는 대답을 들을 수 있을 것이다.

많은 사람들이 논리는 '어렵고, 옛 것이고, 고리타분하고, 매사를 따지므로 머리 아픈 것'으로 생각하기도 한다. 더욱이 최첨단을 추구하는 의상관련 분야는 이러한 논리와는 전혀 관련이 없고, 또 격이 맞지도 않다고 논리를 멀리했을지도 모르겠다. 논리가 우리들의 바로 옆에 있어왔음에도 불구하고 이를 몰랐을 따름이다. 논리는 대학입시 논술시험에서나 쓰이는 것으로 착각했을 수도 있다.

현대는 수많은 정보가 밀물같이 밀려왔다가는 금방 썰물같이 빠져나가, 이 시각의 생각이 곧 진부화되고, 또 다른 낯선 생각들 속으로 내몰리고 있다. 즉 생각을 빠르게 하도록 채근 받고 있다. 이러한 시점에 생각을 바로하기 위해서는 논리와 손잡고 재미있게 놀아야 한다. 최신유행을 지향하는 의상관련 분야도 논리를 패션쇼에 초대하여 런웨이(runway) 위를 함께 발을 맞추어 걷는 연습을 해보아야 할 것이다. 그래서 본장에서는 논리와 어떻게 재미있게 놀 것인지 궁리해 보겠다.

1. 의상분야와 논리

1_ 논리의 의미 및 의상분야에서의 논리적 사고의 필요성

1) 논리의 의미

'네가 해야 할 일이 남았는데, 왜 어제 일찍 갔어?'. '그냥, 일찍 가고 싶어서' 라고 대답했다면 일찍 간 행위에 대해 납득이나 수용이 될 것인가? 이와 같이, 어떤 사안에 대한 자기의 의견을 이유나 근거를 밝히지 않고 막무가내로 주장하거나, 다른 사람의 의견을 아무런 이유나 근거 없이 무작정 반대한다면 어떻게 될 것인가? 말다툼만 벌리다가 끝내는 아무런 결론도 얻지 못하게 될 것이다. 심한 경우에는 누구의 주장이 옳은지 법에 호소하는 경우에 까지 이르게 되며, 법정에서는 여러 증거나 정황에 의거하여 어느 주장의 근거나 이유가 합당한지를 판결해 주게 될 것이다.

논리(論理)는 여러 측면에서 의미를 지니는데, 위의 사례에서는 합당한 근거나 이유를 밝히고 자기 의견을 주장하거나 상대방 의견에 반대함을 의미한다.

논리(論理)에서 한자 논(論)자는 '말씀 언(言)' 과 '묶을 륜(侖)' 으로 구성되어 있어, 말 묶음을, 리(理)자는 이치, 법칙, 규칙을 의미한다. 즉 논리란 '말 묶음의 이치' 인 것이다.

논리(logic)의 영어는 그리스어의 'logos' 에서 유래 되었는데 이는 말, 단어, 문장이라는 뜻과 이성, 이유(reason), 규칙이라는 의미가 있어, 말과 관련된 법칙을 의미한다. 여기서 말은 생각을 나타내는 언어적 형식이므로, 논리는 생각의 법칙, 즉 말 혹은 글에서 생각(사고)을 이치에 맞게 이끌어 가는 과정이나 원리를 말한다. 이들을 종합하면, 오류를 범하지 않고 올바른 판단이나 인식을 얻을 목적으로 한 생각(사고)의 형식과 규칙이라 요약할 수 있다.

논리에 따를 때 논리적, 그렇지 않으면 비논리적이라 하며, 일상적으로 논리에 따르는 사람을 논리적인 사람, 그렇지 못한 사람을 비논리적인 사람이라고 말한다.

2) 의상분야에서 논리적 사고의 필요성

의상분야도 다른 분야와 마찬가지로 논리와 관련성이 크다. 패션상품 구입의 일례를 들어보겠다. 대부분의 젊은 여성들은 유행에 편승하기 위해서 한창 유행하고 있는 스타일의 상품을 구입하는 경향이 있는데, 구입 후 얼마 못 입게 되는 경우가 많다. 만약 올 겨울에 널리 유행하는 스타일을 구입했다면 벌써 다른 새로운 스타일이 소개되어 일부 유행되면서 내년 겨울에는 한창 유행되므로, 올해 구입한 스타일은 진부해져서 만족스럽게 입을 수 없게 된다. 그래서 한창 유행하고 있는 스타일(수용기의 상품)보다는 막 새롭게 유행하는(스타일 도입기의 상품)을 구입하는 센스가 필요하다. 그러기 위해서는 어떻게 사고해야 하는가? 패션 주기를 고려해 보는 사고가 필요하며, 이런 사고과정을 통해서만이 패션 도입기의 스타일이나 유행곡선이 완만한 클래식한 스타일이 유행 지속성이 크다는 것을 인지할 수 있을 것이며, 인지한 내용을 패션상품 구입 행동에 적용함으로서 소비활동을 합리적으로 행할 수 있다. 이와 같이, 옷 한 벌 구입함에 있어서도 논리적이지 못할 경우에는 낭패나 손해를 보게 된다.

따라서 개인의 패션생활은 물론이며, 패션소재 개발, 디자인 창출, 패션상품 생산 및 유통 등 의상관련 전분 분야에서 오류를 범하지 않고, 올바르게 판단하고 인식하여 바람직한 결과를 얻어야 하므로 특히 논리적 사고가 요구된다.

2_ 추리는 무엇이며, 의상분야에서 어떻게 적용되나?

1) 논리와 추리

추리는 '알고 있는 것을 바탕으로 알지 못하는 것을 미루어서 사고하는 과정' 을 말한다. 어떤 느낌, 단순한 의식 수준의 무엇을 기억해 내는 것, 상상해 보는 것, 직관하는 것 등의 단순한 생각은 논리의 힘을 가졌다고 할 수 없다. 논리의 힘을 갖게 하는 사고는 추리를 하는 사고이다.

추리를 하면서 상상하는 것도 있으며, 직관도 무의식적인 추리를 바탕으로 해서 얻어질 수 있다. 추리를 함으로써 그런 사고들이 더 풍부해지고, 더 힘 있는 사고가 될 수 있다. 논리의 힘은 생각의 종류 중에서도 추리하는 사고가 갖는 힘이다. 논리가 어떤 힘을 가진다면 그것은 생각이 어떤 힘을 가진다는 것을 뜻한다. 즉, 추리를 통해서 논리의 힘을 키울 수 있다.

2) 추리의 유형

추리를 통해서 발생된 일을 설명할 수 있고, 앞으로 일어날 일을 예측할 수도 있다. 즉 사건의 설명을 위한 추리는 어떤 일이 일어나게 된 배경의 과정을 그 이전에 있었던 과정을 바탕으로 미루어 생각해 볼 수 있게 한다. 사건의 예측을 위한 추리는 앞으로 어떤 일이 어떻게 진전되어 갈 것인가를 지금까지 있었던 일들을 바탕으로 생각해 볼 수 있게 한다. 이와 같이, 우리는 추리를 통해서, 실제 경험하는 사실보다 더 많은 것을 알 수 있다.

추리에는 일상 언어적 추리 외에도, 수학적 추리, 영상적 추리 등이 가능하다. 일상 언어적 추리란 우리 마음속에서 일상 언어로 된 생각들이 그러한 설명이나 예측의 추리를 하게 하는 것을 말한다. 수학적 추리는 수학 언어를 기본 언어로 하는 과학적 탐구에서 필수적인 추리 방식이며, 따라서 과학자는 수학적으로 추리해야 한다. 영상적 추리는 언어를 사용하지 않는 비언어적 추리를 말하며, 감각기관을 통해 들어오는 시각적, 청각적, 촉각적, 미각적 정보를 언어화나 개념화하지 않고 우리의 생각 속에서 추리의 자료로 사용하는 것을 말한다. 사람들은 언어적으로, 개념적으로 정리하여 추리할 시간적 여유가 없는 일에 대해서는 영상적 추리로 판단한다. 즉, 위험을 직감하거나, 운동경기에서 즉각적으로 빠르게 반응한 뒤에서야 그것이 잘된 반응이었는가에 대해 언어적으로 추리해 보고 판단하는 것이다. 동물들도 영상적 추리가 가능하므로 영상적 추리가 보다 기본적이고, 본능적인 추리라고 할 수 있다.

3) 의상관련 분야에서의 추리의 필요성

의상관련 분야에서 사건의 설명을 위한 추리의 대표적인 사례들은 복식 문화사 등에서 널리 찾아 볼 수 있다. 예로는, 1980년대 후반에 해바라기 꽃문양이 전 세계적으로 유행한 배경을 들 수 있다. 냉전시대에는 소련의 폐쇄된 외교정책으로 인해 서방국가들로부터 배척되는 상황이었으나, 1980년대 당시 소련 대통령인 고르바초프의 개방되고 유연한 외교정책이 서방의 여러 국가들로부터 수용되고 주목을 받음과 함께, 소련의 나라꽃인 해바라기까지 국제적으로 수용되고 주목을 받아 유행한 것으로 분석되었다. 이는 사전설명을 위한 추리적 사고에 의해 얻어진 분석결과라 할 수 있다.

사건의 예측을 위한 추리의 대표적인 사례는 패션 트렌드 제안 등을 들 수 있다. 패션산업에서는 패션트렌드의 정확한 예측이 매우 중요하다. 따라서 패션정보기관에서는 패션에 영향을 미치는 사회적, 정치적, 문화적, 정치적, 기술적, 유통적 요인 등과 패션주기 등 지금까지 있어온 여러 상황들을 바탕으로 하여 다가올 시즌의 패션경향을 예측하여, 패션트렌드 정보를 작성하여 제공하고 있다.

의상 분야의 디자인 창출은 디자이너의 미적 감각에 의해 창의적으로 기발하게 행해져야 하므로 논리나 추리와는 거의 관련이 없다고 생각하는 경향이 높다. 그러나 오늘날에는 상품을 위한 디자인 개발이 주가 되고 있어, 팔리도록 디자인이 행해져야 한다. 따라서 상품구매에 영향을 미치는 여러 요인들을 추출하고, 이들에 대한 정확한 자료나 정보를 바탕으로 하여 가장 논리적이고 추리적으로 개발되지 않으면, 재고로 남게 되어 기업이 어려움에 직면하는 비극적인 결과를 초래하게 된다. 그러므로 의상관련 전 분야에서 논리와 추리가 적극적으로 적용되어야 함을 인식하고 올바르게 적용하는 능력을 길러야 한다.

3_ 논리적 사고를 하면 어떤 점이 좋을까?

1) 개인의 삶의 내용과 질을 높일 수 있다.

우리 사회의 개인들은 '오늘 아침 뭘 먹을까, 과제를 어떤 식으로 할까' 등과 같이 다소 간단하거나 가벼운 결정에서 부터 '어떤 배우자를 또는 직업을 선택할 것인지' 등과 같이 복잡하고 중대한 결정에 이르기까지 많은 사안에 대해 결정하고 이러한 결정을 실행하면서 살아간다. 또한 우리 개인들은 여러 다양한 문제에 직면하게 되는데, 이를 어떤 방법으로든 해결하면서 살아가고 있다. 이를 테면, 쇼핑 중에 백화점에 화재가 일어났다고 가정해 보자. 당황하여 우왕좌왕하다가 아무런 조처를 취하지 않거나, 다른 사람들이 몰려가는 대로 따라 갔다가는, 어려움을 당할 수도 있다. 그러나 어떻게 하여 화기로부터 몸을 보호할 것인가, 비상구가 어느 방향인가 등 위기상황을 논리적으로 생각하여 판단하고 이에 적합한 대처방안을 강구한다면 좋은 결과를 얻을 수 있을 것이다. 극단적인 예이기는 하지만, 논리적 사고 여부에 따라 생사의 갈림길에 서게 되기도 한다.

이와 같이, 개개인이 어떤 삶을 살아가느냐 하는 것은 자신이 내리는 결정과 문제해결 방향에 있다고 해도 과언이 아니다. 우리 삶의 많은 부분이 논리적 사고의 힘에 의존하기 때문에, 개인적인 차원에서부터 논리적 사고를 행하여 올바르고 합리적인 방향으로 결정하고 문제를 해결해 나갈 때, 비로소 개인의 삶의 내용을 풍부하게 하고 질을 높일 수 있다.

2) 올바르고 합리적인 판단과 주장을 행할 수 있다.

개인적인 일에 대한 결정도 논리적 사고에 의해서 행해야 하지만, 공적인 판단이나 주장을 올바르게 행사하기 위해서는 더더욱 논리적인 사고가 요구된다. 선거를 예를 들어 본다면, 민주주의는 대의정치이므로 정치인을 잘 뽑아야 한다. 선거철이 되면, 각 후보자들은 득표를 위해 많은 선전과 광고들을 쏟아내고, 상대방에 대한 비방이나 흑색 선전 등이 난무하여 유권자들은 매우 혼돈스럽다. 따라서 좋은 정치인을 뽑기 위해서 유권자들은 각 후보자가 지금까지 행한 정치활동이나 제시한 정책 등에 대해 논리적인 사고과정을 통해 정확하게 판단한 후에 해당자에게 투표해야 하는 것이다.

특히 오늘날에는 메스컴, 인터넷, 통신기기 등의 발달로 인해 무수한 정보들을 접하게 되어, 자신의 의견이나 주장을 세우기가 매우 힘들다. 이 때 논리적 사고를 행하여, 이들 정보들 중에 옳고 그름을 판단해야한다. 그리하여 옳은 정보들을 바탕으로 삼아 올바른 의견이나 주장을 세울 수 있게 되는 것이다.

3) 공적인 사안에 대해 민주적으로 사회적 합의를 도출할 수 있다.

사람들은 생각할 자유를 가졌기 때문에, 규모가 작든 크든 간에 한 집단을 구성하고 있는 사람들의 생각은 각양각색이며, 추구하는 목표도 다르다. 예를 들어, 가족의 여행지를 결정하거나, 어느 지역의 지하철 건설을 위한 노선의 결정에 있어서 구성원들의 주장이나 의견은 분분할 수밖에 없다. 그러나 집단의 운영을 위해서는 가족회의 또는 공청회를 통해서 한가지 만을 결정해야 한다. 즉 구성원들의 대표적인 의견을 논리적 사고 과정을 통해 각자의 의견을 근거나 이유를 가지고 주장하고, 다른 의견을 비판하면서 합리적인 결정을 합의를 통해 도출해야 한다.

4) 학문의 발달을 도모할 수 있다.

학문(disciplines , 學問)은 학자들이 연구 활동을 한 결과를 축적해 놓은 지식체계를 말하며, 지식체계로서의 학문과 활동으로서의 학문이라는 두 가지 차원에서 규정될 수 있다. 그러나 '결과' 로서의 학문은 그 결과를 낳기까지의 '과정' , 즉 활동으로서의 학문과 불가분의 관계에 있다. 학문에는 이때까지 그 분야의 학자들이 발견, 축적해 놓은 개념과 탐구방법이 있으며, 현재 학문을 하는 사람들은 그 개념과 탐구방법을 써서 각각 관련된 현상을 이해하는 활동을 행한다. 대부분의 학문은 논리적인 바탕 위에 논리적 과정과 방법에 의해서 체계를 갖추면서 발달해 왔다. 따라서 현재의 학문은 논리적인 사고와 이에 따른 과정과 방법에 의해 새로운 사실들이 발명, 발견, 규명되어 지속적 발달될 것이다.

의상관련 학문 분야도 다른 학문과 마찬가지로, 논리적 사고와 그에 따른 방법을 적극적으로 적용함으로서 학문의 체계를 확립하고, 발전시켜 나가야 한다.

5) 문화를 창달할 수 있다.

문화는 인간에 의하여 이룩된 모든 것을 포함하며, '지식 · 신앙 · 법률 · 도덕 · 관습, 그리고 사회구성원으로서의 인간에 의하여 얻어진 다른 모든 능력이나 습성의 복합적 총체' 이다. 인간의 모든 능력이나 습성들은 논리적 사고를 통해, 우위에 있는 속성들이 남아 전해짐으로서 전파 또는 전달되어지는 것이다.

이와 같이, 인간이 문화를 지닌 유일한 동물인 것은 인간만이 논리적 사고가 가능하기 때문이며, 이러한 논리적인 사고를 통해서 문화를 창달할 수 있다.

6) 인류의 삶을 증진시킬 수 있다.

산업사회와 고도로 발달된 과학기술사회에서는 생산성과 최첨단 과학, 기술이 높은 차원의 가치로 인정되었다. 그러나 이에 따라 자원고갈, 환경오염, 인간성의 상실 등으로 인해 인류의 삶의 질이 떨어지고, 생존의 위협에까지 이르게 되었다. 이러한 점에 대해 전 세계인들이 논리적 사고를 통해 인식을 함께 하게 되었다.

더 나아가서, 인류의 삶을 피폐하게 하는 환경오염, 핵확산 등을 축소 또는 방지하는 방안에 대한 토론, 사회 운동 등 논리적 사고와 방법을 통해서 인류의 삶을 증진시킬 수 있다.

4_ 논리적 사고에 대한 편견

1) 논리적 사고가 확증을 가져 온다.

논리적 사고가 인간의 삶에서 중요하지만, 과신해서도 안 된다. 논리적 사고만으로 진실과 거짓을 반드시 구분할 수 있는 것은 아니기 때문이다. 참과 거짓에 대한 정보를 생각하는 것은 정보를 찾는 과정이며, 경험에 의해서 실제로 탐구하고 조사를 통해 사실을 확인하는 과정이 필요한 것이다.

논리적인 사고는 우리가 이미 일정한 정도의 정보를 가지고 있다고 전제하고, 그 다음에 정보를 어떻게 받아들이며, 정보들 사이의 관계는 어떠하며, 그 정보에 숨어있는 것이 무엇인지 알아내는 것을 말한다.

만약 어떤 사람이 한 여름임에도 옷을 겹겹이 껴입은 상황을 보고 복식심리학적 측면의 논리적 사고를 행한다면, 그를 정신적 이상자로 인식할 수 있으며 또한 그럴 확률도 높다. 그러나 다른 이유로 그럴 수도 있기 때문에 단정하거나 확증은 할 수 없는 일이다. 그러므로 확증을 위해서는 의학적인 실제적 검사가 뒷받침되어야 한다.

따라서 논리적 사고를 행할 때는 폭넓은 정보를 바탕으로 정확하게 판단을 내리도록 해야 할 뿐만 아니라, 항상 오판의 소지가 있을 수 있음을 인정하고, 자기주장을 성찰하는 겸허한 태도와 다른 사람들의 주장에 귀 기울이는 개방된 태도가 요구된다.

2) 논리적 사고가 협상, 설득, 설교, 상담 등에 절대적이다.

논리적 사고의 기본은 어떤 주장에 대해 이유를 찾고 제시하는 것이기 때문에, 개인적인 영역에 속한다. 토론의 경우에는 논리적인 대화를 위해 모였기 때문에 대개는 논리적 사고가 통한다. 그러나 대화, 협상, 설득, 설교, 상담 등은 사람들 간의 관계에서 생기는 상대적인 일이기 때문에 논리적인 사고만이 유리한 것은 아니며, 때에 따라서는 비논리적인 감정의 호소가 오히려 성공의 요인이 되기도 한다.

실제 생활에서 논리적인 사고에 의해 정보를 추려내는 것과 추려낸 정보를 다른 사람에게 어떻게 전달하는가는 별개 문제이다. 협상이나 설득에서는 상대방이 논리적 태도를 보이지 않을 경우에는 논리적 사고만으로는 설득이나 협상이 어렵다. 예를 들어, 결혼을 위해 부모님을 설득하는 것은 논리적인 사고와는 다른 능력, 즉 설득 커뮤니케이션이나 화술 또는 수사학 영역의 능력을 필요로 한다. 또한 논리적 생각보다는 감정에 호소해야 정상적인 상황도 있다. 예를 들어, 어머니가 아기를 얼마나 사랑하는지 그 근거를 논리적으로 말하는 것 보다는 꼭 안아주는 것이 더욱 실제적이고 효과적인 것이다.

따라서 궁극적으로 좋은 결론에 도달하기 위해서는, 논리적 사고가 필요한 영역의 상황에서는 철저하게 논리적이고 합리적으로 생각해야 되며, 아울러서 그 내용을 다른 사람들에게 이해시키고 설득시켜 수용하게 하는 효과적인 전달방법의 기술도 함께 기르는 것이 바람직하다.

3) 논리적 사고의 힘이 감정, 편견, 미신, 독단 등보다 강하다.

아직도 우리 사회는 논리적인 사고의 힘으로 결정되지 않고, 감정, 편견, 미신, 독단, 사적인 이해관계 등에 의해 결정되는 일이 허다하다. 예를 들면, 기호 1번이 선배이므로 찍고, 결혼식 일정을 오로지 길일로만 택하거나, 쓰레기처리장 같이 설치할 필요성은 인정하나 자신들 지역에 설치함은 반대하는 지역이기주의적인 님비현상(Nimby, Not in my backyard) 등이 이에 해당된다.

이처럼 우리사회에는 아직도 사회적으로 중대한 사안을 논리적 사고에 의해 결정하지 않고, 아무 근거 없이 혹은 부당한 근거로 대중심리를 선동하여 밀어붙여서, 논리적 힘을 의도적으로 무력하게 만드는 일들이 일어나고 있다. 이러한 결과는 개인적으로나 사회가 발전하기보다는 그 반대의 결과를 가져 오므로, 중대 사안에 대한 결정은 반드시 논리적 사고에 의한 합의를 도출하도록 구성원 모두가 노력해야 한다.

5_ 논리적 사고와 비논리적 사고의 다른 점은 무엇인가?

1) 논리적 사고와 비논리적 사고의 차이는 무엇인가?

논리적 사고라 함은 어떤 주장을 할 때, 주장하는 합리적인 근거나 이유를 생각하는 것이며, 다른 사람의 의견이나 주장을 수용하거나 거부할 때도 그럴만한 충분한 이유가 있는지 신중하게 생각하는 것을 말한다. 논리적 사고를 하는 사람을 논리적 사람이라고도 하며, 이들은 자기의 주장에 다른 사람이 쉽게 이해하게 할 수 있으며, 따라서 동조하거나 설득할 수 있는 가능성이 크다.

비논리적이라 함은 주장만 하고, 그 근거나 이유를 충분히 생각하지 않는 것이며, 타인의 주장이나 의견에 대해 수용하거나 거부할 때도 합당한 근거나 이유를 신중하게 생각하지 않거나 혼자 생각만 하고 표현을 제대로 하지 않아 상대방에게 합당한 이유나 근거를 제대로 전달하지 못할 경우를 말한다. 비논리적 사고를 하는 사람을 비논리적 사람이라고도 하며, 이들은 자기주장을 다른 사람들에게 이해를 구하기 어렵기 때문에 동조를 얻거나 설득할 가능성도 낮아진다. 비논리적 사고의 사람이 근거나 이유를 밝히지 않고, 주장만 강하게 할 경우에는 '억지를 쓴다' 는 인격적인 혹평을 받을 수도 있다.

2) 논리적 사람과 비논리적 사람의 대표적 특성 비교

논리적인 사람과 비논리적인 사람의 특성에는 여러 가지가 있겠으나, 대표적인 특성을 다음과 같이 비교해 볼 수 있다.

〈표 3-1〉 논리적인 사람과 비논리적인 사람의 특성 비교

특징	논리적인 사람	비논리적인 사람
자신 감정에 대해	자신의 감정을 억제하고, 많은 사람들이 동의할 합리적 이유를 찾으려고 노력함	자신의 감정에 따라 충동적으로 생각하고 행동하는 경향이 높음
첫인상이나 종래 생각에 대해	자신이 가진 첫인상과 종래의 생각이 선입견, 편견이 아닌지 의심해봄	자신이 가진 첫인상, 종래 생각을 의심하지 않고 그것에 따라 판단함
자신의 생각에 대해	자신의 생각이 틀릴 수 있다는 것을 인정하고, 그것이 합리적인 이유로서 가치가 있는지 의심해봄	자신의 생각이 틀릴 수 있다는 것을 인정하지 않고, 그것이 합리적인 이유를 가졌는지 의심해 보지 않음
타인의 생각에 대해	타인의 생각이 본인과 달라도 주의 깊게 듣고, 자신의 생각의 잘못이 드러나면, 본인의 생각을 바꿈	타인 의견에 귀기울이지 않고, 적합한 이유가 있는지, 본인 생각과 비교해 보지 않으며, 자신이 틀릴 수 있음을 인정 안함
복잡하고 이해하기 힘든 주장에 대해	이해하려고 노력하며, 그 주장이 어떤 근거에서 주장될 수 있는지 따져 봄	이해하려고 노력하지 않고, 그 주장의 근거도 따져보지 않고, 쉽게 믿거나 거부함

▶ **활동 3-1** : 학생들 각자는 어느 성향의 높은지 점검해 보자.

2. 논리의 유형

오늘날의 논리의 유형은 인류의 오랜 문화와 역사를 거쳐 사용되고 다듬어진 것이다. 사용되어 오면서 잘 다듬어진 논리학적 논리유형과 자주 사용되면서도 논리학적 논의에서 다루어지지 않는 사유실험적 논리유형으로 나눌 수 있다.

1_ 논리학적 논리 유형

논리적 사고는 어떤 주장에 대해 적절한 근거를 제시하는 것이다. 이 때 주장과 근거를

논리학의 전문적 용어로 전제와 결론이라 하고, 전제와 결론의 쌍을 논증이라 한다. 논리학은 전제와 결론의 관계를 연구하는 학문으로 전제가 결론을 언제 지지하는지, 얼마나 잘 지지하는지 연구하는 학문이다.

이러한 논리학에서 사용되는 추리(추론)의 방법(논증방법)에 따라, 논리 유형은 크게 연역논리와과 귀납논리로 구분된다.

1) 연역논리

연역논리는 연역추론에 의해 논리를 전개해 나간다. 예를 들면, '모든 인간은 죽는다. ○○○는 인간이다. 고로 ○○○는 죽는다.' 등이다. 예외 없이 규칙적으로 일어나는 사건들이나 예외 없이 보편적인 속성을 전제로 하는 논리이므로 그 힘이 매우 강하다. 즉, 연역논리는 자기주장을 세우기 위한 가장 강한 논리이다.

연역논리의 대표적인 형식은 삼단논법이다. 두 개의 전제들로부터 결론을 이끌어 내는 형식이므로 삼단논법이라고 한다. 삼단논법이 정당한 논법 형식일 경우, 그것은 그것의 전제를 받아들이면서 결론을 거부할 수 없는 연역적 필연성을 갖는다. 그러므로 자기의 주장하는 바를 논거로서 가장 유효하게 쓰이는 것이 삼단논법이다.

일반적으로 연역논리적 논지를 펴나갈 때 고려해야 할 오류에는 순환논법의 오류와 모순 또는 자가당착의 오류가 있다. 순환논법은 독단적이고 배타적인 주장을 하는 사람이 흔히 범하는 오류다. 그 예로는 세 명의 도둑과 훔친 진주 일곱 개에 관한 이야기가 있다. 진주 일곱 개를 가지고 있던 도둑이 다른 두 명에게 각각 두 개씩 나누어 주고 자기는 세 개를 차지하자, 두 사람이 항의했다. "너는 왜 진주를 세 개를 갖느냐?," 나는 두목이니까 너희들보다 하나 더 갖는다.", "어째서 네가 두목이냐?", "나는 진주를 하나 더 가졌으니까 두목이다." 식으로 자가당착의 오류가 되고 만다.

연역논리는 이와 같이 논법 형식상의 오류를 범하지 않는 한, 가장 강한 논리가 된다. 특히 예외 없는 규칙성이나 보편적 속성에 관한 사실을 전제로 할 때, 그것의 논리적 필연성을 부정할 수가 없다. 그러나 이러한 연역 논리의 힘을 너무 의식하면서 그것의 형식적 정당성이나 전제의 타당성을 신중하게 고려하지 않을 경우 터무니없는 오류를 범할 수 있다. 특히, 연역 논리적인 오류는 연역논리적으로 반박을 받을 수 있기 때문에, 비판 가운데서도 가장 강한 비판이 될 수 있다.

2) 귀납논리

귀납논리는 귀납추론에 의해 논리를 전개하는 것을 말한다, 귀납논리는 귀납적 일반화의 논리라는 뜻과 경험에 의존하는 논리라는 뜻이다. 일례로, 'A라는 사람이 빨간 옷을 입고 있다, B도 빨간 옷을 입고 있다. C도 빨간 옷을 입고 있다. D도 빨간 옷을 입고 있다. 등으로. 고로 빨간 옷이 유행한다.' 와 같이 일반화하는 것을 들 수 있다.

귀납적 일반화는 통계적 보편성을 의미하는 것이므로, 그 이상의 논리적 의미를 갖지는 못한다. 즉, 귀납 논리의 전제에는 개연성이, 결론에는 확장성의 특성이 있다. 귀납논리는 경험의 내용, 특히 언어화되기 전의 경험에 의존하는 논리이므로, 경험을 쌓는 것만이 추리력을 향상시킬 수 있다. 귀납논리를 활용하기 위해서는 어떤 현상에 대해 전체적으로 파악할 수 있는 경험의 축적이 필요함을 말한다. 따라서 귀납논리적 오류는 경험적 근거가 불충문한 조건에서 분포적 설명이나 예측을 하게 되면 '오류' 가 생긴다.

귀납논리를 이처럼 경험에 의존하는 논리로 이해할 때, 그것은 곧 지혜의 논리라고 할 수 있다. 지혜 있는 사람은 보통 사람이 예측할 수 없는 것도 예상한다. 지혜는 가르칠 수는 없는 것이라고 한다. 경험적으로 터득해야 하고, 경험적으로 각자 성장해 가야 하기 때문이다. 그러나 지혜의 논리라고 하는 귀납논리를 적용하는 사고방식을 훈련하게 하고 교육하는 것은 가능할 것이다. 자유로운 귀납적 사고의 훈련과 적용이 중요한 의미를 갖는다. 귀납적으로 논증하고, 귀납적으로 설명하고, 귀납적으로 예측하는 체험은 컴퓨터 시대의 기계적 사고로부터 우리 인간을 해방시켜 주는 힘을 가질 수 있다.

〈표 3-2〉 연역 논증 귀납논증의 유형 비교

연역논증(타당한 연역논증)	귀납논증(올바른 귀납논증)	그릇된 논증
1. 만일 전제가 모두 옳다면 결론은 반드시 옳다. (필연성)	1. 만일 전제가 모두 옳다면 결론은 반드시 옳지는 않지만 옳음직하다. (개연성)	1. 만일 전제가 옳다고 해도 결론이 그를 가능성이 있다.
2. 결론의 내용은 전제 속에 암암리에라도 이미 포함되어 있다. (비확장성)	2. 결론은 전제 속에 없는 새로운 내용을 포함한다. (확장성)	2. 전제와 결론 사이에 거의 아무런 관계가 없다.
예) 지금까지 관찰된 인간은 모두 뇌가 있다. ⇒ 모든 인간은 뇌가있다.	예) 모든인간은 죽는다. ⇒ 000은인간이다 ⇒ 000는 죽는다	예) Y대학교는 경북에 소재한다. ⇒ Y대 재학생은 경북에 거주한다.

2_ 사유실험적 논리 유형

아직 논리학적인 논리로 완전하다고 검정되지는 않았으나, 사유실험적으로 다양한 논리가 제안되고 있다. 사유실험적 논리가 가능한 것은 자연과 인간 삶과의 관련성에 기인한다.

인간 사유 능력은 진화의 산물이며 자연의 논리를 모형화하여 연장한 것이다. 그러므로 인간의 사유 능력은 진화하고 있어, 사유의 논리도 자연의 논리에 더 가까이 접근해 가고 있다. 아름다움을 추구하는 인간의 사유를 끊임없이 발전할 수 있게 하는 논리는 자연의 논리처럼 다양하고 부드러운 논리가 된다. 오히려 조형 예술에서, 음악 예술에서, 문학예술에서 이미 적용되고 있는 다양하고 다원적인 논리를 따라 가면서, 논리적 사유의 가능성을 확장해 가야 한다. 더 자연스럽고, 더 풍부하고, 더 아름답고, 더 부드러운 사유를 가능하게 하는 논리로 발전시켜 나가야 하는 것이다.

사유실험적 논리에는 논리학적 논리의 유형인 연역논리와 귀납논리는 물론 적용되며, 논리학에서 논리로서 검정되지 않은 유비논리, 변증논리, 실천논리, 귀추논리 등도 적용 가능하다 주장된다. 연역논리와 귀납논리는 논리학적 논리유형에서 설명했으므로 생략하고 나머지 논리에 대해서 간략이 설명하겠다.

1) 유비논리

유비논리(類比論理)는 유추하여 논리를 전개하는 것을 말하며, 주로 설명을 위한 논리이고, 비유를 들어 설명하는 논리이다. 2개 또는 그 이상의 현상들이 어떤 속성 · 관계 또는 구조 · 기능에서 일치하거나 유사하다는 것에서 현상들이 다른 속성 · 관계 · 구조 · 기능에서도 일치하거나 유사하리라고 추리하는 논리적 과정을 말한다.

유추의 가능성은 객관적 실재가 서로 연관되어 있고 그 여러 영역이 비슷한 특징, 즉 유사한 구조나 기능을 보여주며, 따라서 한 영역에 바탕을 둔 유추와 모형은 다른 영역에 대해서도 들어맞으며 적용될 수 있다는 가정에 근거를 두고 있다. 그러므로 이런 종류의 추리는 본질적인 특징의 일치나 유사성에서 나온 것이어야 하며, 실천으로 검증하여 끊임없이 교정되어야 한다. 자연과학적 유추는 대체로 사회과학적인 유추보다 더 큰 확실성을 갖는다. 왜냐하면 사회에서는 인간의 행위로 인해 일반적 합법칙성에 가해지는 여러 가지 변형 형태가 특별히 고려되어야 하기 때문이다. 연역 추리와 비교해 볼 때, 유추 형식은 오늘날까지도 정확하게 다듬어지지 않고 있으며 그 이용수준도 매우 뒤떨어져 있다.

유추는 '환원추리' 의 중요한 형태이며 과학적 가설을 얻어내는 중요한 인식도구이다. 이러한 유추는 에너지의 양자화와 원자구조의 궤도에 대한 인식을 통해 태양계와 원자구조 사이에 본질적인 차이가 있음이 밝혀지기 전까지는 과학적으로 매우 유효한 것이었고 중요한 인식도구이었다. 이러한 예들에서 유추는 '확률적(개연적) 추리' 라는 점이 문제점으로 들어나기도 한다.

학문적 세계에서 서양의 경우에는 논증적 설명을 중요시해 왔기 때문에 연역논리에 치중했으며, 학문 외적 영역인 종교나 예술의 영역과 동양에서는 연역논리적 논증보다는 유비논리적 설명이 철학과 종교의 영역에서 널리 사용되어 온 것으로 말해지고 있다.

2) 변증논리

자연, 사회, 사유(思惟) 등의 발전을 모순, 대립, 종합하는 논리이며, 이념이나 의식의 정, 반, 합의 발전법칙으로 보는 관념론적인 것과 객관적 실재의 발전 공식으로 보는 유물론적(唯物論的)인 것들이 있다.

이와 같이 변증논리는 역사적으로 변화하는 현상의 설명과 예측에 적용된다. 역사적 변화는 성장하고 발전하고 진화하는 변화를 말한다. 같은 상태에서 반복되는 변화는 역사적 변화가 아니다. 반복되는 변화는 인과의 법칙으로 설명할 수 있으며 이것은 연역논리의 적용을 필요로 한다. 변증논리는 연역논리로서 설명하거나 예측할 수 없는 역사적 현상을 위한 논리다. 변증 논리적 사고에 의해서 개념적 이해의 발전을 꾀할 수 있다.

3) 실천논리

실천논리는 선택 · 계획 · 명령 · 허용 등의 행위와 그에 수반되는 것들에 대한 진술 사이에 성립하는 논리적 관계를 분석하는 이론이며, 하위논리로 선택논리, 명령논리, 당위논리 등이 있다.

선택논리는 선호논리라고도 하며, 'A는 B보다 선호(택)된다' 라는 생각을 지배하는 형식적 규칙을 체계화하는 것이다. 예를 들어, 만일 A가 B보다 선호될 만하거나 A 가 C보다 선호될 만하다면, A 는 B 나 C 보다 선호될 만하다는 주장이 받아들일 만한 것인지 여부를 결정할 수 있도록 하기 위해 그러한 진술들 사이의 논리적 관계를 체계화하는 것이다.

명령논리에 대해 일부 학자들은 추론의 타당성이 정의될 수 없으므로, 명령논리란 있을 수 없다고 주장해 왔다. 타당성은 진리개념이 적용될 수 있을 것을 요구한다. 논리학에서는 하나의 논증은 그 전제들이 참이면 그 결론도 참일 수밖에 없을 때 타당하다. 그러나 명령은 참도 거짓도 아니므로, 타당성 개념을 적용할 수 없다. 그러나 실제로 우리는 명령들과 명령들의 집합으로부터 거리낌 없이 추론을 하고 있다. 어떤 명령이든 미래시제를 사용해 명령이 지시하는 것이 행해질 것이라는 사실로서 그것을 주장하는 종결(종료 또는 결과), 진술과 연결 지을 수 있다. 예를 들면 '건물에 있는 창문을 모두 닫아라!' 라는 명령은 '건물에 있는 모든 창문은 닫힐 것이다' 라는 종결 진술을 갖는다. 모두가 명령인 전제들로부터 명령 결론을 추론하는 순수 명령 논증에서는 그에 상응하는 종결 진술들로 이루어진 순수한 삼단논법의 타당성에 비추어 그 타당성을 평가할 수 있다.

당위논리는 허용 · 의무 · 금지 · 가치 등과 같은 행위와 사태에 대한 규범적(또는 평가적) 분류와 관련된 명제적 양상을 당위 양상이라고 하며, 이러한 당위 양상을 체계화하는 것이 당위논리이다. 당위논리는 고도로 추상화된 논리 이론 분야로서, 구체적 행위나 사태가 금지 · 허용되는 등의 구체적 문제는 다루지 않으며, 그러한 영역에 적용되는 명제들 사이의 순수하게 개념적이고 추상적인 관계를 체계화하고자 한다. 만일 어떤 행위가 의무라면, 그것의 실행은 허용되어야만 하고 그것의 회피는 금지되어야만 한다.

이러한 실천논리적 능력은 수단을 생각해 내는 능력이다. 더 좋은 수단을 발견하고, 고안해 내고, 그것을 학습하여 실용화하는 능력이다. 모든 생명체는 환경에 적응하면서 생존경쟁에서 살아남아야 하므로 실천논리적 사고를 하게 되어 있다. 그것은 본능적 기능으로 혹은 집단적 기능으로 나타나기도 한다. 인간의 실천논리적 능력은 특히 컴퓨터의 등장에 따라 급속도로 향상되고 있으므로, 인간 행위의 설명과 예측은 점점 더 어려워지고 있다. 실천논리의 적용을 필요로 하는 인간 행위에 관한 논술이 그만큼 더 어려워진다는 뜻이다. 그러나 실천논리의 적용과 개발은 그럴수록 더 절실하게 요청되는 영역이며, 그럴수록 더 심각한 문제를 제기하는 영역이기도 하다.

4) 귀추논리

귀추논리((歸趨論理, abduction)는 복잡한 경험 세계를 포괄적으로 설명할 수 있게 하는 개념을 설정하고, 그 개념을 통해 경험 세계를 새롭게 이해하게 하는 사유 방식이다. 종교, 예술, 문학, 철학에서 우리의 세계를 설명하고, 이해하고, 표현하고, 체험하게 하는 사유방식으로 적용되어 온 비연역적 논리이다.

귀추논리가 귀납논리와 다른 점은, 귀납논리가 개별적 현상들 뒤에 있는 일반적 질서를 찾는 데 필요한 논리인 데에 비해, 귀추논리는 경험세계로부터 포괄적 개념화의 차원으로 갔다가 다시 경험세계로 돌아와 그 포괄적 개념을 적용해 보는 회귀적 사유의 논리라는 점이 다르다. 귀추법적 사고가 만들어낸 가장 포괄적인 개념이 하느님이며, 이름 짓기와 제목 붙이기 등도 귀추법적 사유의 예이다.

특히 패션상품 개발에서 그 상품이 가져야 할 다양한 기능의 요소들을 전체적으로 포괄하여 개념화하는 귀추법적 사유가 필요한데, 디자인 컨셉 설정이 여기에 해당한다. 귀추법적 개념화가 잡히면(컨셉이 설정되면), 비로소 그것이 추상화하여 표현하는 내용(이미지)을 구체적이고 다양한 세부기능(심미성, 기능성, 실용성 등)으로 풀어내는 디자인 설계(실루엣, 디테일, 소재, 색채 등) 작업을 행할 수 있게 되는 것이다.

오늘날 가상공간(cyberspace)의 매체는 다양한 상징화가 가능해지면서 개념화와 추상화를 거치는 귀추법적 사유조건이 충족되지 않는 단순한 상징화 기술과 기교만으로도 놀랍고 새로운 상징물을 만들 수 있게 해준다. 하지만 이러한 가상적 상징화가 모든 것을 장난과 재미로 받아들이는 경박함에 익숙하게 만들기도 한다. 따라서 귀추법적 개념화와 추상화를 통한 상징화의 필요성을 인식하게 하고, 이에 대한 교육이 행해져야 한다.

귀추논리는 일반성과 개체성의 차원 관계에 관한 논리다. 개체성에 근거하여 일반성에 관한 가정을 해 보는 것이며, 그렇게 가정해 본 일반성으로부터 개체성을 설명하고 예측해 보는 것이다. 즉, 귀추논리는 개체성과 일반성의 차원을 오르내리는 차원 이동을 하는 것이며, 차원적 관계를 바탕으로 하는 설명을 위해 필요한 논리다. 그러나 귀추적 일반화가 환원적 분석의 도움을 받지 못할 때는 그것의 설명력에도 불구하고 진리 여부를 가릴 수 없으므로 예측의 힘과 논증적 논리로서의 힘도 약해진다.

3_ 감성과 논리 유형

인간의 지성에 이유가 있는 것처럼 감성에도 이유가 있다. 즉 지성적 마음에는 이유가 있고, 감성적 마음에는 원인이 있어 이들 모두를 논리적으로 적용할 수 있는 것이다.

감성의 논리에는 연역의 논리도 적용되나, 이보다 다소 유연한 사유실험적 논리들이 주로 적용되는데, 이들을 비연역논리라고 규정한다.

1) 변증논리 : 긴장감과 관련

갈등의 논리로서, 대립과 모순 관계를 종합하여 지양하게 하는 논리이므로 긴장감과 관련된 논리다. 경쟁, 긴장감, 모순, 갈등의 감정은 변증논리적 사유의 조건이 되는 감성적 바탕이라 할 수 있다.

2) 귀추논리 : 승화된 기분과 관련

추상화나 상징화를 통한 초월을 가능하게 한다. 승화된 기분을 가능하게 하는 것이다.

3) 유비논리 : 포용적 사유의 관련

포용적 사유를 가능하게 한다. 유비논리적으로 하면 연결 관계가 쉽게 파악 된다. 수용적이면서도 여유 있는 사유를 하게하며, 유연한 느낌을 주는 논리다.

4) 실천논리 : 평안감과 관련

방편의 논리이며, 해결 방법을 찾게 해 주고, 길을 찾고, 목표를 선택하게 한다. 실천논리적 사유는 안정된 것을 추구하게 하고, 평안하게 하는 논리다. 실천논리에 능한 사람은 어떤 상황에서도 마음의 평안을 유지할 수 있는 사람이다.

5) 귀납논리 : 꿈, 환상감과 관련

체험논리이며, 경이로움을 체험하고, 예외적이고 특이함을 체험함으로써, 그것의 즐거움을 느끼게 하는 사유다. 통상적, 통속적, 상투적인 것에서 느낄 수 없는 체험을 소중한 자료로 받아들여, 꿈을 꾸도록 하고 환상의 세계를 그려 볼 수 있게 하는 논리다.

6) 연역논리 : 신뢰감과 관련

규칙과 반복의 논리로서, 필연성의 논리라고도 한다. 예측을 가능하게 하고 신뢰감을 주며, 토대적인 사유와 뿌리가 있는 사유를 가능하게 한다.

4_ 학문과 논리 유형

학문의 특성에 따라 논리의 유형과도 연결지어 설명되고 있다. 즉, 과학과 연역논리, 역사와 변증논리, 종교와 실천논리, 문학과 귀추논리, 예술과 귀납논리, 철학과 유비논리가 각각 연결된다고 말해지고 있다.

1) 과학의 논리 : 연역적 논리

과학적 논리는 가장 보편적인 지지를 받을 수 있는 논리라고 할 수 있다. 수학을 과학의 언어라고 할 때 과학의 논리는 연역의 논리다. 과학적 탐구의 일차적 목표가 법칙을 발견하는 것이며, 발견된 법칙은 과학적 설명의 전제가 된다. 이때 과학적 설명이 다른 어떤 비과학적 설명보다 설득력이 있고 신뢰가 가는 것은 연역논리적 설명의 힘이다.

2) 역사적 논리 : 변증의 논리

역사의 논리는 변증법으로 보는 관점일 것이다. 역사적 변화, 역사적 발전은 비선형적인 논리로 설명되며, 연역논리가 아닌, 비약이 개입되는 논리이다. 그 중에서도 갈등관계를 해결하는 종합적 지양의 논리인 변증법이 가장 특이한 역사의 논리다.

3) 종교의 논리 : 실천(방편)의 논리

종교는 이 땅에서 불가능한 일을 가능할 수 있다는 것을 믿게 하는 방법을 제시한다. 사실상 종교적 대전제를 믿음으로써 받아들이면 모든 것이 가능하게 된다. 모든 것을 가능하게 하는 방편의 논리를 제시하는 것이 종교이며, 연역 논리적으로 보면 모순투성이인 종교적 가르침도 방편의 논리로 보면 설득력이 있다.

4) 문학의 논리 : 귀추 논리

문학을 개념적, 언어적 승화를 위한 것이라고 한다면, 문학의 논리는 귀추법이다. 복잡하고 잡다한 현상을 언어적으로 추상화, 상징화, 단순화시켜 줌으로써 개별 사건에서 볼 수 없었던 의미를 체험하게 한다. 흐르는 강물을 중심으로 주변의 경관이 통일되고 질서 있게 변화됨으로써 어떤 승화된 의미를 체험할 수 있게 하는 것과 같다. 문학적 영감은 귀추논리적인 가정을 위한 것이며, 문학적 감동도 귀추논리적인 승화를 통해서 가능한 것이다.

5) 예술의 논리 : 분포적 귀납의 논리

예술은 문학과 구별할 때 훨씬 더 개별적이다. 개별 사건의 의미를 더 소중하게 표현해

주는 것이 예술이다. 예술적 창작도 그런 개별 사건들을 예술적 표현 방법으로 더해 주는 것이다. 이러한 예술의 논리는 귀납논리이다. 통계적 귀납이 아닌 분포적 귀납이다. 반복되지 않는 개별 사건들이 드문드문, 또는 단 한 번 일어나는 것에서도 의미를 찾는다. 그런 개별 사건들을 통하여 어떤 진리의 메시지가 전달될 수 있다.

6) 철학의 논리 : 유비 논리

철학도 과학처럼 진리를 탐구하지만, 탐구 방법에서 과학은 관찰실험을 기본으로 하고, 철학은 사유실험에 의존한다는 점이 다르다. 철학의 사유실험은 본질적으로 유비논리에 근거하는데, 그러한 철학적 사유실험이 이루어지는 과정의 논리도 유비논리나 변증논리를 포함해야 한다는 점이 문제점이다.

사유실험의 과정이 연역논리로 제한되면 철학은 진리의 탐구가 아닌 인식론적 확인이 되고 말기 때문에, 연역논리만으로는 철학적 상상력이 불가능하다. 철학이 진리 탐구자로서의 본연의 모습을 다시 찾으려면 포괄적이며 유연해야 한다. 즉 상상력을 펼 수 있도록 자유로워야 하므로, 철학은 유비 논리적으로 사유실험을 행해야 하는 것이다.

논리적인 사고 능력을 기르기 위해서는 여러 측면에서 노력해야겠으나, 기본적으로 앞서 살펴 본 내용들을 적용하여, 논리적인 사람의 태도를 염두에 두기, 남의 말이나 글을 정확하게 듣고 읽는 힘 기르기, 적절한 정보를 찾기와 효율적으로 활용하기, 주제내용에 맞는 사고 유형 적용하기 및 연습을 통해 익히기 등을 들 수 있다. 논리적 사고 능력은 좋은 논리적 사고의 사례를 많이 접하고, 이를 따라 해보려고 꾸준히 노력하면 논리적 사고 기술을 키울 수 있다.

3. 논리적 사고 능력은 어떻게 기를 것인가?

1_ 논리적인 사람의 태도 염두에 두기

앞서 살펴본 논리적인 사람의 특징을 가지도록 노력함으로써, 논리적 사고 능력이 길러질 것이다. 논리적인 사람의 특징을 다시 한번 요약해 보면 다음과 같다.

· 자신의 감정을 억제하고, 다수가 동의할 합리적인 이유를 찾으려고 노력함.
· 자신이 가진 첫인상과 종래의 생각이 선입견, 편견이 아닌지 의심해 봄.
· 자신의 생각이 틀릴 수 있다는 것을 인정하고, 그것이 합리적인 이유로서 가치가 있는지 의심해 봄.
· 타인의 생각이 본인과 달라도 주의 깊게 듣고, 자신의 생각에서 잘못이 드러나면, 본인의 생각을 바꿈.
· 복잡하고 이해하기 힘든 주장에 대해 이해하려고 노력하며, 그 주장이 어떤 근거에서 주장될 수 있는지 따져봄.

평소에 위에 열거한 논리적인 사람의 태도를 염두에 두고, 그러한 태도로 생활하려고 노력한다면, 은연 중에 논리적 사고 능력이 길러지게 될 것이다.

2_ 남의 말이나 글을 정확하게 듣고 읽는 힘 기르기

1) 주장들 간의 차이를 인식하고, 어느 주장이 옳은지 평가기준을 정해 평가한다.

좋은 논리에서 가장 중요한 것은 각 주장들 사이에 차이가 있는지, 있다면 어느 주장이 옳은지를 평가할 기준을 정하고 이를 적용하는 것이다.

2) 자신 및 타인의 주장을 무조건 수용하지 말고, 비판적인 자세를 가진다.

자신 및 타인의 주장을 무조건 수용하지 말고, 근거를 찾으려는 비판적인 자세를 가지는 것이 논리적 힘을 기르는 지름길이다. 자신의 주장이 가지는 허점은 인정하려 들지 않고, 다른 사람 주장만 헐뜯는 경우가 허다하다. 자신의 주장도 되짚어 보고, 비논리적인 점이 있음을 알았을 때는 솔직히 수긍하고, 다른 사람의 주장의 근거가 합당할 때는 수용하는 열린 자세를 가질 때, 올바른 논리적 사고 능력이 길러진다.

3_ 적절한 정보 찾기 및 효율적으로 활용하기

1) 결정을 지지해줄 수 있을 정도의 충분한 정보를 수집한다.

어떤 결정을 하기 위해서는 그와 관련된 많은 정보를 참고해야 한다. 많은 정보를 얻기 위해서 실제적인 자료를 구하고 많은 경험을 해보아야 한다. 얻은 정보가 주장과 관련이 있는지 평가하는 것과 특정 입장을 정당화하지는 않는지를 판단하는 것은 논리적 사고가 할 일이다.

2) 사실 인용 시, 감정을 배제하고 사실에 충실해야 한다.

사람은 별다른 뜻 없이 자기가 들었던 것을 그대로 이야기하지만 그 이야기는 서로 다르게 전달되는 경우가 많다. 서로 견해가 다른 사람이라면, 그 다른 정도는 훨씬 심해질 수도 있다. 그런데 다른 사람에게 사실에 대한 이야기를 전할 때면, 대부분 그 다른 견해란 것이 개입되기 마련이다. 얘를 들어, A가 기도서를 읽으면서 담배를 피우자, B가 기도 시에 금연인 것을 모르느냐고 물었으며, 이에 A는 수도원장으로부터 담배 피우는 것을 특별허가 받았다고 대답했다. 이에 B도 수도원장을 찾아가서 기도하면서 담배를 피워도 되느냐고 물었더니, 수도원장이 노발대발하였다고 하자, A는 그렇게 물은 것이 아니라, 담배 피우면서 기도해도 되느냐고 물었더니, 감탄하면서 특별히 허가해 주었다고 말했다. 기도하면서 담배를 피우는 것과 담배를 피우면서 기도하는 것의 두 가지 사실은 그저 말의 느낌의 차이만 있을 뿐이다. 그렇지만 결정적 차이를 만드는 것이 바로 느낌이며, 말의 느낌이 허락과 금지를 결정하게 된다. 이 예문에서도 알 수 있듯이, 사실상 거짓말이 있었던 것은 아니며, 단지 사실을 조금 달리 표현한 것뿐이지만, 그 결과는 확연히 달라짐을 알 수 있다.

3) 인용 출처를 정확하게 밝혀 객관성을 가져야 한다.

다른 사람이 한 말이나 쓴 글은 특별한 종류의 '사실' 이다. 이를테면, 가족 내에서의 입씨름, 정치 유세와 토론, 신문에 실린 논쟁이나 철학적 대화 같은 온갖 종류의 토론에서 이런 종류의 '사실' 은 결정적인 역할을 한다. 다른 사람이 글로 써 놓은 것이라면 글자 그대로 따다가 쓸 수도 있다. 이러한 인용의 기술은 그 자체가 객관적인 방법이지만, 정확한 출처를 주석이라는 방법으로 제시하면 보다 더 객관성을 확보하게 된다. 인용 부호인 큰따옴표는 " "는 그대로 따옴을 의미하며, 출처를 밝혀 객관성을 표시하면 이에 대한 상대방의 비판을 줄일 수 있다.

4) 간접 증거를 적절히 활용할 수 있어야 한다.

직접 듣거나 본 것은 틀림없는 사실로 여겨지지만, 직접 눈으로 볼 수 없거나 이제 더 이상 볼 수 없게 된 것들에 대해서는 어떻게 사실을 추리할 수 있을까? 그런 경우 필요한 것이 바로 간접 증거이며, 과거의 역사, 내일의 날씨, 패션 트렌드 예측 등은 간접적인 방법을 통해서만 연구할 수 있는 문제들에 포함된다. 간접 증거를 해석하는 것은 사건 해결에 매우 중요하며, 또한 널리 쓰이는 기술이다. 간접 증거를 활용할 때 다음 사항을 유념하는 것이 좋다.

· 간접 증거들에서 읽어야 할 가능성은 대개 여러 가지가 있다.
· 언제나 처음 보이는 것보다 더 많은 간접 증거들이 있다. 그런 증거가 많을수록 그로부터 얻어내는 결론은 그만큼 더 확실해진다.
· 간접 증거는 관찰자가 찾아 나설 때에만 발견된다.
· 간접 증거를 읽는 사람에게는 인과관계에 대한 지식이 필요하다.
· 간접 증거를 읽는 사람은 이야기를 만들어 낼 줄 알아야 한다.
· 눈에 잘 띄지 않는 것일수록 흥미로운 증거가 되는 경우가 많다. 눈에는 잘 띄지 않는 일상의 현상들이야말로 특별한 설득력이 있다.

4_ 주제내용에 맞는 사고 유형 적용하기 및 연습을 통해 익히기

1) 다양한 논리적 사고유형 중에 적합한 방식을 선택하여 적절하게 적용한다.

주장하고자 하는 내용을 가장 강하게 주장할 수 있는 논리 유형을 선택하여 그 유형의 장점을 최대한 활용할 수 있도록 적용한다.

2) 정당한 이유나 근거와 그렇지 않은 이유나 근거를 구분할 수 있어야 한다.

논리적인 사고의 힘을 기르기 위해서는 결국 많은 사람이 동의 할 수 있는 객관적인 근거를 생각하고 표현할 수 있어야 한다. 그러기 위해서는 정당한 이유나 근거와 정당하지 못한 이유나 근거를 구분할 수 있어야 한다. 사실 이를 구분할 수 있는 정확한 방법은 없다. 그렇지만 좋은 논리적 사고와 논리적 사고를 하는 방법을 눈여겨보고 그렇게 하려고 연습을 한다면, 은연 중에 정당한 이유나 근거와 그렇지 않은 이유나 근거를 구분할 수 있는 안목이 생기게 된다. 논리적 사고는 연습을 통해서 향상될 수 있다.

3) 실제 연습하여 숙련을 거쳐 익숙해지도록 습득하고 익혀야 한다.

논리적 사고는 지식이라기보다는 능력, 활동 또는 기술의 성격이 크다. 즉 논리적 사고는 실제 연습을 행하여 숙련을 거쳐서 몸에 베이도록 습득하고 익혀야 하는 기술인 것이다. 물론 사람에 따라서는 선천적으로 타고 나기도 하지만, 대부분의 사람들은 연습을 통해 논리적 사고 기술을 키울 수 있다.

이 장에서는 논리와 추리의 의미 및 의상분야에서의 적용 사례, 논리적 사고의 좋은 점과 편견, 논리적인 사람과 비논리적이 사람의 특성 비교, 논리 유형, 논리적 사고 능력을 기르는 방안 등에 대해서 살펴 보았다. 이들 중에 가장 핵심적인 부분은 논리적 사고 능력을 기르기임을 두 말할 필요가 없을 것이다.

논리의 유형에서는 논리학적 논리 유형과 사유실험적 논리 유형으로 나뉘어져, 많은 종류의 유형들이 열거되어서 다소 혼란스러웠을 터인데, 이들의 명칭을 외우는 것이 중요한 것이 아니며, 논리적 사고를 행할 때에 열거한 다양한 사고방식 들 중에서 적합한 사고방식을 유효적절하게 잘 적용함으로서 논리적 사고 능력을 기르는데 그 의의가 있음을 밝혀둔다.

현대인들은 과거에 비해 많은 정보를 접하게 되고, 다양한 의견들을 듣게 되어 많은 혼란과 갈등을 겪고 있다. 따라서 합리적인 문제해결과 결정을 하기 위해서는 논리적인 사고가 절실히 요구되고 있다. 이에 논리적 사고 능력를 기르도록 노력해야한다.

많은 사람들이 논리적 사고를 기르는 것은 어렵고 힘든 일로 생각하는 경향이 있는데, 그렇지 않다. 독서나 토론 등을 통해서 좋은 논리적 사고의 사례를 많이 접해보고 자신도 그렇게 할 수 있도록 꾸준히 연습하고 실천해 본다면, 논리적 사고능력은 길러지게 될 것이다.

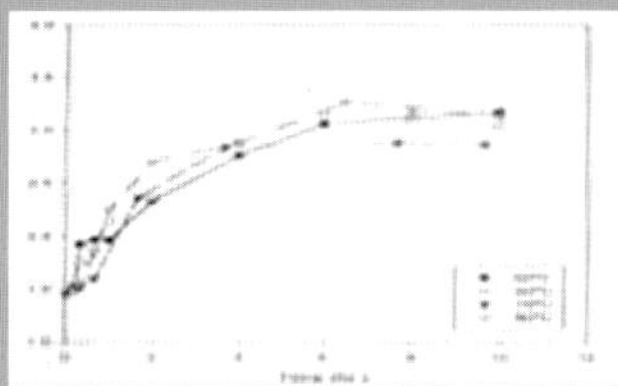

〈dyeability(concentrates)〉

〈silk dyed according to concentrates〉

Mordant		L	a	b
None		84.72	12.34	13.01
Pre-Mordant	Al	41.89	31.22	-1.34
	Fe	34.66	7.71	-20.98
	Cu	39.34	8.69	-16.44
Post-Mordant	Al	84.52	29.65	-16.56
	Fe	57.82	15.65	-30.41
	Cu	66.08	28.83	-27.21

〈dyeability(mordants)〉

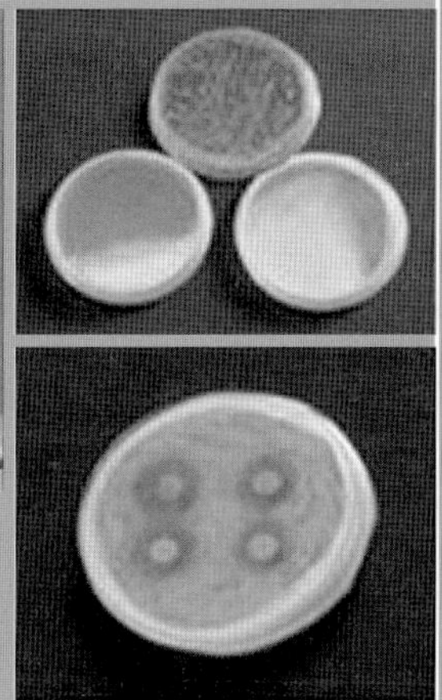

〈antibacterial effect〉

· In order to find effective and scientific methods of natural dye is (Sappan Wood), comparison with dye ability according to concentrates and mordant, and examine antibacterial effect of it.

제4장

논증은 무엇이며, 의상분야에 어떻게 적용할까?

사람들이 어떤 주장을 할 때는 이유나 근거를 가지고 하고, 다른 사람의 주장을 수용하거나 거부할 때도 그럴 만한 충분한 이유가 근거가 있는지 신중하게 생각하는 것을 논리적 사고라 한다. 따라서 논리적 사고에는 주장과 이유가 가장 핵심적인 개념임을 알 수 있다. 이와 같이, 어떤 사안에 대해 주장(제안)할 때, 그 근거를 말이나 글로 제시하는 것을 논증이라 한다.

이에 본장에서는 어떤 사안에 대해 자신의 주장을 제안할 때, 논리적 사고의 바탕 위에 합리적인 논증을 행하는 방법에 대해 알아보겠다. 그리고 이와같은 논증의 능력을 기르기 위해, 의상분야와 논증, 논증과 언어, 논증의 구성요소 및 목표, 논증의 힘의 원천, 논증의 힘, 논증의 힘의 강도에 따른 논증의 종류, 논증의 평가 등에 대해 살펴보겠다.

1. 의상관련 분야와 논증

1_ 논증의 의미 및 목표는 무엇인가?

1) 논증의 의미

논증((論證, argument)은 주장과 근거로 이루어져서 논리적 이치를 따질 수 있는 말 묶음을 말하며, 논증을 할 때는 주장의 근거를 반드시 제시해야 한다. 다시 말해서 논증은 논리적으로 옳음을 입증하는 과정, 즉 '옳고 그름의 이유를 들어 밝힘, 또는 그 근거나 이유 제시함' 을 말한다. 논증이 논리적인 이치를 따질 수 있는 말 묶음이라고 하는 이유는 논증의 근거가 주장을 얼마나 잘 뒷받침하느냐를 따질 수 있기 때문이다.

논증이 가장 널리 사용되는 곳으로는 법정을 들 수 있다. 법정에서는 재판관(판사)이 양쪽을 대변하는 변호사와 검사가 제시하는 증거자료들, 즉 논증에 의거하여 객관적인 시각에서 어느 한쪽의 손을 들어 주게 된다. 그러나 이와 같은 일반법정에서 어느 일방의 손을 들어주는 판결은 논증이 목표하는 쌍방이 협동하여 가장 좋은 결론을 도출하는 것과는 차이가 있다. 그러나 근래의 가정법원에서 조정을 통해 가능한 한 양측이 상생하는 판결을 하고자 하는 것은 논증과 일맥상통한다고 볼 수 있다.

2) 논증의 목표

흔히 길거리에서 교통사고 시에 말다툼하는 경우를 자주 보는데, 이러한 논쟁에서는 자신이 이기는 것이 목표이므로 자신의 주장을 끝까지 관철하려 하며, 자기 잘못이 있어도 합리화하려 하고, 상대방의 잘못을 파헤치기에 온힘을 쏟는다. 법정에서도 변호사는 대체로 논증으로 변호를 하지만, 변호하는 측의 잘못이 있어도 이를 거론하지 않고, 상대측의 잘못만을 열거하여 승소함을 목표로 삼는다.

하지만, 논증의 목표는 합리적이고 엄밀한 증거에 의존하고 상대방의 주장을 존중하면서 승리를 추구 하는 것이다. 논증의 궁극적인 목표는 나의 승리가 아니며 논증에 참석한 사람들이 협력하여 더 좋은 결론 혹은 해결책을 찾아내는 데 있다.

2_ 논증의 윤리 및 논증하는 태도와 자세

1) 논증의 윤리

대개 논증을 통해서 사람들을 설득하려고 한다. 그러나 논증의 목표는 서로 협력하여 최선의 결론을 도출하는 것이므로, 자신의 생각에 잘못이 드러나면, 자신의 생각을 바꾸고, 또한 상대방의 의견이 옳은 것으로 인식되면 수용하는 열린 자세를 갖는 것이 논증의 윤리이다. 그러나 이러한 논증의 윤리는 상대방이 함께 동의할 때 성립되며, 한쪽이 거부하면 성립되기 힘들다. 따라서 논증에 참여하는 사람들은 논증의 목표를 함께 인식하고, 논증의 윤리를 수용하는 자세를 가져야 한다.

논증의 목표가 좀 더 나은 결정을 도출한다 함은 궁극적으로는 인류의 삶을 개선하여 발전되게 하는 것이다. 즉 논증을 통해서 정의를 실현하고 인류의 삶을 위협하는 전쟁, 빈곤, 자원고갈, 환경오염을 줄이거나 없애는 것이다. 그러나 논증이 때로는 사람들을 헤치고, 인류의 삶을 피폐하기 만들기도 한다. 특히 사회적 우위에 있는 사람들이나 영향력이 큰 매체들이 논증을 교묘히 이용해서 진실을 왜곡하고, 논증이 잘못 되었음에도 불구하고 그들의 권위적 힘에 의해 사람들에게 쉽게 수용되어 사회에 엄청난 피해를 가져오기도 한다.

이와 같이, 논증은 좋은 결과이든 나쁜 결과이든 간에 인간의 삶에 끼치는 영향이 크므로 논증하는 사람은 자신의 논증에 대해 해명할 수 있어야 하며, 윤리적인 책임감을 가져야 한다. 특히 사회적 영향력이 큰 지식인들은 자신의 논증이 인류의 삶에 피해를 가져올 수 있음을 명심해야 한다.

2) 논증하는 태도와 자세

논증은 상대방을 패배시키고 내가 승리하는 파괴적인 것이 아니라, 쌍방이 서로 협동하여 최선의 결론을 도출하는 건설적인 것이다. 따라서 상대방을 적으로 보지 말고, 동지로 간주해야 한다. 그러기 위해서는 상대방에게 나의 주장에 관한 충분한 정보를 제공해야 한다.

또한 상대방의 논증을 최대한 합리적인 논증으로 해석해야 하며, 어구 등을 그대로 해석하여 잘못을 찾아낼 것이 아니라, 상대방의 주장에 감정을 이입하여 선의로 해석하고 가능한 한 가장 강한 주장으로 해석해야 한다. 즉 상대방을 합리적인 사람으로 인정하도록 노력해야 한다. 효과적인 의사소통만이 논증을 가치 있게 하므로, 이를 위해서는 내가 상대방을 합리적인 사람으로 인정해야 상대방으로 하여금 나도 합리적인 사람으로 인정되어, 의사소통이 효과적으로 이루어질 수 있다. 이와 같이, 상대방의 논증을 가장 좋은 논증으로 해석하는 것을 '자비로운 해석의 원리' 라고 일컫는다.

일례를 든다면, 'A 브랜드 옷은 비싸다. 비싼 옷은 멋있다, 따라서 A 브랜드 옷은 멋있다' 라는 주장에 대해, 숨은 전제에서 '비싼 옷이라고 다 멋있는 것' 이라고 한 점은 반박의 여지를 가진다. 즉, 숨은 전제가 거짓이므로 그 주장은 거짓이라고 공박할 수 있다. 그러나 그의 주장의 핵심은 'A 브랜드 옷은 멋있다' 는 것이므로, '비싼 옷은 대체로 멋있다' 와 같이, 선의로 해석해서 논증을 벌리는 것이 바람직하다.

상대방 주장을 잘못인 것으로 하기 위해서 의도적이든 아니든 간에, 주장의 핵심에서 벗어난 어떤 사항에 대해 논박하는 것은 바람직하지 못한 논증의 태도이다. 이러한 경우를 허수아비 공격의 오류라 한다. 즉, 논증에 핵심이 아닌 부분의 허점을 반박한 것이다. 이와같이 논증의 핵심이 아닌 부분의 허점을 반박할 것이 아니라, 핵심 주장에 대해 비판하는 것이 바람직하다.

논리적인 사람은 논증을 평가할 때, 근거들이 적절한지, 근거가 옳을 경우에라도 그 근거에서 주장이 도출되었는지 끊임없이 의심하는 비판적인 자세를 가져야 한다. 그러나 이는 무조건 상대방의 논증을 비하하거나 왜곡하여, 비난하는 것을 의미하라는 것이 아니며, 있는 그대로 공정하고 관대하게 해석해야 한다.

3_ 의상분야에서 논증의 필요성

속옷업체의 다자인회의에서 한 명의 디자이너가 '개발하는 프레스티지(prestige)용 여성속옷 소재로 1,100가우스 순금의 바이오 헬시(Bio-health) 소재를 제안합니다. 타깃 분석 결과에서 경제적으로 여유가 있으며, 건강에 관심이 많고, 다른 사람이 하지 않은 획기적인 것을 선호하는 것으로 나타났습니다. 추천 소재는 야드당 2만원이며, 이번 시즌에 처음 출시된 바이오 헬시(Bio-health)소재로서 구체적으로는 허리의 혈액을 좋게 하고, 피로회복 효과 등의 기능성이 있어 타깃의 요구에 부응한다고 생각합니다.' 라고 제안했다고 한다.

이 디자이너는 개발하는 프레스티지용 여성속옷 소재로 1,100가우스 순금소재를 선정할 것을 주장(제안)하면서, 추천하는 소재가 타깃의 요구에 부응함을 조목조목 열거하였다. 여기서 추천하는 근거를 제시한 것이 바로 논증인 것이다.

그 때 당시 다른 디자이너들도 제각기 다양한 소재를 제안했으며, 업체 차원에서 제안된 여러 소재들에 대해 제시된 근거들을 종합, 검토한 결과, '1100가우스 순금의 바이오 헬시' 를 제안한 근거들이 가장 합리적인 것으로 인정받았으며, 소재로 채택되어, 고소득 노인여성을 위한 기능성 속옷으로 개발되었고, 개발된 상품이 획기적인 상품으로, 인기리에 높은 판매량을 올렸다고 전해지고 있다.

바로 여기서 의상관련의 다양한 분야, 즉 패션소재, 디자인상품개발, 패션제조, 패션마케팅 등 모든 분야에서 논리적 사고와 합리적 논증 등이 요구되고 있음을 찾아 볼 수 있다.

2. 논증 및 언어

추리 · 추론은 주어진 사실(근거, 논거, 전제)로부터 새로운 사실(주장, 논지, 결론)을 이끌어 내는 사고의 과정이며, 논증도 주장(결론에 해당됨)과 근거(전제에 해당됨)를 제시하여 입증하는 말 묶음이다. 따라서 추리와 논증이 전제와 결론으로 이루어진다는 점에서 상호 흡사하다.

그러나 추리(추론)는 언어적인 것이 아니라, 심리적 과정을 일컫는 반면에, 논증은 추리(추론)가 언어적으로 표현된 것이다. 즉, 추리(추론)는 우리 마음속에서 이유를 기초로 결론을 끌어내는 과정이며, 이 추리가 언어로 표현된 것이 바로 논증이다. 따라서 추리의 결론은 의견이나 믿음이나 판단인 반면에, 논증의 결론은 진술이다. 따라서 논증은 주어진 사실(근거, 논거, 전제)을 나타내는 문장과 새로운 사실(주장, 논지, 결론)을 나타내는 문장으로 구성되므로, 논리적 평가의 대상이 말 묶음이 되는 것이다.

1_ 언어의 기능

1) 언어는 의사소통을 하는 필수적 도구이다.

언어는 생각, 느낌 등을 나타내거나 전달하는 데에 쓰이는 음성, 문자 따위의 수단. 또는 그 음성이나 문자 따위의 사회 관습적인 체계를 말한다. 우리는 언어를 사용하여 자신의 생각을 남에게 전달하고, 다른사람들의 생각을 이해하여 소통한다. 이와 같이, 언어는 사람이 의사소통을 하는 필수적인 도구이다.

2) 언어는 사물을 보는 창이다.

언어는 사물을 바로 보는 창이기도 하다. 예를 들어, 한국인들은 '바늘의 귀' 라고 하는 것을 사방 사람들은 'the eye of a needle' , 즉 바늘의 눈으로 표현한다. 바늘의 실꿰는 구멍을 한국인들은 바늘의 귀로 보는 반면에, 서방의 사람들은 바늘의 눈으로 보는 것이다. 이렇게 동일한 사물이나 사안에 대해서도 보는 시각에 따라 언어가 다름을 알 수 있다.

3) 언어는 인간의 사고에 영향을 미친다고 할 수 있다.

인간은 실제 있는 그대로 경험을 통해 인식하는 것만이 아니라, 언어를 통해서 비로소 인식한다. 즉, 언어가 다르면 인간이 보는 세상도 다름을 의미하며, 이를 '사피어 -워프(Saapir-Whorf) 가설' 이라 한다.

언어와 사고의 관계를 연구한 사피어(E. Sapir)는 사람들은 언어를 매개로 하여 살고 있으며, 언어가 노출시키고, 분철시켜 놓은 세계를 보고 듣고 경험한다고 주장한다. 그의 제자 워프(B. Whorf)는 사피어의 생각을 발전시켜 '언어가 사고를 지배하고 사고가 언어를 만든다.' , 즉 사람의 행동과 사고의 양식을 결정하고, 주조한다는 대담한 가설을 세웠다. 예를 들면, 말을 처음 배우는 과정에 있는 아기는 대개 모든 사람에게 '엄마' 라는 한 가지 말을 사용한다. 사피어와 워프에 따르면, 이러한 현상 때문에 아기는 모든 사람을 동일하게 생각하며, 따라서 언어가 사고를 결정한다고 주장한다. 그러나 아기가 사람에 대한 어휘를 한 가지만 가지고 있어, 사람들에 대한 인식이 불가능하다고는 할 수 없다. 아기는 모든 사람을 엄마로 동일하게 부르지만, 엄마와 기타 사람을 분명히 다르게 인식하고 있음을 알 수 있다. 이러한 반론이 제기되고 있어, 사피어-워프 가설은 오늘날 인정받지 못하고 있다. 그러나, 인간의 사고가 언어에 의해서 많은 제약을 받고 있음은 인정되고 있다.

2_ 언어와 논리적 사고와의 관련성

1) 언어가 정확하게 사용되지 않으면 논리적으로 사고하는 데 방해가 된다.

의견이 일치하지 않음은 첫째로, 사실에 대한 의견의 차이에서 기인되는 경우로서, 사실을 확인해 보면 해결될 수 있으며, 둘째로, 태도에 대해 의견 차이에 기인되는 경우로, 사실 확인으로는 해결되지 않고, 설득, 존중 등으로 어느 한쪽이 태도를 바꾸어야 해결되며, 셋째로, 언어로 인한 경우를 들 수 있는데, 이 경우에는 해결책을 찾기 어렵다.

언어로 인한 의견 불일치는 특히 논쟁 시에 중심이 되는 말뜻이 불확실하거나 사람에 따라 다르게 생각할 때 일어난다. 즉 각자 자기 생각만을 말하게 되어 대화가 겉돌아, 합의점에 도달하기 어렵고, 서로 이해조차 안 되는 상황이 되는 것이다. 가령 한 쪽으로 합의되었다 해도, 실제로는 서로 다른 생각을 하기도 한다. 이와 같이 언어가 정확하게 사용되지 않으면 논리적으로 사고하는 데 방해가 된다. 따라서 논리적 사고에서 언어가 매우 중요하며, 바르게 사용하는 능력을 길러야 한다.

2) 언어가 가지는 뜻에 따라 개념 형성과 그 영향이 다르다.

사람의 이름, 대학의 학과 명칭이나 직업의 명칭에 따라, 그 의미가 달라지며, 이에 따른 영향력이 작용한다. 예를 들면, '공주' 라는 여아의 이름으로 말미암아, 그 여아에게서 마치 공주 같은 이미지를 느끼는 경우도 대학의 화공학과가 그 학문의 한 부분이면서 현대산업에서 부상되는 '디스플레이학과' 로 개칭하여 경쟁률과 커트라인이 급상승한 경우도 여기에 해당한다. 또한 오늘날 재봉사는 컴퓨터 운용능력이 요구되는 첨단직종이지만, 종래의 기능적이라는 이미지가 남아있어 의상관련 학생들이 기피하는 현상이 생기는 것도 그 사례 중 하나이다. 이와 같이, 언어가 가지는 뜻이 각각 달라서 그 개념 형성과 끼치는 영향이 다름을 알 수 있다. 따라서 논증을 바르게 하기 위해서는 추구하는 개념에 적합한 언어를 선택 · 사용하는 능력을 길러야 한다.

3) 지시 대상 및 표상이 일치하는 것이 의사소통에 효율적이다.

어떤 사물에 대한 인식은 실제의 사물에 대한 이미지이며, 이를 표상 또는 상상이라 한다. 다른 사람들과 의사소통을 하기 위해서는 머리에 형성되어 있는 표상을 끄집어내어 언어로 상대방에게 전달해야 하며, 그 상대방의 머리에 있는 그 언어의 표상을 인식하여 무엇을 가리키는지 알아야 한다. 이와 같이, 의사소통을 할 때 어떤 대상에 대해 기호, 즉 말이나 글로 나타낸 것이 언어이다. 기호와 대상이, 표상이라는 인지과정을 통해 간접적으로 연결되기 때문에 동일한 언어에 대해서도 사람에 따라 인식에 차이가 있을 수 있으나, 표상에는 일반성이 있기 때문에 일상적인 의사소통에서는 크게 문제 되지 않는다.

그러나 의사소통하는 양측의 표상이 전혀 다르거나, 미세한 차이지만 민감한 사안이라면 문제가 될 수 있다. 따라서 의사소통이 효율적으로 되려면, 의사소통에 참여하는 사람들끼리 지시 대상 및 표상이 대체로 일치하는 것이 바람직하다. 그렇지 못할 경우에는 미리 사용하는 언어에 대한 의미를 분명하게 하는 과정이 필요하다.

4) 언어는 끊임없이 변화하므로, 바람직한 방향으로의 변화를 도모해야 한다.

일상적인 언어에서도 언어가 소멸되기도 하고 새로운 언어가 추가되기도 한다. 따라서 새로운 언어가 바람직한 방향으로 생성되도록 노력해야 한다. 특히 인터넷의 발달은 새로운 기호, 즉 이모티콘(emoticon) 등이 언어를 대신하여 의사소통의 기호로 사용되고 있다. 이모티콘(emoticon)은 사이버 공간에서 컴퓨터 자판의 문자 · 기호 · 숫자 등을 조합해 감정이나 의사를 나타내는 표현법을 말한다. 감정을 뜻하는 이모션(emotion)과 아이콘(icon)의 합성어로서 한글로는 '그림말' 이라고도 한다. 1982년 카네기멜론대학교의 스콧 팔먼(Scott Fahlman) 교수가 온라인 전자 게시판에 웃는 표정을 표현한 '(·_·)' 을 사용했기 때문에 스마일리(smiley)로 부르기도 한다. 인터넷 채팅이나 이메일을 주고받을 때 자주 등장하는데, 의미를 모르면 상대방의 의도를 알 수 없다. 일일이 글로 쓰기보다는 이모티콘으로 나타내면, 받아 보는 쪽에서는 재미를 느낄 수 있고, 자신의 뜻을 빠르게 나타낼 수 있다. 그래서 국가마다 표현방식이 다르기는 하지만, 새로운 이모티콘이 지속적으로 등장하고 있으며, 한국에서만도 수많은 이모티콘이 사용되고 있다. 이외에도 인터넷 상에서 변칙적으로 줄인 언어나, 철자법을 무시하고 발음 나는대로 표기한 용어, 속어, 은어 등이 무분별하게 사용되고 있다. 따라서 인터넷 표현법이 우리 말이나 우리 글을 오염시키고 파괴한다는 지적도 많이 제기되고 있으므로, 순화된 인터넷 언어의 사용이 요구된다.

5) 합리적인 논증을 위해서는 적절한 수준과 방향의 추상화를 행한다.

한 개체를 무엇이라고 표상하는 것을 추상화한다고 말하며, 여러 단계로 추상화 할 수 있고, 상황에 따라서도 다양하게 추상화할 수 있다. 즉 한 개체는 여러 수준의 정체성

(identity)을 갖는다. 어느 수준의 추상화를 이용할 것인가는 대화 상대방이 지식 정도에 따라 다르게 적용하는 것이 일반적이다.

합리적인 논증을 위해서는 다양한 수준과 방향의 추상화 중에서 상황에 맞게 하고 있는지, 논의되는 주제와 관련이 있는지를 검토해야 한다. 우리가 사람이나 사물에 부여하는 추상화는 선입견 혹은 관습에 의하거나 별 생각 없이 하는 경우가 허다하다.

사람의 경우에도 더욱 다양한 단계 및 방향으로 추상화가 가능하며, 그와 같은 정체성을 가지게 된다. 사람들은 대화에서 적절한 수준의 추상화를 이용하는데, 보통 추상화 정도가 높을수록 그 집단에 속하는 구성원의 결집력이 낮아진다. 예를 들어, 어느 집 아들 → 모 대학교 학생 → 모 지역 대학생 → 한국 국민 등의 순으로 추상화가 높을수록 일반적으로 결집력이 약해진다. 추상화 수준이 너무 높거나 너무 구체적이면 듣는 사람에게 정확한 정보를 제공해 주지 못한다.

따라서 합리적인 논증을 하기 위해서는 논의되고 있는 주제와 관련성이 있도록 추상화 되었는지, 추상화 수준은 상황에 적절한지를 반드시 검토해 보아야 한다.

6) 언어를 분명하게 사용해야 한다.

사람들이 언어를 불분명하게 사용하는 경우가 많다. 언어는 생각을 표현하거나 설득할 때 중요한 역할을 하므로, 논리적인 사고와 합리적 논증을 위해서는 언어를 분명하게 사용해야 한다. 논리학에서는 언어의 애매함은 그 언어가 두 가지 이상의 의미로 사용될 때를, 언어의 모호함은 그 언어가 사용되는 범위가 확실하지 않음으로 구분되지만, 일반적으로는 애매모호와 같이 구분 없이 혼용되고 있다. 그러나 논증에서는 다음과 같은 사항을 고려해서 언어를 사용하는 것이 바람직하다.

① 동일한 언어라도 일상어와 전문어로서의 의미가 다름을 고려해야 한다

동일한 언어가 일상적으로 사용될 때(일상어)와 전문 분야에서 사용될 때(전문어)의 의미가 다른 경우가 많다. 예를 들어, 일상어 '패턴(pattern)' 은 양식을 의미하지만, 의복구성분야에서는 옷본을, 텍스타일 디자인 분야에서는 반복단위가 되는 문양을 각각 의미하는 것과 같이, 다른 의미로 사용되기도 한다. 따라서 경우에 따른 의미를 분명히 정의하는 것이 요구된다.

② 발음은 같고, 뜻이 다른 언어(同音異議語)를 정확하게 구분하여 사용해야 한다

언어에는 동음이의어들이 무수히 많다. '밤을 구워먹으니 참 맛있다, 오늘 밤에는 달이 떴네.' 등이 있으나 용어나 구절이 특정한 맥락 속에 사용되므로 혼동되는 경우는 그리 많지 않다. 그러나 구체적인 맥락 속에서도 혼돈되거나, 맥락에서 벗어나서 무슨 뜻으로 사용되었는지 모를 경우에는 논리적 사고나 논증을 방해한다. 예를 들어, '나는 너보다 패션을 더 좋아한다.' 는 표현에서 '네가 패션을 좋아하는 것보다 내가 패션을 더 좋아한다.' 는 뜻인지, 아니면 '내가 너를 좋아하는 것보다 패션을 더 좋아한다.' 는 뜻인지 헷갈리게 한다.

논증에서 핵심적인 용어나 구절을 두 가지 이상의 다른 뜻으로 사용하면서 같은 뜻인 것처럼 주장하여 논증의 오류를 범하는 경우가 있는데, 이를 '애매어의 오류' 라고 한다. 따라서 논리적 사고와 논증을 위해서는 언어를 정확하게 구분하여 사용해야 한다.

③ 불분명한 용어는 정의(定義, definition)를 내려 사용한다

언어의 모호함은 의미가 부정확하여 적용범위가 불분명한 경우를 말한다. 모호한 언어는 사용자나 상대방에게 자의적인 해석을 가능하게 하여 혼란을 일으킨다. 정확하게 상호의사소통이 요구되는 논증에서 모호한 언어를 사용하면 자의적 해석에 따른 견해 차이로 혼란을 일으키므로, 효과적인 결과 도출을 할 수 없다. 또한 과학 기술의 발달 등 사회의 급속한 변화로 인해서, 이전에 없던 새로운 용어가 생겨나, 의미가 정립되지 않은 생태에서 사용되기도 하며, 또한 전혀 문제가 되지 않았던 개념이 중대한 문제가 되는 등이 일어나고 있다.

따라서 이러한 혼란을 방지하기 위해서는 불분명한 용어를 분명하게 설명해야 하는데 이를 '정의(定義, definition)' 라고 한다. 즉, 정의는 말이나 사물, 사상(事象)을 다른 말 · 사물 · 사상으로 규정하여 설명하는 일을 말하며, 정의를 할 때는 되도록 많은 사람들이 동의할 수 있도록 객관적으로 해야 한다. 사전은 한 사회의 가장 표준적으로 쓰이는 뜻을 담고 있으므로, 정의를 찾을 때 사용할 수 있는 좋은 방법이다.

3_ 논증과 관련된 용어의 의미

논증과 관련된 다양한 용어가 사용되고 있으나 대표적인 용어로 개념 · 판단 · 명제 등을 들 수 있다. 이들의 의미를 다음과 같이 요약할 수 있다.

1) 개념(槪念, concept)과 판단

개념이란 일정한 대상이 갖는 우연한 속성을 버리고 공통의 본질적 속성들을 추상하여 종합한 사고 단위이며, 두 개념이 결합하여 하나의 판단을 이룬다. 판단(判斷, judgement)은 사고의 대상에 대해서 '그것이 무엇이다' 라고 단정하는 사고 형식이다. 즉, 사물, 현상, 사상, 언어 등의 성격, 관계, 상태 등에 대해 단적으로 또는 제한적으로 무엇이라고 긍정 또는 부정하는 사고 형식을 말한다.

따라서 판단은 최소 두 개 이상의 개념으로 성립한다. 판단은 객관적 사태에 대한 사고 작용이기 때문에 판단과 사태 사이에 일치 여부의 문제가 생길 수 있다. 일반적으로 판단이 객관적 사태와 일치하면 참(옳은, truth)의 판단이고, 그렇지 못하면 거짓(그른, false)의 판단이라 규정한다.

2) 명제

명제란 언어적 표현을 통해 사태를 나타내는 논리적 형성물을 말한다. 개념은 사물의 속성 관계를 나타내는데 비해, 명제는 어떤 속성이 어떤 사물에 속한다든지, 사물 간에 어떤 관계가 성립한다는 상태를 나타낸다. 즉 개념은 명사의 언어적 표현이고, 명제는 판단의 언어적 표시이다.

둘 이상의 명제들이 결합되어 성립하는 정보적 언어의 3대 진술형식에는 기술, 설명, 논증이 있다. 기술(記述, description)은 명제들의 집합으로 대상의 이러저러함을 밝히거나(묘사하거나) 보고하는 문장이며, 시간 또는 위치 관계의 측면에서 명제들이 서로 병렬로 연결되어 있다. 설명(說明, explanation)은 사실이 어떠함을 말하는 명제와 사실의 원인과 결과를 들어 나타내는 형식의 문장이다. 또한 억지는 주장만 있고 주장에 대한 근거가 없는 말 묶음을 말하며, 논증과는 구별되어야 한다. 이들에 비해, 논증(論證, argument)은 한 명제의 참이 다른 명제들로부터 지지되는 관계를 가진 명제들의 집합, 혹은 주장과 그 근거로 된 진술이다. 이때 지지되는 명제 혹은 주장을 결론(結論, conclusion)이라고 하며, 결론을 지지하는, 즉 그것의 근거를 이루는 명제를 전제(前提, premise)라고 일컫는다.

· 개념(명사) + 개념(명사) ⇒ 판단(명제)
· 판단(명제) + 판단(명제) ⇒ 추론(논증)
· 논증 = 전제(근거) + 결론(주장)

4_ 논증의 구성요소, 구성목적 및 논증 여부의 구분

1) 논증의 구성 요소

· 논증 : (전제 지시어) 전제 + (결론 지시어) 결론

논증을 이루는 글은 그것의 구성 요소들을 쉽게 판단할 수 있도록 적절한 접속 부사(지시어)를 사용한다. 대체로 논증은 전제와 결론을 확인시켜 주는 낱말이나 구절을 포함하는데, 전제임을 암시하거나 나타내는 낱말을 '전제 지시어' 라 하고, 결론임을 암시하거나 나타내는 낱말을 '결론 지시어' 라 한다.

논증을 확인하고, 그 논증의 전제와 결론을 확인할 때는 전제 지시어와 결론 지시어를 활용하면 편리하다. 이 지시어들은 논증이 포함하는 진술의 부분이 아니고, 오히려 전제를 소개하거나 형성해 준다.

· 전제 지시어 : ~하므로(since), 왜냐하면(for), ~ 때문에(because), ~라는 상황이 라면(given that), ~라는 이유 때문에(for the reason that), ~을 보니(seeing that), 등
· 결론 지시어 : 그러므로(therefore), 따라서(that), 그러니까(hence), 결과적으로(consequently), 다음과 같은 결론으로(We may conclude that), 그래서(so), 그 결과는(It follows that), 그런 까닭에(according)

그러나 지시어가 전혀 없는 논증도 있다. 간단한 논증에서는 유심히 살펴보면 전제와 결론을 쉽게 찾을 수 있으나, 복잡한 논증에서는 지시어가 전혀 없을 경우에 전제와 결론을 찾기가 간단하지 않다. 이러한 경우에는 논점에 대한 배경지식이 있어야 한다. 왜냐하면, 논리적 사고는 분석적이고 논리적인 힘보다는 해당 분야에 대한 지식과 관심에 더 크게 좌우되기 때문이다. 그러나 해박한 배경지식만을 앞세워서는 안 되며, 논리적 사고를 바탕으로 배경지식을 분석하는 자세를 가져야 한다. 즉 논리적 사고의 자세와 해박한 배경 지식을 함께 갖추어야 한다.

2) 전제와 결론의 위치와 개수

전제와 결론의 위치, 개수는 다양하게 구성될 수 있다. 즉, 전제와 결론이 한 문장에 구

성될 수도 있고 다른 문장에 구성될 수도 있다. 또한 전제가 먼저 나오고 결론이 뒤에 나오거나 그 반대로 결론이 먼저 제시되고 전제가 뒤에 나올 수도 있으며, 두 전제 사이에 결론이 나올 수도 있다. 따라서 문장의 위치를 보고 전제와 결론을 판단할 수는 없다.

한 논증에 결론이 하나인 경우가 대부분이지만, 어떤 경우에는 결론이 두 개 있을 수도 있다. 이 경우에는 연쇄적이거나 독립된 두 논증이 있는 것이라고 생각해야 한다. 결론의 개수는 논증이 개수를 판단하기 위해 필요하므로 중요하지만, 전제의 개수는 그다지 중요하지 않다고 할 수 있다.

3) 논증을 구성하는 목적

논증은 단지 불일치를 해소하기 위해서 하는 것이 아니다. 좋은 논증은 문제를 깊이 탐구하도록 도와주고, 자신의 믿음을 설명하도록 도와준다. 서로 동의하지 못하더라도 상대방을 이해할 수 있는 좋은 기회가 되기 때문이다.

다양한 상황에서 다양한 목적을 위해 추리를 이용할 수 있는 것처럼, 논증을 구성하는 데는 결정, 설명, 예측, 설득의 네 가지 목적이 있을 수 있다.

① 결정하기 위한 논증의 예

· 전제 1 : 내 인생을 통하여 나는 패션에 관심을 가져왔다.
· 전제 2 : 패션 분야에는 매력적인 직업이 많다.
· 결　론 : 그러므로 나는 패션전문가가 되는 방향으로 노력할 것이다.

② 설명하기 위한 논증의 예

· 전제 1 : 출근하려는데 치마 단이 터져서 꿰맨다고 시간이 걸렸다.
· 전제 2 : 러시아워로 교통정체가 심했다.
· 결　론 : 그러므로 나는 지각했다.

③ 예측을 위한 논증의 예

· 전제 1 : 도시 거주자들이 시골 거주자에 비해 패션 지향적이다.
· 전제 2 : 여성이 남성에 비해 패션지향성이 크다.
· 결　론 : 그러므로 도시 거주하는 여성들의 패션상품구매가 높을 것이다.

④ 설득하기 위한 논증의 예

- 전제 1 : 과도한 흡연은 폐암을 일으킬 수 있다.
- 전제 2 : 부모가 흡연을 하는 아이들은 커서 흡연에 빠질 가능성이 많다.
- 결　론 : 그러므로 아이가 있는 부모는 흡연을 삼가야 한다.

4) 논증인지, 아닌지 구분할 때 유의할 점

① 논증은 가능한 한 평서문으로 바꾸는 연습을 행하는 것이 좋다.

예 A : 노출의상이 성범죄와 관련이 있다고?
B : 그럼, 노출의상이 성범죄와 관련이 없다고? 신체 노출이 성적 자극을 유발하기 때문에 성범죄가 발생하는 것 아니야?

위의 예와 같이, 진술 중에 명령문이나 의문문 형식으로 어떤 주장을 할 수도 있으나, 다음과 같이, 평서문으로 바꾸는 것이 논리적 사고의 힘을 크게 한다. 이는 논증 내용을 명확하게 듣고 익히는 힘을 키울 수 있기 때문이다.

평서문 : B : 노출의상이 성범죄와 관련이 있다(주장).
신체노출이 성적자극을 유발하여 성범죄를 저지르게 한다(근거).

② 어떤 사실이 참인 것으로 서술되었더라도, 논증이 아닌 경우가 있다.

예 눈발이 흩날리고 바람이 심하게 불었다. 나는 코트 깃을 세우고, 종종 걸음으로 버스를 타러 갔다.

윗글은 논증이 아니고 단순히 사실을 서술한 것이다. 왜냐하면 논증은 논쟁거리가 있는 주장을 지지할 때 필요한 것인데, 윗글에서는 논쟁거리가 없으며, 따라서 지지해야할 주장이 없으므로 논증도 없는 것이다.

③ 인과적 설명은 논증이 아니다.

논증이 필요한 경우는 주장이 다른 사람에게 잘 받아들이지 않을 것 같은 때 설득하기 위해 논증을 펼치는 것이다. 누구나 다 수용하는 사실에 대해서 굳이 논증을 할 필요는 없다.

예 겨울 외투 소재는 모직물이 좋다. 모직물은 함기성이 크기 때문이다.

윗글에서 모직은 함기성이 커서 보온성이 좋기 때문에 겨울 외투 감으로 널리 사용됨은 대부분의 사람들이 알고 있는 사실이다. 따라서 A의 경우에는 논증이라 하기 보다는 인과적 설명이라 할 수 있다. 그러나 논증인지, 인과적 설명인지는 구체적인 상황과 맥락을 살펴보아야 하며, 그 구분이 쉽지 않으므로 인과관계 여부를 유심히 살펴보아야 한다.

이상에서 살펴 본 바와 같이, 논증은 단순한 서술이나, 인과적 설명과는 구분해야 한다. 그러기 위해서는 우선 논제가 무엇이며, 그것에 대해 무엇이 주장되고 있는지를 파악해야 한다. 그 후에 그 주장에 어떤 근거들이 제시되고 있는지, 즉 논증이 있는지를 찾아야 한다.

3. 논증의 힘

1_ 논증의 힘의 원천 및 3 요소

1) 논증의 힘의 원천

논증의 힘은 인간의 논리, 성품, 감정에서 나온다고 주장되고 있다. 즉 논증은 원천적으로 인간의 논리, 성품, 감정에 좌우된다. 감정은 인간이 지닌 합리성의 일부이다. 이성적인 사람도 장애자에 대한 성폭력 등에 대해 논쟁을 하면 감정적으로 태연할 수 없을 것이다. 아무리 논리적인 결론을 내렸다고 해도 정서적으로 옳지 않은 행동을 하면, 자신의 감정을 무시한 것에 대해 후회하게 된다.

이와 같이 인간의 감정이 논증에 영향을 주지만, 감정적인 이유만으로 어떤 주장을 뒷받침할 수는 없으며, 느낌이나 감정만으로는 어떤 주장도 정당화할 수 없다. 따라서 합리적으로 보이는 방식으로 주장과 감정을 설명해야 한다. 즉 감정과는 다른 타당한 이유와 근거를 들어 주장을 해야 한다. (윌리엄스와 콜럼, 윤영삼 역, 2008)

2) 논증의 힘의 3 요소

논증의 힘은 독자의 논리에 호소하는 힘(로고스, logos), 저자의 믿을 수 있고 포용력 있는 성품에 호소하는 힘(에토스, ethos), 독자의 연민, 화, 두려움 같은 감정에 직접 호소하는 힘(파토스, pathos)에 근거하며, 이들을 논증의 힘의 3 요소라 한다. 이들 3 요소 중에 논리학자의 설명은 주로 독자의 논리에 호소하는 힘(로고스, logos)에 근거한다. 논증의 힘의 3 요소 중에 2 요소가 독자의 감정에 호소하며, 이론상으로는 이 들 세 요소를 구분할 수 있으나, 실제 논증에서는 상호 관련되어 있기 때문에 각각을 분리해 내는 일은 크게 의미가 없다. 따라서 논증이 힘을 가지도록 하기 위해서는 이들 3 요소를 적절히 적용하여 근거를 제시하는 것이 효과적이라 할 수 있다.

2_ 논증의 힘으로 무엇을 할 수 있나?

1) 논증은 사람을 합리적으로 만든다.

사람들은 자라면서 왜 다른 사람이 하라는 대로 생각하고 행동해야 하는지 의심을 품으면서 합리적으로 생각하기 시작한다. 그리고 성장하면서 어떤 질문을 받았을 때, 자신이 왜 그렇게 생각하고 행동하는지 이유를 제시하는 법을 배운다.

① 자기 절제력

해결책을 무작정 찾아 나서기 전에 해결하고자 하는 문제가 무엇인지 냉정하게 평가하고 판단해야 하며, 이를 위해서는 '자기절제력' 이 필요하다. 이러한 절제의 시간을 갖는 동안 경험과 관찰 및 연구를 통해 정보를 모으는 인내력과 자신의 생각을 꺾을 줄 아는 판단력이 길러진다. 또한 그러한 정보를 활용하여 완벽한 결론으로 나아가는 길을 추론하는 능력도 길러진다.

② 자신의 추론을 스스로 되짚어 보고 검토하면서 합리성이 길러진다.

· 인간이라면 자신의 추론을 스스로 되짚어 보고 검토할 수 있어야 한다. 이를 위해서는 다음 사항을 실천해야 한다. 자신이 찾은 해결책과 모순되는 근거를 찾아내려는 의지, 즉 자신의 생각에 모순이 있다면 굽힐 줄 아는 탁월한 인식을 하도록 한다.

· 근거의 무게가 자신의 믿음과 모순될 때 생각을 바꾸는 용기를 가지되, 그렇지 않다면 자신의 주장에 믿음을 가지고, 쉽게 바꾸지 않는 자신감을 갖는다. 자신의 결론에 따라 행동함으로써 미래에 얻게 될 결과를 가늠할 수 있는 상상력. 이는 곧 믿음이나 행동이 필요할 때 흔들리지 않고 지켜나가는 힘이기도 하다.

· 자신의 추론을 하나씩 따져보는 능력. 즉 가설 · 불일치 · 모순 등을 인식하고 의심하는 능력. 그러나 생각할 수 있는 모든 것을 해결하려고 할 필요는 없다.

· '잠깐……그렇다면……? 누군가……라고 반박하면 어떻게 말해야 하지? 라고 되짚어 보면서 합리성, 즉 논증을 수행하기 위한 능력이 길러진다. 따라서 논증은 이와 같이 혼자서도 또한 언제나 할 수 있는 것이다.

2) 타당한 논리를 제시하고 진정으로 사려 깊게 논증한다.

인간은 사회적 동물이기 때문에, 나와 다른 관점을 지닌 많은 사람들과 부딪히며 어울려 살아야 한다. 합리적인 '공동체' 의 합리적인 '시민' 이 되고자 한다면, 단순히 합리적으로 사고하는 것을 넘어서, 다른 사람들이 자신의 견해를 수용할 수 있도록 타당한 논리를 제시할 줄 알아야 한다. 그러한 주장에 사람들이 아무도 동의하지 않는다 하더라도 최소한 존중해 줄 수 있을 정도는 되어야 한다.

합리적으로 보이는 근거를 제시하고 진정으로 사려 깊게 논증한다면, 상대방은 입장을 바꿔서 생각해 볼 것이고 이로써 나의 생각을 인정해 줄 수도 있다.

3) 논증은 학술 집단과 전문가 집단의 핵심 기술이다.

논증, 특히 논증을 글로 쓰는 기술은 학계와 전문가 집단에서의 생존을 위한 핵심기술이다. 과학자, 기술자, 대학 교수 등의 많은 사람들이 모두가 자기 분야에서 직면하는 문제에 대한 해법을 찾고 이를 뒷받침하기 위해 논증을 펼쳐야 한다. 마음속으로는 먼저 논증체계를 구성하고, 동료와 대화하면서 논증을 다듬고, 좀 더 폭넓은 공동체 구성원을 위해 글로 정리한다. 논증은 문제를 해결하기 위한 작업이다.

해결할 문제는 실용문제와 개념문제로 대별되며, 이들 간에는 문제 해결방법과, 이를 뒷받침하는 논증방식이 있다. 실용 문제와 개념 문제를 해결방법은 차이가 있지만, 두 문제 모두가 해법을 제시할 때에는 그 해법을 뒷받침할 수 있는 논증을 적절하게 제시해야 한다. 그렇게 논증할 때, 비로소 같은 집단에 속하는 사람들이 깊이 고민하고 검증하고 필요에 따라서는 개선하거나 거부할 수 있게 된다.

① 실용문제(pragmatic problem) 해결을 위해서는 행동이 제안되어야 한다.

실용문제는 사람들이 직접 노력하여 실질적인 대가를 치러야만 해결되는 주제들을 말한다. 예를 들어, 세계 경제가 붕괴하는 문제가 발생했다면 "현 상황을 바꾸려면 무슨 일을 해야 하는가?" 이에 대한 해결방법으로 실제적인 '국제적으로 금융정책을 새롭게 확립하는 것이다.' 와 같이 실용 문제를 해결하기 위한 어떤 '행동' 이 제안되어야 한다. 이 분야의 전문가 집단은 대개 '누군가 무엇을 행동으로 옮겨야만' 해결되는 문제를 다룬다.

② 개념문제(conceptual problem) 해결을 위해서는 독자의 이해를 도와주어야 한다.

예를 들어, 미국 경제위기가 오늘날 한국경제에 어떤 영향을 미쳤는지 알지 못하는 것이 문제인 경우, 핵심은 "이 쟁점에 대해서 좀 더 잘 이해하려면 무엇을 알아야 하는가?" 하는 것이며, 그 해결방안에서 '우리가 알아야 하는 것' 은 미국과 무역을 하게 되면서 한국과 미국 간에 새로운 금융관계가 출현했다는 사실이다. 이러한 주제를 '개념 문제' 라고 한다. 실용 문제와 반대로, 학자 집단은 해결책을 찾기 위해 문제를 파고들기보다는, 독자로 하여금 특정 주제에 대해 더 깊이 '이해할 수 있도록' 도와주는 것을 목적으로 한다.

4) 민주주의 사회는 논증으로 유지된다.

논증은 민주주의를 유지하는 핵심기술이기도 하다. 독재자는 논증할 필요가 없다. 왜냐하면 독재의 결정에 아무도 반대할 수 없을 것이며, 억지를 부려도 이의를 제기하는 사람이 거의 없기 때문이다. 그러나 민주주의에서는, 우리를 대신해서 문제를 제기하고 논증할 사람을 지도자로 우리가 직접 선출한다. 따라서 민주주의의 모든 지도자는 반드시 국민의 질문에 대답해야(논증) 할 의무가 있다.

3_ 논증의 힘의 강도에 따른 논증의 종류

모든 논증에서 전제의 역할은 결론을 지지하는 것이며, 그 지지하는 정도에 따라 논증은 3 가지로 분류된다. 첫째로, 어떤 논증에서 전제들이 모두 참이면 그 결론이 반드시 참인 경우에 그 논증은 연역논증(deduction)이다. 둘째로, 전제들이 모두 참인데도 그 결론이 참일 확률은 높으나 반드시 참이라고 할 수 없는 경우에 그 논증은 귀납논증

(induction)이다. 셋째로, 전제가 결론을 아주 약하게 지지하거나 아예 관련이 없으면 그 논증은 오류 논증(fallacy)이다.

1) 연역논증

전제가 참이면 결론이 반드시 참이다. 대표적인 예로, '사람은 죽는다, ○○○는 사람이다. 따라서 ○○○도 죽는다.' 가 거론된다. 전제가 참이면 결론이 거짓일 가능성이 전혀 없으므로 그 논증을 타당하다고 말하며, 타당성의 논증이라고도 한다. 연역논증은 전제가 참이면 결론이 왜 반드시 참인가 하면, 연역논증의 결론에서 말하고 있는 정보나 내용이 모두 전제들 속에 이미 들어있거나 적어도 내포되어 있기 때문이다. 그래서 연역논증의 결론은 전제에 없는 정보를 내놓지는 않는다. 그러나 전제에 이미 들어 있었던 내용이라도 새로운 관점에서 보여준다는 점에서 연역논증의 가치가 있다. 이러한 특징 때문에 연역논증은 수학에서 많이 적용된다.

연역 논증을 적용할 때, 전제를 모든 상황에 기계적으로 적용하게 되어, 틀에 갇힌 생각에 빠질 위험이 있음에 유의할 필요가 있다.

2) 귀납논증

전제가 참인데도 결론이 거짓일 가능성이 있음을 내포하고 있다. 예를 들면 '세탁 물온도에 따른 세척성 실험에서, 세탁 물온도 10℃, 30℃, 50℃, 70℃, 90℃ 에서 오염제거율이 각각 5%, 10%, 15%, 20%, 25%, 이라면. '세탁 물온도가 높아질수록 세탁성이 증가한다.' 는 결론을 내릴 수 있다. 그러나, 측정하지 않은, 이를테면 60℃의 세척률이 그 보다 높은 온도인 70℃의 세척률보다 더 높을 수도 있다

연역논증의 경우에 결론은 전제에 없는 정보를 내놓지는 않는데 비해서, 귀납논증의 결론은 전제에서 말하고 있는 내용보다 훨씬 많은 것을 말하고 있다. 위의 예에서 측정하지 않은 많은 온도의 세척률을 추정할 수 있다. 이와 같이, 귀납논증은 결론이 반드시 참은 아니기 때문에 확실하지는 않지만, 그 대신에 전제가 말하고 있지 않은 내용까지 부가해서 설명하고 있어 사람들이 지식을 넓혀갈 갈 수 있는 장점을 가진다. 그래서 귀납논증은 과학의 주장들에서 주로 적용된다. 과학에서는 확실하지는 않더라도 사람들이 갖고 있는 지식의 양을 늘여주는 귀납논증이 주로 적용된다.

따라서 적은 예를 가지고 결론을 도출하는 귀납논증은 매우 위험하므로, 가능한 한 많은 근거를 모아 통계적 표본수집과 분석방법을 활용해야 한다.

4. 논증의 평가

1_ 논증 분석의 중요성

논리적 사고의 중요한 목표 중의 하나는 남의 논증을 수용할만한지 충분한 이유가 있는지를 신중하게 생각하는 것이다. 그러기 위해서는 주장을 위해서 어떤 근거가 제시되고 있는지 정확하게 이해해야 한다. 이와 같이 논증을 정확하게 이해하는 과정을 논증의 분석이라 한다.

논증 분석에 앞서서 첫째로, 주장에 대한 논증 제시 여부를 판단해야 하며, 그 다음에 논증에 사용된 언어가 명확한지를 따져야 한다. 즉 논증의 전제와 결론이 무엇이며, 전제는 어떤 구조로 결론을 지지하는지 논증을 분석해야 한다. 마지막으로 논증의 전제들을 받아 들일만 한지 논증의 전제들이 결론을 지지하고 있는지 논증을 평가해야 하는 것이다.

논증 분석의 목표는 반박이 아니라 이해이므로, 주장하는 결론과 그 결론을 지지하기 위해 제시된 전제들을 찾아 상대방의 주장을 최대한 합리적으로 보아야 한다. 논증 분석을 바르게 하는 사람이 논리적 사고의 힘이 있다고 할 수 있으며, 전제가 참인지, 결론이 전제에 지지받는지를 검토하는 논증평가를 수월하게 할 수 있다.

2_ 논증 평가의 기준

분석한 논증을 수용할 만한지, 아니면 거부해야 할 논증인지 평가하는 기준은 첫째로, 논증이 얼마나 설득력이 있나, 둘째로, 논증의 전제들이 정말로 결론을 지지하고 있나하는 것이며, 셋째로, 전제들의 결론과 관련성 및 전제들이 결론의 충분히 강한 증거인지를 세부적으로 살펴보아야 한다.

1) 전제들이 받아들일 만한가?

전제가 믿을 만해야 한다. 전제가 참임을 확인할 수 없더라도 받아들일 만한 합당한 이유가 있어야 하고, 또한 전제들이 거짓이거나 의심스럽다고 생각할 만한 증거가 있어야 한다. 전제 수용조건으로는 자신의 경험, 선험적으로 참인 진술들, 상식, 증언, 전문가의 의견 등이 있다.

① **자신의 경험** : 우리의 관찰, 느낌, 기억 등 경험은 의심하지 않으며, 보고 듣고 느낀 것만큼 확실한 것이 없기 때문이다,

② **선험적으로 참인 진술들** : '저 처녀는 결혼하지 않았다' 와 같이, 진술의 구조만 이해할 수 있다면, 논리적 추론에 의해 진술이 참이라는 것을 알 수 있다.

③ **상식** : 한 사회의 모든 또는 대부분의 사람들이 수용하는 지식을 상식이라 하며, 이는 경험을 통해서만 아는 것이 아니라, 교육이나 문화적으로 알게 된다. 따라서 상식에서 나온 진술은 수용되기 위한 더 이상의 근거를 필요로 하지 않는다.

④ **증언** : 타인으로부터 들은 말이나 책, 인터넷 등 문헌자료를 통해 지식을 넓혀간다. 이와 같이, 타인의 말 또는 문헌자료 등을 통해 듣고 읽은 것들을 증언이라 하며, 증언이 전제로 나오면 그 전제는 받아들일 만하다. 실제로 증언에 의존하는 일이 많다.

⑤ **전문가의 의견** : 전문가 의견을 전제로 받아들이는 것은 증언의 전제를 수용하는 것과 비슷하지만, 전문가는 전문적 지식영역이므로 믿을 만하며, 그 권위로서 인정하고 받아들일만 하므로 더 이상의 근거를 필요하지 않는다.

2) 전제들이 결론과 관련성이 있는가?

전제가 결론과 관련성이 있어야 한다는 것은 결론이 참임을 말하는 증거를 다소나마 제시해야 함을 의미한다. 전제들이 결론을 증명한다고 간주되는 증거나 이유를 제시해야 한다. 전제들이 참이고 적절하더라도 결론과 관련이 없다면 그 전제가 결론을 지지한다고 간주할 수 없다. 결론이 참이라는 증거나 이유를 내세우는 전제는 결론을 지지한다고 할 수 있다. 그와 반대로, 전제에서 결론을 거짓이라는 것을 보여주는 것 역시 결론과 관련을 가진다.

다른 사람의 논증을 평가할 때와 마찬가지로, 본인의 논증을 제시할 때도 현재 논의되고 있는 주제에 직접적으로 관련있는 근거들을 제시하고 논점에서 벗어나지 않도록 하는 것이 중요하다.

3) 전제들이 결론을 충분히 증명할 수 있는가?

전제들은 결론을 받아들이는 것이 합리적이라고 할 만한 충분한 이유를 제시해야 한다. 즉 전제가 결론과 관련성이 있어야 한다는 이상의 의미, 즉 결론을 수용하는 것이 합당하다고 간주할 만큼 충분한 증거나 이유를 제시해야 한다.

전제가 관련이 있다하더라도 전제가 결론을 얼마나 강하게 지지하느냐에 따라 논증을 다르게 평가할 수 있다. 그러므로 연역논증에서는 논증이 형식적으로 바르다면 그것 차례로 전제들이 결론의 충분히 강한 증거라 할 수 있다. 이에 비해서 귀납논증은 전제가 참이어도 결론의 개연성이 높을 뿐이기 때문에, 전제가 결론을 얼마나 강하게 지지하느냐에 따라 다양한 강도의 논증이 될 수 있다. 연역논증과 관련된 오류는 전제가 결론을 지지 못하는 논증들인 반면에, 귀납논증의 오류들은 전제들이 결론과 관련이 있지만 아주 약하게 지지하므로 수용할 수 없는 것들이다.

위의 세 가지 기준을 모두 만족시키는 논증을 설득력 있는 논증이라 평가할 수 있고, 수용해도 좋을 것이다. 그러나 한 가지 기준이라도 만족시키지 못할 경우에는 오류 논증이므로 거부하거나 수정해야 한다.

만약 어떤 논증이 좋지 않다고 평가되었다면, 그 논증 전제를 반대하는 것이지 결론을 반대하는 것은 아니다. 또한 반대로 결론이 참이라고 해서 그 논증이 좋은 논증으로 간주해서는 안 된다. 논증을 평가하는 것은 상대방이 제시한 논증의 전제를 수용할 수 있는지, 전제와 결론들 사이의 관계가 올바른지 따지는 것이며, 결론 자체의 수용가능 여부를 평가하는 것은 아니다.

3_ 논증의 오류

논증들 가운데는 겉보기에 그럴듯해 보이는 전제가 결론을 거의 또는 전혀 입증하지 못하는 논증들이 있다. 이들을 논증의 오류 또는 그릇된 논증 라고 일컫는다. 실제로는 좋은 논증이 못되지만, 얼핏 보기에 타당하거나 올바른 것처럼 보이기 때문에 설득력이 있어 보인다. 좋은 논증과 논증의 오류는 논점과 관련하여 구분된다. 즉 논증이 논점과 전혀 관련이 없는 오류, 논점의 핵심을 비켜가는 오류, 논점을 넘어서는 오류로 분류되며, 각 부류에 속하는 사례들은 〈표 4-1〉과 같다.

〈표 4-1〉 논증의 오류의 분류

논점 무관의 오류		논점을 비켜가는 오류		논점을 넘어서는 오류	
무관하거나, 권위에의 호소 전통에의 호소 동정에의 호소 대중에의 호소 인신공격 특별변론		무관한 결론 도출 성급한 일반화 선후 인과의 오류 무지에의 호소 허수아비공격 레드헤링		순환논증 복합질문	

1) 논점 무관의 오류

논점 무관의 오류는 전제와 결론 사이에 아무런 실제적 연관 관계가 없는데도 관계가 있는 것처럼 내세워지기 때문에 발생하는 오류다. 논점 무관의 오류들 중에는 우리의 감정에 호소하는 것이 많다.

① **무관하거나 의심스러운 권위에의 호소** : 권위에 의거하는 논증을 잘 이용하면 효과적이지만, 권위자가 전문가의 권위를 해당 분야가 아닌 다른 분야에까지 연장하면 오류가 발생한다. 예를 들어, 의상과 관련한 사안의 논증에 근래 기부문화로 유명해진 IT 전문가의 주장을 인용한다면, 오히려 논증이 힘이 약해진다. 따라서 권위에 의거하여 논증을 효과적으로 하려면, 관련분야의 권위자를 이용하는 것이 바람직하다.

② **전통에의 호소** : 자기주장의 적절한 증거를 제시하지 않고, 자기의 주장이나 관점을 지지해 주는 전통에 대한 존중심에 호소하여, 다른 사람을 설득하려는 오류다. 즉, '여태까지 그런 식으로 행해졌기 때문에' 등으로 근거를 제시하는 것을 말한다. 전통적인 사항에 대해서는 많은 사람이 친숙하여 수용되는 경향이 있으나, 논리적인 논증이 아니다. 따라서 전통에 호소보다, 주장에 대한 합당한 근거나 이유를 제시해야 한다.

③ **대중에의 호소** : 어떤 주장에 대한 타당한 이유를 제시하는 대신, 대중의 편견, 군중심리, 열광에 호소하여 그 주장을 옳다고 주장하거나, 많은 사람이 그 주장을 받아들인다는 이유로 그 주장을 수용될 것을 바라는 경우이다. 특히 인터넷 등의 발달로, 사회적으로 중대한 사안이나 정치적 이슈 등에 대해서 대중집회를 이용하거나 여론으로 강하게 주장

하는 사례가 많아, 합리적인 결론을 도출하는데 어려움이 속출되고 있다. 사회적 중대 사항이나 정치적 핫 이슈 등에 대한 결론은 대체로 다수의 사람들에게 큰 영향을 미치므로 합리적인 결론을 도출해야 한다. 그러나 이러한 문제들은 대중들이 민감하게 반응하여 자칫하면 여론몰이로 논증을 대신하는 경우가 많다. 따라서 이러한 사안에 대해 어떤 주장을 할 때는 냉정하고 신중한 태도로, 합리적인 근거의 토대 위에 논리적으로 주장을 피력하는 것이 특히 요구된다.

④ 동정에의 호소 : 동정심 유발은 사람들을 감성적으로 설득하는 힘이 있다. 그래서 합리적인 논증으로 주장을 설득할 자신이 없는 경우에 동정심을 유발하여, 설득하려는 경우가 많다. 예를 들면, 논문 발표 시에 조사대상자 구하느라 고생한 사항을 나열하는 등으로 당사자를 가엽게 느끼도록 유도하여, 발표결과를 수용하도록 유도하는 경우가 이에 속한다. 하지만 결론을 얻게 된 근거를 명확히 제시하는 것이 논리적이며, 주장에 대해 설득력이 높다.

⑤ 두려움에의 호소 : 만약에 주장하는 바에 동조하지 않았을 경우에는 바람직하지 않은 결말이 초래될 것이라 위협함으로써 결론을 받아들이게 하려는 논증의 오류이다. 특히 주장하는 사람이 지위 등이 우위에 있거나, 유리한 위치에 있을 경우, 이러한 논증의 오류를 범하는 경우가 많다. 예를 들면, 백화점 등 대형유통업체들이 입점업체들에게 부담금 비율을 상향조정하면서, 올리게 된 근거를 명확하게 제시하지 않고, 수용하지 않으면, 매장을 철수하라고 하여 그 안을 수용하도록 유도하는 경우가 이에 속한다.

⑥ 인신공격 : 논리적으로 상대방을 설득하기 어려운 상황인 경우에, 상대방의 인품, 성격, 직업, 과거 행적 등 개인 신상을 공격함으로써, 당사자의 주장을 수용하도록 강요하는 논증의 오류이다. 예를 들어, 여중생 딸이 외출복으로 핫팬츠와 배꼽보이는 짧은 길이의 티셔츠를 입겠다는 데 대해서 '왜 그 옷을 입으려 하느냐' 를 묻지 않고, '체격도 좋지 않으면서 그런 옷을 입겠다니 말이 되느냐' 고 핀잔을 주는 등이다. 이와 같이 인신공격으로 주장을 수용하도록 시도 한다면, 상대방이 마음에 상처를 입는다든지, 모욕감을 느끼는 등 감성을 상하게 하여, 주장을 설득하게 하기는커녕, 오히려 반감이나 반발을 자아내게 하는 또 다른 역효과가 있을 수 있다. 만약 상대방의 논증의 근거가 부실할 경우에는 감정적으로 나무랄 것이 아니라, 부드러운 어투로 부적합한 점을 구체적으로 지적하고 그

에 대한 대안적인 주장을 합당한 근거와 함께 제안하여 설득하는 것이 바람직한 태도라고 할 수 있다.

⑦ **특별 변론** : 합리적인 정당성 없이 누군가가 표준이나 원칙의 적용에 대해 특별한 예외로 만들려 할 때 발생되는 논증의 오류이다. 예를 든다면, 어느 연예인이 조문 시에 화려한 의상을 입어서 대중들의 지탄을 받자, 조문 시에 누구나 검은 옷을 입어야 함은 당연하지만, 나는 촬영하고 바로 왔기 때문에 라는 이유를 대면서 이해를 구했으나, 대중들은 이를 수용하지 않아 어려움을 겪은 일이 있다. 이와 같이 주장하는 바가 바르지 못할 경우에는 설득을 하기 위해서 특별 변론의 오류를 범하는 경우가 많다.

따라서 주장할 때는 주장내용이 옳은가를 검토해서, 그 내용에 대한 확신이 있을 때 주장해야 하며, 그 주장에 대한 합당한 근거도 제시해야 논증의 힘이 커진다.

2) 논점을 비켜가는 오류

논점을 비켜가는 오류는 논점 전환의 오류라고도 하며, 전제가 어떤 결론을 증명하지만 전제가 증명하는 것처럼 보이는 것은 그 결론이 아닌 경우를 말한다. 이런 논증은 흔히 실제로 증명된 것과 증명되었다고 가정된 것을 혼동하기 쉽기 때문에 설득력이 있지만 올바른 논증이 아니다.

① **무관한 결론의 오류** : A가 많은 젊은 사람들이 패션상품을 인터넷 쇼핑몰로 구매하는 것이 편리하다고 느낀다고 하자, B는 이에 대한 반론으로, 많은 젊은 사람들은 패션상품의 인터넷 쇼핑몰을 통한 구매를 편리하게 인식하지 않는다는 조사결과를 증거로 제시하면서 A의 주장을 비판하였다. 이 사례에서 논증의 오류를 생각해 보자

첫째로, B 가 모든 사람을 조사하지 않았으므로, 많은 젊은 사람들이 그렇게 느낀다는 사실의 가능성이 열려 있어, A가 완전히 틀렸다고 비판할 수는 없는 것이다. 둘째로, B의 조사결과를 인정하여, 가령 대부분의 젊은 사람들이 패션상품의 인터넷 쇼핑몰 구매가 편리하지 않다고 느낀다 하더라도, 그들의 느낌이 실제로 패션상품을 인터넷 쇼핑몰로 구매하는 것이 편리하지 않다는 사실에 대한 증명은 되지 못한다. 이런 경우에 증거로 제시된 전제는 결론의 옳음과 무관하여 논증의 오류가 있어지게 된다. 따라서 사례를 조사하여 결론을 도출하는 조사연구의 경우에 이러한 오류에 대비하기 위하여, 표집 방법, 적절한

사례 수의 표집, 수집한 자료의 통계처리 등을 바르게 적용해야 한다.

② **성급한 일반화의 오류** : 귀납적 일반화에서 발생할 우려가 큰 오류이며, 어떤 집단의 소수에 관한 사실만을 입증해 놓고 그 결과를 그 집단의 모든 구성원의 관한 사실을 입증한다고 주장하는 논증의 오류이다. 성급한 일반화의 오류는 첫째, 양적으로 매우 작은 표본에 의존하거나(불충분한 통계의 오류), 둘째, 질적으로 대표성이 없이 편향된 표본을 추출할 때(편향 통계의 오류)주로 발생하게 된다. 따라서 특히 연구 논문에서 귀납적 논증방법으로 어떤 결론을 도출하고자 할 경우에는 질적으로 대표성이 있는 표본 중에 가능한 한 많은 사례들을 살펴보는 것이 바람직하다. 또한 올바른 논증을 위해서는 적절한 표집방법, 적정의 표집 수, 자료의 통계처리에 의해서 확률적 차원에서 일반화하는 것이 요구된다.

③ **선후 인과의 오류** : 결론이 옳을 개연성(확률)을 입증하는 정도의 논증을 마치 확실성을 보증하는 것처럼 취급할 때 발생한다. 예를 들어, 바지의 역사를 기원 전 8 세기경에서 기원 후 2 세기까지 흑해 지방의 초원지대에서 활약했던 기마 유목민인 스키타이족의 의상에서 찾을 수 있다. 또한 그와 비슷한 시대인 우리나라의 고구려 시대의 벽화에서 바지를 착용한 모습을 찾아 볼 수 있다. 이러한 시대적인 자료에 의해서, 한국의 전통 바지가 스키타이족에서 전래된 것으로 결론을 내린다면, 선후 인과의 오류를 가져오게 된다. 왜냐하면, 한국의 고대 사회에서 자연발생적으로 바지가 발생할 수 있음을 배제할 수 없기 때문이다. 만약 스키타이족에서 전래된 것을 증명하게 위해서는 전래된 경로(지역적, 혹은 전래한 인물 등)에 대한 자료를 제시해야만 올바른 논증이 되는 것이다. 이와 같이, 한국의 속담 '까마귀 날자 배 떨어진다.' 는 것과 같이, 우연히 시간적 선후 관계에 있을 수도 있는 두 사건을 필연적인 선후 인과 관계에 있는 것으로 취급하는 경우가 많다. 따라서 우연성을 배제하고, 주장의 근거로 직접적이고 구체적인 논증의 바탕 위에 결론을 주장해야 한다.

④ **무지에의 호소** : 결론이 반증되지 않았다는 것을 증명하는 논증을 가지고 그 결론이 옳다는 것을 증명할 때 주로 발생하는 논증의 오류이다. 예를 들면, '너는 신이 실존하지 않기 때문에 믿지 않는다 했지? 신이 존재하지 않는지 증명해 볼 수 있니? 이를 증명할 수 없다면, 너는 신을 믿어야 돼.' 등이다.

즉, 결론을 증명하는 것은 그 결론을 주장하는 사람이 해야 할 책임임에도 불구하고, 상대방에게 떠넘기기 때문에 올바르지 않다.

⑤ 허수아비 공격 : 상대방의 원래 논증을 실재 인간이라 한다면, 허수아비는 그 논증 대신에 제시된 논증을 풍자적으로 표현한 은유다. 진짜 논증 대신 가짜 논증에 해당하는 허수아비를 무너뜨려 놓고 진짜 논증이 무너진 것처럼 만들려는 오류다. 즉 논증의 핵심이 그릇되었음을 반박해야 하는데, 핵심이 아닌 부수적인 것이 그릇되었음을 반박하는 경우에 해당된다. 어떤 입장을 비판할 때는 그 입장을 제시한 상대방의 입장에서 주장하는 핵심을 되도록 강하게 비판하는 것이 공평하다.

⑥ 레드 헤링(red herring) : 레드 헤링은 훈제 청어란 뜻으로, 18세기 유럽에서 냄새가 지독한 이 생선을 사냥개를 훈련시킬 때 여우가 다니는 길에 놓아두어 개를 훈련시키는 데 사용했던 것에서 유래했다. 이 오류는 관련 없는 주제를 끌어들임으로써 원래 논점으로부터 주의를 흩뜨리거나 전환시키기 위해 사용되는 오류다. 한편으로는 사냥감을 쫓던 개가 그 냄새를 맡고 나면 사냥감을 놓친다고 해서 논쟁에 휘말린 사람이 위기를 모면하기 위해 엉뚱한 데로 상대방의 관심을 돌려 논점을 흐리게 하는 기법을 말하기로 한다.

3) 논점을 넘어서는 오류

논점을 넘어서는 오류는 논점이 증명되었다고 가정한 다음, 이 가정을 근거로 하여 또 다른 결론을 도출해 내는 오류다. 이 오류는 결론이 전제에 의해 명확하게 증명되지 않았음에도 불구하고, 실제로는 결론의 옳음을 가정하고 상대방으로 하여금 어떤 방식으로든 그 결론을 승인하도록 '구걸' 한다. 따라서 이처럼 논점을 넘어서는 오류를 흔히 선결 문제 요구(begging the question)의 오류라고 불린다.

① 순환논증 : 순환논증(circular argument)은 명시적으로나 암암리에 논증의 결론 자체를 전제의 일부로 사용한다. 예를 들면, "너는 왜 진주를 세 개를 갖느냐?" '나는 두목이니까 너희들보다 하나 더 갖는다.' , '어째서 네가 두목이냐?' , '나는 진주를 하나 더 가졌으니까 두목이다.' 등과 같다. 따라서 순환논증은 증명을 제시하는 것이 아니라, 결론을 다른 방식으로 주장하고 있을 뿐이다. 이렇게 함으로써 상대방으로 하여금 증명되지 않은

것을 증명된 것처럼 승인하도록 유도한다.

② 복합질문의 오류 : 복합질문의 오류(fallacy of complex question)는 엄밀히 말하면 논증적 오류는 아니다. 이 오류는 어떻게 대답하든 대답하는 사람이 수긍할 수 없거나 수긍하고 싶지 않은 내용을 수긍하는 결과를 가져오는 것을 목적으로 한다. 이 오류는 의심스럽거나 불확실한 가정을 옳다고 가정한다는 점에서 선결문제 요구의 오류를 범하고 있다.

본 장에서는 어떤 사안에 대해 제안을 하거나 주장을 펼 때, 주장을 뒷받침하는 논증을 합리적으로 하는 것이 중요함을 강조하였으며, 이를 위한 기초적인 지식으로 요구되는 논증의 의미 및 목표, 논증의 윤리 및 논증하는 태도와 자세, 논증을 의상관련 분야에 적용한 사례, 논증에 사용되는 언어의 기능, 언어와 논리적 사고와의 관련성, 논증과 관련된 용어(개념, 판단 명제)의 의미, 논증의 구성요소, 구성목적 및 논증 여부의 구분, 논증의 힘의 원천 및 3 요소, 논증의 힘의 역할, 논증의 종류, 논증 분석의 중요성, 논증 평가의 기준 및 평가의 의의 및 다양한 논점의 오류 등에 대해 살펴보았다.

본장의 학습목표는 본인의 주장을 논리적으로 행하고 상대방의 주장을 수용 또는 거부할 것인지 판단하기 위한 능력을 기르는 것이다. 따라서 학습한 내용을 이해하여 실제도 합리적인 논증을 행할 수 있는 기능을 개발하는 것이 핵심이라 할 수 있다.

논점의 오류 부분에서는 여러 종류의 오류에 대한 설명으로 인해, 다소 혼란스러움이 있을 수 있으나, 논점의 오류의 종류를 암기할 것이 아니라, 어떤 논증의 오류가 있는지 이해하여, 실제 논증 시에 그와 같은 오류를 범하지 않도록 함으로써 논증의 올바른 태도와 능력을 기르는 것을 강조하고자 한다.

제5장

논술은 무엇이며, 어떻게 작성해야하나?

사람들은 말이나 글을 사용하여 서로 의사소통을 하고, 서로의 주장을 교환하여 조정하는 과정을 통해 합의점을 도출해 가면서 사회생활을 영위한다. 자기주장을 글로써 논증 식으로 표현하는 형식은 논설, 논술, 논문이 대표적이며, 말로써 논리적으로 표현하는 형식에는 웅변, 연설, 토론 등이 있다.

논설 · 논술 · 논문은 어떤 사안에 대해 자기주장을 논증하는 글이며, 대체로 서론 → 본론 → 결론으로 구성되는 형식은 공통적이다. 그러나 논설은 주로 시사성이 있는 사안을 논제로 삼아 신문이나 잡지 등의 독자를 설득하는 일종의 기사의 성격을 가진 특징이 있다. 이에 비해 논술은 논제의 범위가 대체로 넓고, 글 분량이 대체적으로 논설보다 많으며 입학, 취업, 자격취득 등 특정 목적으로 행해진다. 논문은 학술논문과 비평논문으로 분류되는데, 학술논문은 학문상의 연구결과를 논술하는 글로서, 졸업논문, 연구논문 등이 있으며, 비평논문은 사회 각 분야에 대해 비평하는 글로서, 주로 가치유무 따져서 자기주장을 적극적으로 표현한다.

오늘날에는 논술이 취업, 직무수행, 자격취득 등에서 널리 적용되고 있으며, 논문은 졸업자격이나 학위취득을 위해 필수적이다. 토론은 말로써 자기주장을 논리적으로 표현하는 양식 중에 가장 강력한 힘을 가지고 있고 교육 및 사회에서 널리 적용되 있다. 이에 본장에서 논술에 대해, 제 8 장에서 논문에 대해, 제 9 장에서는 토론에 대해 각각 살펴보겠다.

1. 의상분야와 논술

1_ 논술의 의미 및 관련 용어

1) 논술의 의미

논술은 자기 자신의 생각을 논리적으로 서술한 글이다. 논리적이라 함은 '합당한 근거(이유)를 밝히고, 자기 의견을 주장하는 것'을 말한다. 논증은 주장과 그에 대한 이유(근거)로 구성된 말 묶음' 이며, 논리적 근거를 내세워 주장을 입증하는 글임을 제4장에서 살펴보았다. 따라서 논술은 논증으로 구성된 글이라 요약할 수 있다.

논술문의 가장 큰 목표는 글로써 다른 사람에게 나의 주장을 설득하게 하는 것이다. 그러나 격한 감정에 호소하거나, 상대방 약점 찌르기 등의 정치적 글쓰기가 아니고, 논리적이 논증을 통한 글쓰기이다. 논증을 글로 표현한 형식 중의 하나가 논술이며, 논술은 논증에 의한 언어적 표현이라 할 수 있다.

따라서 논술을 행하기 위해서는 논술을 위한 준비 과정과 언어적 표현의 기법이 요구된다. 그러나 논술에서 필요한 것은 논증을 명확하게 하는 것이며, 난해하거나 화려한 문장으로 구성해야 하는 것이 아니다. 그러므로, 논술을 쓰기 위해서 뛰어난 글재주가 반드시 필요한 것은 아니며, 자신의 생각을 논리적으로 행하고, 합당한 이유를 표현할 수 있는 어휘력과 문장력이 있으면 논설문을 충분히 작성할 수 있다.

2) 논술과 관련된 용어의 의미

논술과 관련된 많은 용어들이 사용되고 있다. 이들 의미를 간략하게 요약하면 다음과 같다.

- **논리** : 말이나 글에서 사고나 추리 등을 이치에 맞게 이끌어 가는 과정이나 원리.
- **논증** : 주장과 근거로 구성되어 있으며, 논리적 이치, 즉 옳고 그름을 이유를 들어 밝히는 말 묶음.
- **논제** : 논설, 논문, 토론 등의 중요 주제나 제목.

· **논점** : 논의나 논쟁 등의 중심이 되는 문제점.

· **논지** : 논하는 말이나 글의 취지.

· **논거** : 어떤 이론이나 논리, 논설 따위의 근거

2_ 논증을 만들 때 유의할 점

논증을 글로 표현한 형식 중의 하나가 논술이다. 논술은 논증으로 구성된 글이라 할 수 있다. 그러므로 논술문 쓰기에서 논증을 어떻게 만들 것인가가 중요하다. 논증을 만들 때 다음과 같은 점에 대해 유의할 필요가 있다.

1) 누가 읽을 글인가?

독자가 누군가에 따라 논증의 내용이 달라진다. 그러므로 누구를 상대로 한 논증인지를 분명하게 인식해야 한다. 예를 들어 논제에 대해 잘 모르는 사람들에게는 논증하는 배경부터 설명해야 그 논증을 쉽게 이해할 수 있을 것이다. 그러나 논술하고자 하는 분야의 전문가이면 배경설명은 생략하고, 그 대신에 논증을 치밀하게 만들어야 한다. 따라서 학교에 제출할 보고서, 신문 투고 원고, 강연 원고 등의 용도에 따라 다르게 구성해야 한다.

2) 논거들이 받아들일 만한가?

제시된 논거들이 수용할 만한 것인지 재차 확인해야 한다. 직접 관찰한 것 이외에 남에게 들은 것, 각종 매체에서 발췌한 것 등을 이용할 경우에는 출처가 믿을 만한지를 확인해야 한다. 사실 뿐만 아니라, 도덕적인 것, 아름답고 추한 것 등 가치 판단도 좋은 논거가 될 수 있다, 논거를 지지해 주는 또 다른 논거들도 제시해야 하는 경우도 있다.

3) 논거들이 논지와 관련이 있는가?

논거들이 그 자체로는 수용할 만하다 하더라도, 논지와 관련성이 없거나(논점을 일탈했다고 함) 논지를 지지해 주지 못한다만 논거로서 가치가 없다. 논리적 글쓰기에서 논거가 논점에서 벗어나지 않아야 함은 가장 중요한 점이다.

4) 논거들이 논지를 충분히 지지하는가?

논거가 논지와 확실히 관련이 있더라도, 약하게 지지한다면 논지들을 설득하기 어려울 것이다. 어떤 논거가 논거를 충분히 지지하는가는 어떤 종류의 논증이냐에 따라 다르다.

5) 논거는 참신한가?

다른 사람이 이미 말한 논증을 반복하면 이미 알고 있기 때문에 설득력이 약하다. 따라서 참신한 논증을 해야 한다. 논리적인 사고가 창의적인 사고는 밀접한 관련성이 있으며, 논리적인 사고의 한 요소가 열린 마음이며, 이와 같이 자유롭게 여러 가지 가능성을 고려하는 것에서 창의적인 생각이 나올 수 있다.

6) 반대의 상황도 염두에 둔다.

논증에 대해 어떤 반론이 나올지 생각해야 한다. 논거가 자신의 주장만 일방적으로 하는 주관적이고 단순한 논증으로 되어서는 안 된다. 다른 사람을 설득하기 위해서는 그 사람들의 시각에서 자신의 논증을 검토하고 가능한 반론을 예측해 본다. 그 다음에 그 사람들의 반론을 수용하든지, 아니면 반론에 대해 답변을 해서 원래의 논증을 강화해야 한다. 강화한 논증에 대해 또 반론이 나올 수도 있으므로, 이에 대비하여 논증을 다듬어야 한다. 반론을 예측할 때는 자신의 논증을 가능한 한 비판적인 자세로 검토하여, 최대한 강한 반론을 생각하고 이에 대비해야 한다.

3_ 의상분야와 논술

1) 의상과 인간의 관련성

과거 우주탐험이 한창 진행될 시기에, 여러 가지 장치가 부착된 우주인이 입는 그것을 우주선에 관련된 기구로 볼 것인지, 우주인의 옷으로 볼 것인지에 대해 논쟁이 벌어진 적이 있었다. 기구는 사람이 의도적으로 옮겨야 자리 이동되는 것이며, 옷의 개념은 의도적으로 운반하지 않아도 착용한 사람의 움직이면 자동적으로 이동이 되는 것이라는 측면에서 우주복(space suit, space out fit)이라는 관점이 우세하였으며, 오늘날까지 우주복이라 일컬어지고 있다. 이와 같이 의상은 사람에게 가장 근접한 곳에서 사람과 함께 하므로 인체와 동일시 하여, 제2의 피부(Clothing, the second skin)라고 한다. 또한 의상은 인체를 피복하여, 외부와는 다른, 인체에 가장 근접한 공간을 형성하므로, 휴대 가능한 환경(Clothing, the portable environment)이라고도 한다. 따라서 의상은 사람과 매우 밀접한 관계를 가지고 있음을 알 수 있다.

의상관련 전공자들은 의상을 안락하고 풍요로운 인간생활에 초점을 맞추어서 인간을 둘러싸고 있는 자연 및 사회 환경을 조절하는 차원에서 인식해야 한다. 즉, 의상의 여러 요인들이 인간생활을 안락하고 풍요롭게 하는 관점에서 설정되고, 인간을 둘러싸고 있는 자연 및 사회 환경을 정확하게 파악하여, 의상으로서 '어떻게 조절할 것인가' 하는 해결 방안을 말이나 글, 혹은 디자인으로 제안해야 한다. 이러한 일련의 활동과 결과물이 토론, 논술, 논문, 작품 등이다.

2) 현대인으로서 논술 능력 필요성

현대사회는 정보가 폭발적으로 팽창하고 있어, 의상관련 분야를 포함한 어떤 분야에 속하든 간에 현대인들은 밀려드는 정보에 대해 진위를 가릴 수 있어야 하고, 나름대로의 주장이나 주관을 확립하는 것을 요구하고 있다. 이런 요구에 부응하기 위해서는 여러 사안이나 문화 현상에 대해 비판하고 논리적으로 판단하는 능력을 개발해야 한다. 특히 각 분야에서 지도자적 입장에 있는 사람들은 새로운 대안이나 방안을 강구하는 창의적 능력과 함께, 개발한 방안(주장이 될 수 있음)을 논리적으로 말이나 글로써 표현하여 다른 사람들을 설득하여 실행되도록 해야 하며, 이를 위해서는 논술 능력이 요구된다.

3) 의상 전공자들의 논술 능력 필요성

'의상' 하면 '패션(fashion)'을 동의어로 연상할 만큼, 의상분야의 핵심은 패션이라 할 수 있다. 서방의 철학자 볼테르는 패션을 '변화의 여신, 그대 이름은 패션!' 이라고 하였다. 즉 패션은 변화무쌍 그 자체가 본질이다. 또한 패션은 잘 적용하면 멋스럽고, 지나치면 사치스럽다고 책망을 듣는다. 따라서 의상분야는 변화무쌍한 가운데, 균형을 잡아야 함이 요구된다. 뿐만 아니라, 의상분야가 문화, 경제, 환경, 사회 등 인간생활에 미치는 영향은 매우 크다.

따라서 의상분야의 리더(leaders)들은 비판적 사고를 통해서 다양하고 변화무쌍한 정보들 하나하나에 대해 정확하게 판단하고, 이들 중에 유용한 정보들을 합당하게 취사선택할 수 있어야 한다. 이렇게 취사선택한 사항들을 의상관련 생활(의생활), 학문 및 산업에 적용할 것을 전제로 전체를 조망하고 그 영향력을 예견해야 한다. 이러한 과정을 통해서 의

생활, 관련 학문 및 산업이 나아갈 방향을 설정하는 역할을 감당해야 한다. 그 뿐만 아니라, 설정한 나아갈 방향(주장이 될 수 있음)에 대해 다른 분야 또는 일반 대중들에게 알리고 설득하여 동참하게 하는 노력을 경주해야 한다. 이러한 일련의 역할을 수행하기 위해서는 주장을 일반 대중들이 설득될 수 있도록 논리적으로 언어적 수단, 특히 말이나 글로써 표현할 수 있는, 즉 논리 논술의 능력을 개발해야 함이 요구된다.

2. 논술문

논술문은 언어를 사용하여 논리적으로 논증하고 설명하고 예측하는 글이다. 즉, 논리의 힘을 바탕으로 하여, 어떤 현상을 언어로 표현하는 것이 논술이다. 논술문의 힘은 논리의 힘이며, 논리의 힘이 바로 논술문의 설득력이다.

설득력 있는 논술문을 작성하기 위해서는 논술문이 갖추어야 할 요건이 무엇인지 명확하게 인식하고, 논술문 작성을 위한 준비를 사전에 행하여야 한다. 그리고 사전에 논증모형을 짜고, 적용할 논술문의 구성 배열 등을 정한다. 논술문에서 논리의 힘이 발휘 되도록 하기 위해서는 주장, 이유, 근거 등의 표현을 글쓰기의 기술에 바탕을 두고 행해야 하며, 의도적으로 많은 연습을 행해야 한다.

논설문이 갖추어야 할 요건은 첫째, 자신의 견해가 확연히 드러나야 하며, 둘째 글의 구성이 논리적이어야 하고, 셋째 논증과정이 반드시 있어야 한다. 마지막으로 넷째, 창의성이 있어야 한다. 왜냐하면 구태의연한 이야기를 나열하는 것은 다른 주장과의 차별성이 없으며, 설득력도 약하기 때문이다.

1_ 논술문 모형

'논술(논증) 모형 만들기' 란 논술문 전체의 윤곽을 잡는 것을 말한다. 글을 쓰기 전에 논증을 어떻게 풀어나갈 것인지에 대해 전체적인 윤곽을 대충 잡아야 한다. 여러 가지 모형이 제시되고 있으며, 이들 모형에 자신의 이유와 주장을 대입시켜 논증을 전개시켜 나갈 수 있다. 논증의 핵심은 주장과 이유이므로, 주장과 이를 뒷받침하는 이유가 있으면 가장 단순한 논증을 완성할 수 있다.

1) 주장(claim)

주장은 이유로 뒷받침하는 모든 진술을 말한다. 어떤 성격의 주장을 할 것인지 타당한 근거를 가지고 주장을 설정해야 하며, 설정한 주장에 대해서 논술에서 역할을 잘 할 수 있을 것인가를 논술을 작성하기 전에 판단해 보아야 한다,

또한 주요주장이 논술의 핵심이므로 중심적이어야 하며, 하위주장들로부터 뒷받침되도록 구성해야 한다. 주장을 표현하는 언어를 적절히 선택하여 사용해야 한다.

① 주장의 종류의 성격을 이해한다.

주장의 중요도에 따라 주요주장과 하위주장으로 나눌 수 있고, 주장의 성격에 따라 실용주장, 개념주장 및 가치주장 등으로 분류되며, 각각의 성격은 다음과 같다.

· **주요주장**(main claim) : 논제(thesis)라고도 하며, 전체 논증이 다루는 문제에 대한 해법을 진술하는 주장이다. 전체 논증의 주요 핵심이며 논증의 나머지 부분이 이 진술을 뒷받침한다.

· **하위주장**(subclaim) : 주요주장이 아닌 모든 주장을 말하며, 주요주장 또는 다른 하위주장을 뒷받침한다.

· **실용주장** : 현 상황을 바꾸려면 무슨 일을 해야 하는가와 같은 실용 문제를 다루는 주장이며, 독자가 행동까지 해야 하는 영역을 포함한다.

· **개념주장** : 이 쟁점에서 좀 더 잘 이해하려면 무엇을 알아야 하는가? 라는 개념 문제를 다루는 주장이며, 독자가 이해하기만 하면 되는 영역을 포함한다.

· **가치주장** : 어떤 것이 옳다 · 그르다, 또는 좋다 · 나쁘다 고 판단하는 주장이다. 가치주장은 실용주장 또는 개념 주장으로 사용될 수도 있다.

② 설정한 주장에 대해 다음 사항을 검토한다.

설정한 주장이 논술에서 역할을 잘 할 수 있을지에 대해 다음의 질문으로 판단해 본다.

· 개념주장인지 실용주장인지가 분명한가?
· 논쟁의 여지가 있는가?
· 잘못으로 판명될 수 있는가?
· 실행할 수 있는가? 윤리적인(합법적인/공정한/적절한)가?
· 세심한 해법을 가진 현실성 있는 주장인가?
· 개념적 요소가 풍부하게 담겨 있는가?
· 조건절(~ 때문에, ~라며, ~에 의해, ~하려고) 혹은 양보절(~하지만, ~인 반면에, ~일지라도, ~함에도, ~에 상관없이, ~에도 불구하고) 등과 같은 것을 포함한 논리적 요소가 풍부한가?
· 범위가 적절하게 한정된 주장인가?

③ 주요주장을 하위 주장들이 뒷받침하도록 구성한다.

주요주장은 모든 논증의 심장이며, 논증을 통해서 뒷받침하고자 하는 핵심이고 논증을 시작하는 이유가 되는 문제의 해법이다. 따라서 주요 주장은 사람들의 관심을 가질 수 있는 깊은 생각이어야 하며, 하위 주장들이 주요주장을 집중적으로 뒷받침하도록 구성해야 한다(그림 5-1).

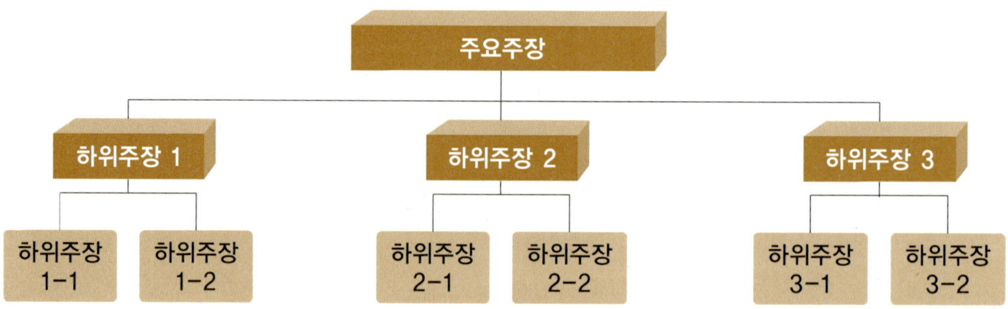

하위주장 1은 주요 주장을 뒷받침하는 이유이자 하위 주장 1-1과 하위주장 1-2가 뒷받침하는 주장이다. 하위 주장 1-1은 하위 주장 1을 뒷받침하는 이유이자 하위주장 1-1-1과 하위 주장 1-1-2 등이 뒷받침하는 주장이다. 이처럼 이유와 하위 주장은 동일한 논증요소다.

〈그림 5-1〉 종합적인 논증 모형(이상욱, 문태순, 김미애(2010)

④ 주장을 표현하는 언어를 다음과 같이 선택한다.

논증 모형에서 주장을 내세울 때, 논증 목적을 달성하기 위해서 언어적 표현에 주의해야 한다. 주장을 명시적이고 구체적인 언어로 표현해야 하고, 인과관계나 조건을 분명하게 나타내고, 가능성, 빈도, 한정을 표시하는 용어를 적절하게 사용한다.

· 명시적이고 구체적인 언어를 사용하여, 이후 논증에서 전개해 나갈 중심 개념을 미리 알려 준다.

· 인과관계를 분명히 나타내는 '~ 때문에, ~라면' 등으로 표현하거나, 조건을 나타내는 '~에도, ~하더라도' 와 같은 말로 주장의 범위를 한정하여, 주장을 사려 깊게 만들 수 있다. 이렇게 한정한 말 때문에 주장이 너무 길고 복잡해진다면 문장을 짧게 나누어 쓰는 것이 좋다.

· 가능성을 표현하는 용어로, '분명히, 절대로, 틀림없이' 보다는 '아마도, 대개, 대부분, '일반적으로, ~할 것이다, ~하는 경우가 많다, ~하는 경향이 있다' 등이 바람직하다.

· 빈도를 표현하는 용어로, '항상, 언제나, 매번, 예외 없이' 보다는 '대개, 보통, 거의' 등이 효과적이다.

· 한정을 표현하는 용어로, '모든' 보다는 '많은, 대부분, 거의, 몇몇, 대다수' 등을 사용한다.

2) 이유(reason)

① 이유와 근거의 구분

논증의 중점을 어디에 두느냐에 따라, 사실성에 중점을 두는 논증과 원칙에 중점을 두는 논증의 두 가지 방식으로 나눌 수 있다. 사실성에 중점을 두는 논증은 주장을 뒷받침하는 근거의 사실성에 중점을 두는 논증이며, 원칙에 중점을 두는 논증은 전제를 바탕으로 하는 이유에서 주장을 끄집어내는 논증이다.

이유와 근거를 다음과 같이 구분할 수 있다. 이유는 우리가 생각해 내는 것이며, 근거는 생각해 내는 것이 아니라, 외부로부터 끌어온 것으로서, 독자가 직접 눈으로 볼 수 있는 것이다.

② 이유와 주장과의 관련성

이유는 주장을 뒷받침하는 모든 진술이다. 따라서 주요주장을 뒷받침하는 하위 주장은 주요주장의 이유가 되며, 하위주장을 뒷받침하는 또 다른 하위주장도 이유가 된다. 따라서 하위 주장과 이유는 같은 의미로도 사용된다.

주장과 이유를 서술하는 순서가 정해진 것은 아니다. 따라서 어떤 진술이 주장인지 이유인지 판단하기 위해서는 그 진술이 어떤 목적으로 사용되는지 알아야 한다. 글의 맥락에서 '-이(하)다. 따라서 - 이(하)다' 식으로 문맥이 통하면, 대개 앞부분이 이유가 되고, 뒷부분이 주장이 된다. 반면에 '-이(하)다. 왜냐하면 - 이(하)다' 로 문맥이 통하면 대개 앞부분이 주장이고 뒷부분인 이유가 된다(그림 7-2).

복잡한 논증의 경우에는 하나의 진술이 이유가 되면서 동시에 주장이 되는 경우도 있다. 따라서 논증을 펴 나갈 때, 주장은 이유가 뒷받침 되도록 구성하여야 한다.

〈그림 5-2〉 주장과 이유를 구분하기

3) 근거

근거는 논증을 '사실' 에 두는 요소이다. 이를 논증의 핵심 구조에 '근거' 를 대입시켜 보면 〈그림 5-3〉와 같다.

〈그림 5-3〉 주장과 이유를 구분하기

① 근거의 질을 판단하는 원칙.

· **근거가 정확한가?** : 하나의 근거라도 사실에 어긋나면 논증 자체가 허물어진다. 따라서 모든 근거가 사실이 되게 하는 것이 가장 중요한 원칙이다.

· **근거가 구체적인가?** : 구체적이라고 여겨지는 수준은 근거를 사용할 목적과 분야에 따라 달라진다. 물리학자들은 100만 분의 1초 동안 일어나는 입자의 변화를 측정하는

반면에, 고생물학자들은 50만 년이라는 시간을 단위로 일어나는 종의 변화 기록도 적절한 것으로 받아들인다.

· **근거가 대표성이 있는가?** : 문제의 종류에 따라 달라진다. 예를 들어, 새로운 피복 재료를 연구한다면 적은 수의 표본만으로도 일반화할 수 있지만, 패션 트렌드에 대한 사람의 인식을 조사한다면 거대한 표본 집단을 조사해야 한다. 피복 재료의 물성은 여러 번 조사를 해도 거의, 또는 전혀 달라지지 않지만 사람의 인식은 제각기 다양하기 때문이다. 오늘날 일반화할 수 있는 표본 집단의 규모는 통계 방법에 따라 달라지지만, 기본 원칙은 교육을 받은 사람이라면 누구나 이해할 수 있어야 한다는 것이다.

· **근거가 신뢰할 수 있는 출처에서 나왔나?** : 가장 최근 자료(현재성), 평판이 좋고, 신뢰할 수 있는(명성), 연구자의 이익을 위해서 그 결과를 왜곡하지 않았다는 확신(공정성)등이 요구된다. 자료의 수준은 '근거자' 에 최대한 가까운 1차 출처가 바람직하다. 1차 출처란 근거 자체를 관찰하고 수집한 사람이 직접 기록한 메모나 보고서를 말한다. 또한 문헌을 근거로 사용한다면 명망 있는 출판사에서 나온 최신판본이 1차 출처가 되고, 물리학 실험 결과를 근거로 사용한다면 논문 원전이 1차 출처가 된다.

② 근거의 신뢰도를 높이기 위해 유의할 점

근거는 가장 신뢰할 수 있는 방식으로 진술해야 하는데, 근거의 신뢰도를 높이기 위해서 다음과 같은 점에 유의해야 한다.

· **기억은 반드시 다른 근거로 뒷받침해야 한다** : 기억은 사건을 이야기 구조로 만드는 경향이 있어 믿을 수 없다. 또한 사람들의 기억은 진실이라고 믿거나 진실이기를 바라는 것에 영향을 받기 때문에 기억은 반드시 다른 근거로 뒷받침해야 한다.

· **권위자가 직접 말하는 경우만 근거가 된다** : 권위자의 말을 이유로 인용하는 것과 근거로 제시하는 것을 구분해야 한다.

· **사진, 영상, 녹음은 절대 객관적이지 않다** : 전혀 꾸미지 않았다 하더라도 이들은 실제 그 사건의 한 단면을 보여 줄 뿐이므로 절대 객관적이지 않다.

· **수량자료는 신뢰도가 낮다** : 수량 자료는 다양한 형식으로 보여 줄 수 있다. 각각의 형식마다 수사학적인 효과가 달라진다.

③ 근거를 찾을 수 있는 출처

근거를 가장 쉽게 찾을 수 있는 곳은 도서관과 인터넷이며, 사람을 정보원으로 활용할 수도 있다.

- **도서관** : 근거를 찾는 가장 일반적인 곳이며, 도서관의 정보를 찾는 법을 제대로 알고 있어야 한다. 사서에게 도움을 요청하면 도움을 받을 수 있으며, 자료 찾는 법을 배워 두면 시간을 절약할 수 있다.
- **인터넷** : 정보의 중요한 원천이지만, 검증되지 않은 자료들까지 뒤섞여 있다. 그러므로 적어도 그 사이트에 담긴 정보를 누가 제공했는지 알아야 하며, 인터넷상의 정보는 검증이 필요하다. 그러나 도서관에서 찾아보기 어려운 공적인 자료(신문이나 잡지 등의 최신 기사나 칼럼 등), 정부보고서 등의 최근정보, 책이나 잡지 등의 보완 정보들의 검색에 유용하다.
- **사람을 정보원으로 활용** : 서로 시간을 낭비하지 않게끔 주의 깊게 계획해야 한다. 즉 질문을 충분히 준비해서 인터뷰 계획을 잡고, 정보 제공자의 신상명세, 인터뷰한 장소와 시간을 정확하게 기록해야 한다. 가능하다면 인터뷰를 녹음하고, 녹음이 어려운 경우에는 상대방이 말하는 방식이나 어휘 선택까지 그대로 기록하는 것이 좋다. 녹음한 것을 글로 옮길 때는 그대로 옮겨야 한다.

④ 근거를 찾는 방법

직접 관찰은 현장 관찰이나 통제 실험을 통해서만 해답을 얻을 수 있는 것들에 대한 자료 수집 방법이다. 관찰이나 실험은 훈련을 행한 후에 가능하다. 관찰 전에 관찰 장소와 날짜, 중요한 상황을 자세하게 기록하고, 관찰자의 위치가 중요하다면 지도도 그리고, 관찰 기록표나 차트를 미리 만들어 놓고 자료를 기입한다. 정확하게 기록하고, 잊어버리기 전에 곧바로 기록한다. 논증을 할 때는 '기록' 이 뒷받침하는 자료만 사용하고, 독자들에게 어떻게 자료를 수집했는지 반드시 말해야 한다.

표본조사는 근거를 효율적으로 찾는 방법 중에 하나이다. 근거를 찾기 전에 정보 원천의 가치를 판단하기 위해 표본조사를 한다. 사람을 대상으로 조사할 때는 질문을 미리 테스트해 보거나 소규모 표본 집단을 대상으로 어떤 대답을 하는지 물어 본다. 책이나 논문에서 정보를 찾을 경우, 서론과 요약 부분을 훑어보고 자신이 찾는 내용이 나올 만한지 미리 살펴본다. 직접관찰의 경우에는 어떤 정보를 얻을 수 있을지 미리 방문하여 살펴보도록 한다.

전체조사는 평가 근거가 어느 정도 축적되면, 수집한 정보의 가치를 주기적으로 따져 보는 것이 맨 나중에 검토하는 것보다 효율적이다.

3) 전제

전제는 논증(論證)에서 출발하여 결론을 얻을 수 있는 명제(命蹄)를 말한다. 즉 어떤 명제를 근거로 하여 다른 명제를 도출해 내는 경우, 근거가 되는 명제를 전제라고 부른다.

① 전제와 주장, 이유와의 관계

어떠한 논증이라도 타당성을 확보하기 위해서는 근거와 전제가 타당해야 한다. 이유가 타당한 근거로 뒷받침되기 위해서는 그 이유가 주장을 뒷받침한다는 것을 인정해야 한다. 이유가 그럴 듯해도 주장과 연관성이 검정되지 않으면 타당한 이유가 되지 않는다. 이유와 주장을 이어 주는 원칙, 즉 '전제' 를 진술해야 한다.

전제는 주장과 이유를 이어주는 요소로서 도표에 다음과 같이 그려 넣을 수 있다.

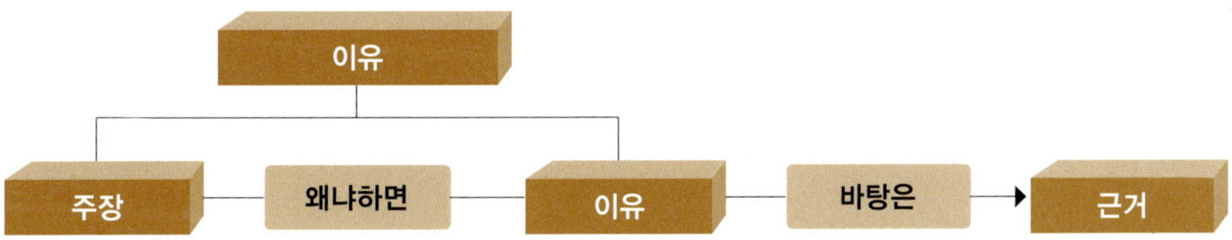

〈그림 5-4〉 전제와 주장 및 이유와의 관계

② 전제로서 적합한가를 다음의 질문으로 검토한다.

- 내가 말하고자 하는 전제를 독자도 알고 있는가?
- 전제를 진술했을 때, 독자는 진실이라고 생각할까?
- 전제를 진실이라고 생각한다면, 독자는 그 전제가 이유와 주장에 들어맞는다고 생각할까?
- 전제를 적용할 수 있다고 생각한다면, 독자는 그 전제가 자신의 집단 문화와 어울린다고 생각할까?

4) 반론 수용과 반박

논증은 모형 만들기에서 최종적으로 고려할 사항은 반론 수용과 반박이다. 독자의 의견이 나의 주장과 다를 확률이 높을 것을 예상하여, 독자의 반론에 적절하게 대응할 수 있는 모형을 만들어야 한다. 즉, 반론의 수용과 반박은 논증 전체에 대해 이야기하는 요소이다. 본인이 예상한 반대 의견이나 의문을 수용하거나, 반박할 때 효과적으로 사용할 수 있는 형식은 다음과 같다.

반론할 때는 '물론, 그럴 듯해 보이는, -라고 주장하는 이들이 있다' 와 같은 말로 일단 상대방 의견을 수용한 후에 반론을 진술한다. 반박 할 때는 '하지만, 그러나, 반대로' 와 같은 말로 상대방 의견을 일단 수용한 후에 반박하는 것이 좋다,

위와 같이, 상대방 의견을 일단 수용하고 반론 또는 반박의 근거와 전제를 제시하는 것이 논증을 확고하게 만든다. 반론 수용과 반박을 고려한 최종적인 논증 모형을 〈그림 5-5〉와 같이 제시할 수 있다.

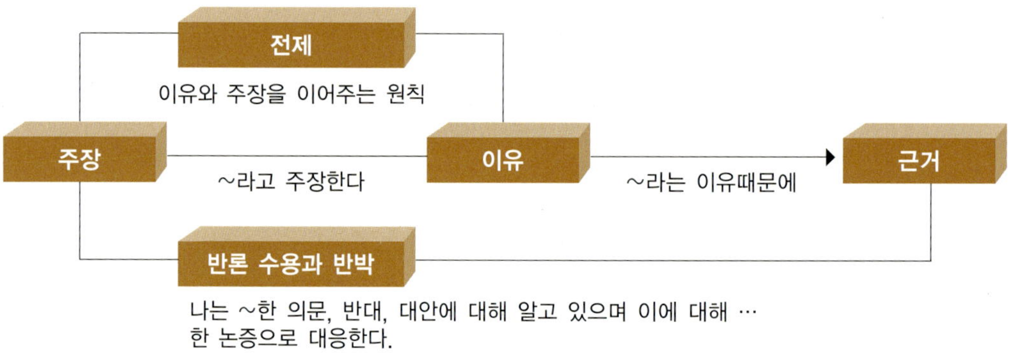

〈그림 5-5〉 최종적인 논증 모형(출처 : 이상욱, 문태순, 김미애, 2010)

이상과 같은 단계로 만든 논증 모형을 다음과 같은 질문으로 최종 검토 하여 완성한다.

· 주장은 무엇인가?
· 주장을 믿을 만한 이유는 무엇인가?
· 이유를 뒷받침하는 근거는 무엇인가?
· 이유와 주장을 연결시켜 주는 원칙(전제)은 무엇인가?

· '그러면~인 경우(반박)' 에는 어떻게 할 것인가?

2_ 논술문의 기본적 배열법

논증 글에서 논증 요소를 배치하는 순서는 3단 배열(서론-본론-결론), 4단 배열법(머리말-진술부-논증부-맺음말) 및 5단 배열법(머리말-진술부-반론부-논증부-맺음말)등이 제안되고 있다. 이들 중에서 3단 배열법이 단순한 형태이며, 논술문의 기본 배열법으로 널리 사용되므로 이에 대해 살펴보겠다.

논술에 배치하는 논증요소의 순서는 '주장+이유+근거' 이다.

서론에서 문제와 그 해법(주장)을 진술하며, 주장에 무게가 있을 때는 이유가 많이 필요하기 때문에 [이유+근거]를 필요한 만큼 본론 부분에서 서술하고, 반론과 반박을 본론 부분에서 서술한다. 결론부분에서는 문제와 해결, 즉 주장을 재진술한다. 이와 같은 논술문의 구성을 〈그림 5-6〉 같이 도식화할 수 있다.

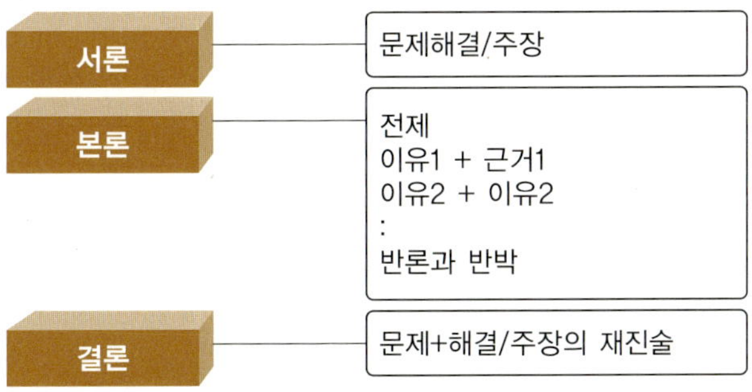

〈그림 5-6〉 논술문의 기본 구조

1) 서론

서론은 논술 전체에 대한 인상을 좌우한다. 논술이 독자들에게 잘 이해되게 하고 관심을 기울이게 하기 위해서는 문제와 그 해법에 대한 진술이 명확해야 한다. 일반적인 서론의 구조는 '도입부, 공감대, 문제, 해법' 의 핵심 요소로 구성되며, 실용문제(문제 해결논증) 논증에서 널리 작용된다. 개념문제(문제제기 논증)에서는 '도입부, 공감대, 문제, 해법 주장' 의 간단한 구조로 구성되기도 한다.

① 서론의 일반적인 구성

· **도입부** : 독자의 흥미유발을 위해서 재미있는 에피소드, 놀라운 사실을 인용하기도 한다. 도입부에서 문제와 관련한 핵심 개념을 분명하게 나타내는 것이 좋다. 논증이 추구하는 핵심 주제를 명백하고 구체적인 사례를 통해 문제를 재현해서 보여 주고자 할 때 도입부를 두는 것이 매우 효과적이다.

· **공감대** : 독자가 문제를 심각하게 받아들이도록 만드는 부분이며, 곧바로 뒤집기 위해 진술하는 것이다. 실용문제에서는 독자가 동의할 수 있는 공감대를 제시하고 나서 우리는 '무언가 변했다' 고 진술함으로써 이를 뒤집는다. 실용문제에서는 '독자가 쉽게 받아들일 수 있으면서 글쓴이가 바로 뒤집을 수 있는 것' 을 공감대로 쓸 수 있다. 개념 문제에서는 많은 사람들이 옳다고 믿는 지식이 완전하지 못하거나 잘못되었다고 진술함으로써 공감대를 만들어 낼 수 있다.

· **문제** : 서론의 핵심인 문제를 진술하는 부분이다. 문제를 정확하게 진술하려면 문제의 불안정한 조건과 이에 따른 실질적인 손실이나 지적인 결과를 정확하게 진술해야 한다. 따라서 문제는 불안정한 조건과 그 조건에서 기인한 손실이나 결과 두 부분으로 구성된다. 문제의 종류에 따라서 그 구조에 들어가는 내용은 다소 다르다. 즉, 실용문제의 경우에는 불안정한 조건은 손실이 나타나는 모든 상황, 조건, 사건들을 서술하고, 이에 대한 손실의 내용으로 구성한다. 개념문제의 경우에는 불안정 조건은 지식의 어떤 틈새나 이해의 부족한 부분을 서술하고, 해답은 지식의 어떤 틈새나 이해의 부족으로 인한 손실을 서술한다.

· 해법 : 핵심문제가 제시되면 글을 읽는 사람은 대개 그에 대한 해법이 무엇인지 궁금하게 생각한다. 그래서 서론 끝부분에는 반드시 해법의 요점을 서술하는 것이 좋다. 실용문제의 해법은 어떤 행동을 하도록 호소하거나 암시하는 것이며, 개념 문제의 해법은 어떤 질문에 대한 대답이다. 서론에서 서술하는 해법의 요점은 나머지 논증에서 해법에 도달하는 데 사용할 몇 가지 핵심 개념을 소개하는 최소한의 문장으로 구성하면 된다.

② 서론의 간단한 구성

서론을 탐구해야할 문제를 제기하고 그 문제가 야기되는 배경을 소개하며, 해결책을 제시하는 구조로 간단하게 구성하기도 한다. 즉 배경 - 문제 - 해결책의 순서로 서술하며, 개념문제(문제제기 논증)에 널리 사용된다.

· **배경부분** : 독자의 주의를 끌 만한 요소들, 즉 개인이나 집단의 일화, 적절한 인용, 놀랄 만한 통계나 기술, 대담한 진술 등을 제시하면 효과적이다.

· **문제 부분** : 핵심인 문제를 진술하는 부분이다. 문제를 정확하게 진술하려면 문제의 불안정한 조건과 이에 따른 실질적인 손실이나 지적인 결과를 정확하게 진술해야 한다.

· **핵심 문제** : 핵심문제를 제시하는 부분이다. 핵심 문제가 나오면 독자들은 대개 그에 대한 해법이 무엇인지 간단하게나마 알고 싶어 하므로, 서론 끝부분에는 반드시 해법의 요점이 제시되어야 하는데 이를 논제라고 한다.

2) 본론

논술의 본론에서는 논제의 주장을 서술하여, 서론에서 제기한 핵심 물음에 구체적으로 답을 서술하는 논술의 중간 부분이다. 논제는 어떤 주장에 대한 범주들을 제공하는 것이며, 본론은 개별 문단을 통해 각각의 범주에 대해 논의를 하는 영역이다. 각각의 범주에 대한 논의를 각 문단으로 구성하여 그 문단의 핵심 관심사를 문장으로 서술하면 유용하다. 이와 같은 문장을 주제문이라고 한다.

주제문은 독자에게 글의 조직이나 구성을 명료하게 이해하게 해주며, 필자에게도 주제에서 벗어나지 않게 도움을 준다. 각 문단에서 주제문 외의 문장들은 대체로 주제문을 뒷받침하는 문장들로 구성한다. 즉 주제문의 내용을 설명하거나 주제문의 근거 또는 이유로 작용하는 문장으로 구성하는데, 이들을 뒷받침문장이라 한다. 따라서 각 문단들은 주제문과 뒷받침문장들이 결합하여 논증을 이룬다.

논증이란 전제와 결론으로 이루어진 진술들을 말하므로, 주제문이 결론이라면 뒷받침문장들은 그 결론에 대한 근거나 이유 역할을 하는 전제들이다. 즉, 논설문에서 본론의 각 문단들은 전제와 결론으로 이루어진 논증이라는 것이다.

3) 결론

결론은 논술의 전체 내용을 정리하는 부분이다. 서론을 활용하여 논제를 재진술하고 쟁점, 합의, 귀결을 진술하면서 행동 방침을 요구하는 내용을 적는다. 논제의 재진술은 가능한 한 가장 간단한 형태로 서술하는 것이 좋다. 서론을 활용하여 결론을 다음과 같이 정리할 수 있다.

· 주요 주장의 핵심을 진술(또는 재진술)함으로써 결론을 시작한다.

· 제기된 문제에 가능한 한 새로운 방식으로 대답하고, 이 문제가 왜 중요한지를 설명한다.

· 앞으로 풀어야 하는 또 다른 질문이나 문제들, 아직 밝혀지지 않는 문제 등을 진술한다. 자신의 논증의 취약점이나 불완전한 점도 서술한다.

· 종결부에서는 도입부에서 에피소드, 사실 등을 인용했다면, 다시 언급하고 글을 맺는다.

4 단 배열법은 논술의 배열을 머리말 - 진술부 - 논증부 - 맺음말로 구성하는 방식이며, 분량이 많은 논술문에 유용하다. 이 배열법의 기본 원칙은 '머리말' 과 '맺음말' 에서 '감동시키기' 에 주력하고, '진술부' 와 '논증부' 에서는 '설득하기' 에 중점을 두는 것이다.

5 단 배열법은 4 단 배열법이 다양한 형식으로 발전하면서 논증부 안에 '반론부' 를 두는 형식이며, 반론부와 논증부의 위치는 서로 바뀔 수 있다.

반론부란 글의 주제인 자기의 주장과는 대립되는 주장을 소개하는 단락이므로, 얼핏 생각하면 반론부가 논증을 약화시켜서 논지가 흔들릴 위험이 있다고 우려된다. 그러나 반론부를 두면, 자기의 주장에 대립하는 타인의 주장을 감안하더라도 자기의 주장이 더 타당하다는 것을 내세울 수 있으므로 유용할 수 있다. 어떤 학자는 이런 반론부의 논증을 'yes-but 논법' 이라고 일컫는다. 이 논법은 반론이나 일반적 견해가 가진 긍정적인 면은 일단 가볍게 인정하되, 곧 바로 그것이 가진 부정적인 면이나 결정적인 단점을 지적하면서 자신의 주장을 내세우는 논법이다. 이와 같이, 반론부를 두면 '반대 의견까지 고려한 객관적 주장' 이라는 인상을 주어 글의 공정성이 보장되면서도 자신의 주장이 더욱 강하게 나타난다. 따라서 그 만큼 더 설득력 있는 글이 된다. 실제로 신문 사설이나 논술문을 자세히 살펴보면 이 같은 구조를 따르는 글이 의외로 많다.

3_ 논술문 작성을 위한 준비

논술문 작성은 기술적 연습으로만 이루어지는 것은 결코 아니다. 논술문 작성은 충분한 준비와 노력의 결실로 얻어지는 하나의 긴 과정의 결과이다. 그러므로 평소에 다양한 책

읽기, 글을 재미있게 써보기, 자료 수집과 정리하기, 어떤 주제에 생각 모아보기 등의 준비가 필요하다.

1) 다양한 책 많이 읽기

책에는 많은 생각들이 담겨있다. 그래서 글을 읽으면서 사람들은 많은 생각을 접하게 되어 생각에 자극을 받고, 자신의 생각을 가지게 되므로 논리 및 사유의 훈련이 된다. 고전(古典) 읽기가 많이 추천되는데, 고전을 읽을 때에 무조건 숭배하거나, 무조건 비판하기보다는 현대의 관점에서 해석되어 표현되어야 한다. 이와 같이, 독서를 함으로써 생각이 넓어지고 깊어지게 되므로 책은 생각하는 데 가장 필요한 도구라 할 수 있다.

2) 다양한 글을 즐겁게 많이 써 보기 : 다습다작

인간의 언어에는 말하기, 읽기, 듣기, 쓰기 네 가지가 형식이 있는데, 말하기와 쓰기는 나를 드러내 보이는 행위이며, 듣기와 읽기는 내가 세상을 받아들이는 행위이다. 논술을 위한 준비로 책 많이 읽는 것은 세상을 받아들이는 행위이며, 다양한 글을 즐겁게 많이 써 보는 것은 나를 표현하는 것이다. 따라서 논술 쓰기 연습으로는 틀에 얽매이지 않는 자유로운 글쓰기가 효과적이다.

① 자유로운 형식의 글을 써본다.

논술문은 어떤 문제를 논리적으로 사고하고 조직하고 자기주장의 근거를 대고 또 분석결과를 제시하는 등의 상당히 지적이고 이성적인 작업이다. 그러므로 처음에는 논술 쓰기가 어렵게 느껴진다. 그러므로 쉽게 쓸 수 있는 자유로운 형식의 글부터 써보는 것이 논술쓰기에 도움이 된다. 예를 들면, 여행기, 일기, 신문기사와 비슷한 보도문, 인터뷰나 대담 등 아무 글이나 쓰고 싶은 글을 자유롭게 써보도록 한다.

② 글감을 자유롭게 선택하여 이에 대해 생각을 모아 본다.

글감을 발견하는 일이 결코 어려운 일이 아니다. 그러나 자기 삶의 과정에서, 학교에서, 집에서 또는 친구와의 관계에서 알게 된 것, 경험한 것, 체험한 것, 느낀 것, 자신의 삶에 밀접한 경험으로부터 글감을 끌어내는 것이 좋다. 글감이 주어지면 그에 대해서 별로 생각이 나지 않을 수도 있으니, 본인의 주위에서 경험한 것에서 글감을 찾으면 생각나는 대로 쉽게 글을 쓸 수 있다.

3) 여러 가지 수사 기법을 활용한다.

수사법을 활용하면, 글을 쉽고, 재미있게 쓸 수 있다. 수사법이란 표현의 효과를 높이기 위하여 동원한 여러 가지 비유적 장치와 수사적 기교를 의미하며, 비교, 대조, 비유, 분석, 분류, 요약하기 등이 있다.

① 비교와 대조 기법

사람이나 사물, 장면, 환경 등을 재미있게 그려내는 것이 목적인 묘사문의 경우에는 '비교'와 '대조'라는 방법이 있다.

비교는 두 가지 사물이나 사안 간의 공통성이나 유사점 등을 살펴보는 것이며, 대조는 두 개를 비교하되, 초점을 서로 다른 점에 두고 집중적으로 끌어내는 것이다. 비교 및 대조법을 사용하면 예와 같이, '그 옷은 아름답고, 이 옷은 덜 아름답다.', '나는 옷을 만들고, 너는 밥을 지어라' 등으로 쉽게 글을 만들 수 있다.

② 비유하기

비유는 힘이 있는 수사법이며, 직유 · 은유 · 의인 · 활류 · 풍류 · 상징 등의 방법이 있다. 직유는 '-처럼, - 같이, 듯이, -인양' 등의 말과 함께 사용되며, '비단결 같은 손' 등을 예로 들 수 있다. 은유법은 비유하는 대상과 비유되는 대상을 동일한 것으로 단언하듯 표현하는 것이며, '옷이 날개다' 등을 예로 들 수 있다. 의인법은 '머플러가 바람결에 춤을 춘다.' 등을 예로 들 수 있다. 활유법은 생명 없는 것을 있는 것처럼 표현하는 것으로, '동이 틀 무렵에 산이 힘차게 기지개를 켠다.' 등을 예로 들 수 있다. 풍유법은 원래의 관념을 완전히 숨기고, 비유하는 보조 관념만 나타내되, 주로 교훈적이고 풍자적이도록 적용하며, 속담들이 이에 속한다.

③ 강조하기

강조법은 표현 효과를 높이기 위하여 사용되며, 과장법, 반복법, 점층법, 점강법, 영탄법, 대조법, 열거법, 반어법, 비교법, 역설법 등으로 매우 다양한 수사기법이 있다.

④ 분석 및 분류하기

통계 자료 분석이 있을 수도 있고, 상품을 자세히 뜯어보고 구성이나 모양새를 묘사할 수 있지만 동시에 그 상품을 구성하는 부분들이 무엇인지, 그것의 기능은 무엇인지, 이런 것을 분석해 내는 것이 분석 훈련이다. 분류해 보는 것은 분석의 기본 기법 가운데 하나다.

'분류 기법' 은 어떤 것을 범주 별로 정리하고 분류해 보는 수사 장치다. 여러 종류, 어떤 글이 무엇을 목적으로 하는가에 따라 거기에 필요한 수사적 기술을 쓸 줄 알게 된다. 이것이 글쓰기 기술이다.

4) 단락 나누기 훈련하기

단락은 사상의 조직 단위다. 생각은 어떻게 조직하는가? 거기에도 단계가 있고 수사적 기법이 있다. 결론은 단락의 서두에 먼저 제시한 다음 풀어 나가는 방식이 있고, 증거나 예증 같은 것을 조금씩 쌓아 나가다 결론에 도달하는 방법이 있다. 앞에서 자주 설명된 연역과 귀납의 사고 조작법이다.

인간이 지금까지 써 온 모든 논증적인 글, 논술, 논문은 크게 보면 연역과 귀납이라는 사유 유형, 사고방식, 사유 방법에서 벗어나 있지 않다. 단락을 짤 때도 연역적 사고법에 따라서 짜게 되면 그 단락은 독특한 모양을 띠게 된다. 이것은 정삼각형 모양이다. 단락 주제문이 앞에 던져지고, 그 다음 그것을 풀어 주거나 뒷받침해 주는 문장들이 뒤따라 나오고, 그래서 정삼각형 모양의 단락이 되는 것이다. 그러나 귀납적인 방법을 쓸 때에는 역삼각형꼴로 단락이 조직된다. 연역적 단락 구성법을 쓸 때는 단락의 소주제(이것을 주제문이라고 한다)가 단락의 맨 처음이나 둘째 문장 등 앞부분에 나오게 된다. 그러나 귀납적 사고 패턴을 따르는 글을 쓸 때에는 결론이 단락의 끝으로 간다. 이렇게 조금만 훈련하면 금방 익히게 된다. 한 편의 글이 처음부터 끝까지 연역적 사고나 귀납적 사고로만 이루어지는 것은 아니다. 어떤 단락은 연역적으로 짜고, 어떤 단락은 귀납적으로 만드는 식으로 섞을 수도 있다.

5) 요약하기

요약은 글의 문맥을 정리하여 중심내용(요점)을 추려 내는 것이다. 즉 요약할 글을 정확히 이해하여 한 편의 완결된 글로 압축하는 글쓰기 방법이다. 따라서 요약하기를 잘 하기 위해서는 제시된 글을 읽고 어떤 내용이 중요한지, 무엇을 말하는 내용인지를 파악해야 하며, 중요한 정보와 중요하지 않은 정보를 구별하는 능력이 필요하다.

요약의 유형에는 본문의 내용과 같은 순서로 하는 경우와 재해석하여 요약하는 경우로 대별할 수 있다. 전문적 지식이나 정보 등을 제공하는 사실 위주의 객관적인 글은 대개 본문 내용의 순서로 요약한다. 그러나 사실을 바탕으로 하되, 필자의 견해를 피력하고자 하는 경우에는 본문의 내용을 정확하게 이해한 뒤에 자신의 입장에서 내용을 재해석하거나 재조직할 수 있다.

그러나 요약하기는 일반적으로 글쓴이의 의도와 글의 주제가 잘 전달되는 것이 목적이므로, 요약하는 사람의 주관과 의견이 개입되지 않도록 하는 것이 바람직하다. 요약하기 순서는 대개 문단 나누기, 핵심어 찾기, 소주제문 찾기, 글 전체의 주제문 작성하기 순이다.

요약하기의 효과로는 글을 읽고 중요한 정보와 그렇지 않은 정보를 구별하고, 글의 요점을 정확하게 파악하는 능력과 비판적인 읽기의 토대를 마련하고, 글에 대한 자신의 이해력 점검 향상 등이 있다. 따라서 요약하기를 꾸준히 연습하는 것이 논술문 작성을 위한 좋은 준비과정이라 할 수 있다.

4_ 논술문 작성 과정 및 요령

어떤 글을 쓰든지 간에, 글을 쓰기 전에 생각을 체계적으로 정리하고, 많이 준비하고 계획할수록 더 빨리 쓸 수 있으며, 결과도 좋아진다. 글쓰기 준비과정에서 기본적으로 점검할 사항은 해결해야 할 문제(논제)와 누가 읽을 것인가를 명확히 하는 것이다.

글 쓰는 사람(필자)이 중요하다고 생각하는 것을 글 읽는 사람(독자)은 전혀 중요하지 않다고 생각할 수 있다. 또한 필자가 타당하다고 생각하는 논리와 근거를 독자는 전혀 그렇지 않다고 생각할 수도 있기 때문이다. 그러므로 글쓰기 전에 필자는 독자를 다음과 같은 관점에서 미리 생각해 보아야 한다.

독자를 파악하는 가장 좋은 방법은 그들과 직접 이야기하는 것이며, 실제로 전문가들은 이런 방법을 사용한다. 그러나 실제로 글을 읽는 사람과 짐작한 독자가 다른 경우가 많다. 그들이 무엇을 궁금해 하는지 예상은 쉽게 할 수 있지만, 실제로는 예상과 다를 수 있다. 이런 문제를 해결하기 위해서는 다양한 자료를 활용하여 독자를 간접적으로 체험하는 것이 좋다. 논제를 정하기 전에 점검할 내용은 다음과 같다.

· 내가 해결하고자 하는 문제는 무엇인가?
· 누가 읽을 것인가?
· 독자가 알고 있다고 가정하는 것은 무엇인가?
· 독자가 알지 못한다고 가정하는 것은 무엇인가?

· 어떤 근거는 설명하고 어떤 근거는 설명하지 않는가?

1) 논술문 작성 과정

논술을 쓰는 실제적인 과정은 일반적으로, 논제 정하기, 논제에 관련된 자료 수집하기, 글 구성하기 단계로 이루어진다.

① 논제 정하기

논제를 정할 때는 누구나 관심을 가질 만한 문제로 사회에서 논의될 만한 가치가 있고 아직 해결되지 않은 것이어야 한다. 논제를 연구하고 증거를 수집할 때는 자신의 견해를 잘 정리하면서 다른 사람의 견해를 두루 분석, 검토하여 논거자료로 쓸 계획을 세운다. 바꾸어 말하면, 자신이 논증을 할 수 있는 주제를 논제로 정하는 것이 바람직하다.

② 자료 수집

논제와 관련된 여러 가지 사항에 대해 문헌조사, 현장조사를 행하고, 여러 사람들의 의견을 문의하는 등 자료들을 폭 넓게 수집하여, 분석하고, 검토하고, 또한 사고의 과정을 거쳐서 유용한 자료를 논증으로 활용한다.

논거는 논리적이며 효과적으로 구성하여 알기 쉽고 명쾌하게 서술하는 것이 바람직하다.

③ 글 구성하기

여러 가지 구성이 제안되지만, 기본구성은 서론, 본론, 결론의 형식을 따른다.

서론은 본론을 예고하는 출발점이므로, 읽는 이의 관심을 끌 수 있도록 인상적인 구성과 표현을 한다. 본론은 논점에 대한 단정과 그에 대한 논증의 두 단계를 거친다. 단정은 판단을 문장으로 나타낸 명제이며 긍정 단정과 부정 단정이 있다. 또한 반대론에 대한 대안도 제시해 준다. 결론에서는 본론에서 전개한 논점들을 대점으로 종합하여 요약하고 논점을 반복 강조하며 실천을 촉구한다. 요약과 실천을 촉구하는 문장은 간결하고 강렬한 인상을 주어야 한다. 결론이 놓이는 위치에 따라, 머리에 놓이면 두괄식 구성, 끝에 놓이면 미괄식 구성, 머리와 끝에 놓이면 양괄식 구성이라고 한다.

④ 다시 한 번 읽어보고 점검하기

글을 완성한 다음에는 다음과 같은 사항을 살펴보고 부족한 점을 보완해야 한다. 그리고 다시 읽어 볼 때는 객관성을 유지해야 한다.

· **명료하지 못한 표현이 있는지?** : 애매모호하거나 부정확한 정의는 논지도 헷갈리고 논증도 설명력이 없게 된다. 따라서 불분명하거나 부정확한 표현이 없는지 점검하여 명료하게 고친다.

· **숨어있는 전제나 결론이 있는가?** : 중요한 전제나 결론이 숨어있다면 공정하지 못하므로, 분명하게 드러내도록 해야 한다. 논리적 글쓰기는 상대방과 논증을 통해 최선의 해결책을 찾는 것이 목적이기 때문이다.

· **오류는 없는가?** : 오류를 잘 아는 사람들에게 반론의 여지를 줄 수 있다. 말을 글로 표현하면 의도가 왜곡될 수 있다. 토론에서는 상대방의 주장이 이해 안 되면 바로 물어볼 수 있고 반박이 가능하지만, 글에서는 그렇지 못하기 때문이다,

2) 논술문 작성 요령

① 논점을 정확히 파악한다.

논점을 정확하게 파악하지 못하면, 주변만 맴돌다가 핵심이 없는 글이 되고 만다. 상대방의 주장에 논박하는 글인 경우는 상대방의 주장을 최대한 자비를 베풀어서 해석해야 한다.

② 논지는 논거를 댈 수 있는 것으로, 분명하게 설정한다.

논술의 목표는 남을 논리적으로 설득하는 것이므로, 자기주장에 대해서 적절한 근거를 제시해야 한다. 따라서 논술은 여러 논증의 모임이라 할 수 있으므로 논증을 합당하게 구성해야 한다. 즉 논술의 두 요소는 주장(결론, 논지)과 근거(전제. 논거)이며, 주장은 다른 말로 논지이고 근거는 논거이다. 논지를 분명하게 설정해야 하며, 자기가 자신있게 논거를 댈 수 있는 논지를 설정해야 한다.

③ 합당한 논증을 구성한다.

논지를 설정했으면, 그 논지를 지지하는 논거를 제시해야 한다. 즉 논증을 만들어야 한다. 논증의 종류는 연역논증, 귀납논증 등이 있으며, 각 논증들은 모두 장단점이 있으므로 어느 논증이 좋다고는 단정할 수는 없다. 따라서 여러 가지 논증에서 어떤 종류의 논증을 할 것인지는 상황과 자신이 갖고 있는 증거의 성격에 따라 선정해야 한다.

3. 논술 글쓰기

논술 글쓰기는 글쓰기 재주보다는 글 속에 담긴 생각이 더 중요하다. 따라서 자신의 생각을 글로 표현하여 설득을 하는 논술에서 명확한 글쓰기는 필수라 할 수 있다. 그러기 위해서 논술쓰기는 일반 글쓰기의 조건을 갖추되, 자기주장을 근거나 이유를 명확히 밝히는 논증을 해야 한다.

따라서 논술 글쓰기는 보다 논리적이고, 명확하고, 간결하고, 생생한 글을 써야 한다. 이에 대한 교육은 교양과목의 글쓰기 등에서 심도 있게 다루는 내용이므로 본 장에서는 논술 쓰기에서 기본적으로 갖출 점에 대해서 살펴보겠다.

1_ 명확한 글쓰기

1) 주요 행위자를 문장의 주어와 일치시킨다.

이야기의 주요 행위자(이야기를 이끌어 가는 주체, 사람, 사물, 추상적 개념)가 단순 주어로 오는 문장을 독자는 가장 쉽게 이해한다. 추상적 개념보다 한두 어절로 된, 사람이나 사물이 주요 행위자로 나오는 문장을 가장 명확하게 인식한다.

2) 주요 행위자의 동작을 서술어 자리에 놓는다.

짧은 간결한 명사를 주어 자리에 두었으면, 구체적인 행동을 표현하는 동사를 서술어 자리에 두어야 한다. 주어와 서술어가 멀어질수록, 문장의 의미가 무엇인가 명확하게 판단하기 어려워지기 때문에 최대한 가까이에 두어야 한다.

3) 밀접한 관계가 있는 문장 요소는 다음과 같이 최대한 가까이 놓는다.

· 주어와 서술어를 최대한 가까이 놓는다.
· 목적어와 서술어를 최대한 가까이 놓는다.
· 수식어를 피수식어와 가까이 놓는다.

4) 독자에게 친숙한 정보로 문장을 시작한다.

독자의 전공분야, 논제에 대한 이해 정도 등에 따라 어휘 선정이나 문장의 구성 등이 달라져야 한다. 독자들이 사용하지 않는 어휘나 문장 구성 등을 특히 논술의 앞부분에 사용하면, 독자들은 어려워하거나 흥미를 잃게 되어 논술의 그 다음 부분은 보지 않는 경향이 있다. 독자의 이해도를 높이고, 흥미를 유발하기 위해서는, 특히 논술의 앞부분에 독자에게 친숙한 정보로 문장을 시작하는 것이 바람직하다.

5) 낯설고 복잡한 정보는 문장의 뒷부분에 놓는다.

논술의 서술 상, 독자들이 별로 접해보지 않았거니 복잡한 사안을 서술해야할 필요가 있을 시에는 논설문의 뒷부분에 놓는다.

6) 전체 글의 주어들을 일관되게 유지한다.

한 편의 논설문에서 주어를 바꾸게 되면, 독자들을 혼란스럽게 만들게 된다. 따라서 논술문 내에서는 주어를 일관성 있게 하는 것이 바람직하다.

2_ 간결한 글쓰기

1) 반복과 혼란

같은 말을 반복하거나 별 의미도 없는 빈말을 쓰면 글이 장황해지며, 글이 어수선한 느낌을 준다. 따라서 '그(지칭), 어떤, 정말, 특정한, 사실상, 실제로, 기본적으로, 전반적으로 등' 의 어휘는 빼는 것이 좋으며, '완전무결한, 믿고 신뢰할 수 있는, 거의 대부분' , '빈틈없이, 신중한, 언제나, 항상, 지나친 과소평가' 등은 같은 의미를 반복해서 사용하는 전형적인 어휘들이므로 아예 쓰지 않는 것이 좋다.

2) 의미 분해

의미를 분해해서 단일한 의미를 여러 의미 기준으로 나누어 긴 문장으로 만들면 여러 어휘를 거쳐 읽어나가는 과정에서 뚜렷했던 의미가 흐릿해지고 만다. 반대로 문장을 짧게 쓰면 언제나 생생한 단어를 사용할 수 있다.

3) 의미 함축

다른 어휘 속에 있는 의미를 또다시 진술하면 글이 장황해지므로, 간단하게 표현하는 것이 좋다. 그러나 지나치기 함축해서 중요한 정보를 빠뜨리면서까지 짧은 문장으로 만들면 전달하는 내용이 달라지므로 바람직하지 않다.

3_ 생생한 글쓰기

1) 적절한 감정을 선택하라

동일한 상황을 의미하는 용어가 다양하므로, 논술에서는 격이 맞고 정확한 용어를 사용하도록 해야 한다. 이러한 말의 범주에서 어휘의 선택은 글이 주는 인상뿐만 아니라 글쓴이의 인상에도 크게 영향을 준다. 생생한 글을 쓰려면 될 수 있는 대로 중간 정도의 수준의 문체를 선택하는 것이 좋으며 글을 쓰다가 의도적으로 가끔씩 '격식 있는 표현' 이나 '친절한 표현' 을 사용하면 그 효과가 크게 나타난다.

· 속어 : 일상어 : 격식어 (뒈지다 : 죽다 : 사망하다)
· 중립적 : 감정어 (임신중절 : 낙태 : 태아살해)
· 토착어 : 외래어 (시험 : 테스트)
· 일반적 : 학문적 (배 : 복부)
· 보편적 : 구체적 (가축 : 돼지)

2) 추상적인 표현과 구체적인 표현의 적절한 배합

생생한 글쓰기의 가장 중요한 비결은 우리 마음속에 이미지를 불러일으키는 어휘나 표현을 선택하는 것이다. 지시 대상을 쉽게 불러올수록 글의 생명력은 더 커진다. 보편적인 글쓰기와 구체적인 글쓰기를 적절히 배합하여 쓰는 것도 좋다.

3) 이미지 연상 어휘

모든 인간의 언어에는 구체적이면서도 특별히 이미지를 더 쉽게 떠올릴 수 있는 어휘들이 체계적으로 존재한다. 예를 들면, '물건-무기-권총' 에서 우리는 '권총' 이라고 하는 단어에서 가장 뚜렷한 이미지를 떠올린다. 다양한 언어 중에서 우리가 아는 것일 때에만 좀 더 구체적인 이미지를 불러 일으킨다.

4) 의도적인 보편적 진술

좋은 글을 쓰기 위해서는 이리저리 맞춰 보며 적당한 수준을 찾는 수밖에 없다. 너무 보편적이지도 않고, 너무 구체적이지도 않은 적당한 표현을 찾아 사용한다. '적당한 수준'이 막연하게 느껴지더라도 다음 두 가지 원칙만 명심한다면 쉽게 찾을 수 있을 것이다.

· 예, 근거, 설명은 구체적이고 뚜렷하고 생생한 언어로 진술해야 설득력이 높다.
· 보편적인 원칙, 가치, 가정은 보편적인 언어로 진술해야 설득력이 높다.

4_ 바른 글쓰기

1) 좋은 글짓기의 3 원칙(수사법의 3대원칙)

논술문은 기본적으로 작문의 원칙을 갖추어야 한다. 좋은 글쓰기를 하려면, 통일성 · 긴밀성 · 강조성 등을 고루 갖추어야 한다. 이를 수사법의 3 대원칙이라 한다.

① 통일성

통일의 원칙은 글 소재들이 주제를 중심으로 흐트러짐 없이 통일되어 나타나야 함을 말한다. 통일은 단락 내, 글 전체의 구성에서 공통적으로 적용된다. 단락 내에서는 가능한 한 단일하고 명확한 소주제가 되게 통일시켜야 하고, 글 전체에서는 다양하면서도 조화있는 짜임새가 되도록 하는 것이 중요하다.

② 긴밀성

긴밀의 원칙이란 글의 연결이 토막 나지 않고, 전체가 긴밀하게 짜여 있음을 말한다. 단어와 단어사이, 구와 구 사이, 문장과 문장 사이, 단락과 단락 사이가 무리 없이 자연스럽게 연결되어 있어야 좋은 글이 될 수 있다. 연결 방법은 명시적인 방법과 함축적인 방법이 있다. 명시적 방법은 접속사 · 접속부사 · 대명사 · 명사 · 형용사 등 외형적으로 드러난 말에 의하여 연결되는 방법이고, 함축적 방법은 연결어는 보이지 않고 내용상으로 연결되는 방법이다.

③ 강조성

강조의 원칙이란, 같은 내용의 글이라도 효과적인 표현을 위해 여러 가지 방법을 강구하는 것을 말한다. 강조의 방법에는 분량, 위치, 표현기교 등으로 행하는 것이 일반적이다.

· **분량에 의한 강조** : 강조하고 싶은 내용에 관해서는 상세하게 그리고 많은 진술을 하는 방법이다.

· **위치에 의한 강조** : 글의 핵심이 되는 말을 어느 위치에 두느냐(대체로 첫머리와 끝부분에 중요한 내용의 글을 둔다)의 고려이다.

표현기교에 의한 강조 : 수사상의 여러 가지 장치, 이를테면 반복법 · 과장법 · 대구법 등을 사용하여 효과 있는 표현이 되도록 하는 것이다.

2) 올바른 문장과 문단 쓰기

① 문장 바르게 쓰기

· **문장 성분 간의 호응 여부 따져 보기** : 주어와 서술어, 목적어와 서술어 간의 호응, 시제의 호응, 높임법의 호응, 조사의 호응 여부 등을 들 수 있으며, 문장의 짜임에 매우 큰 비중을 차지한다. '벨바텀 슬헥스는 종(bell)의 형상을 응용해서 만들었다' 의 예문이 바른 문장인가?

· **수식어와 피수식어와의 관계 따져보기** : "옷을 잘 입는 친구의 언니가 내 옷을 골라주었다" 의 예문에서 수식의 대상이 분명한가?

· **애매성 표현의 여부 따져 보기** : 우리말에 흔히 쓰이는 부정문, 문장 부호등이 정확하게 사용되었는지, 두 개 이상의 의미를 지닌 단어 혼용했는지 등을 살펴보아야 한다. "나는 슈트를 안 입었다." 라는 말은 "슈트를 입은 사람이 내가 아니고, 다른 사람이라는지. 내가 입은 옷이 슈트가 아니라, 다른 옷이라는 의미인지, 나는 슈트를 입지 않고, 들고 있었다는 뜻인지 등으로 부정의 범위가 주체, 대상, 행위를 각각 한정할 수 있어 여러 의미를 가지므로 부정어 사용은 특히 명확하게 사용해야 한다.

· **어휘의 적절성을 따져 보기** : 어휘 간의 유기성을 지니는지, 유사 의미의 단어가 겹치

지 않는지를 밝혀 보아야 한다. "우리는 교복을 튼튼하고 간편한 형태로 만들어야 한다."는 문장에서 교복을 천으로 만들기 때문에, "튼튼한" 보다는 '질기고' 가 더욱 적합하다 할 수 있다.

· **문장 확장에서 정확성 여부를 밝혀보기** : 단어와 문장을 접속할 때 어법에 맞는지를 확인해야 한다. 'A와 B가 서울로 갔다.' 라는 문장에서, 두 사람이 각각 서울로 갔는지, 함께 갔는지가 분명하지 않다.

· **구어 번역체 문장, 상투적 관용어의 겹침** : "나에게는 진실한 사랑만이 행복의 조건이라고 생각한다."는 "나는 진실한 사랑만이 행복의 조건이라고 생각한다."로 고쳐야 한다.

② 문단 바르게 쓰기

동일한 내용의 여러 문장이 모여서 문단을 이루게 된다. 문단을 너무 짧게 구성하면 산만하고, 너무 길게 구성하면, 내용을 이해하기 어렵다. 따라서 적정한 분량의 문장으로 문단을 구성하는 것이 바람직하다. 동일한 내용의 문장이 너무 많을 경우에는 이들 세부 내용에 따라 나누고, 문단이 너무 짧을 경우에는 논술문의 전체로 볼 때, 비슷한 문단끼리 모아서 한 문단으로 묶어주는 것이 좋다.

문단 나누는 방법은 반드시 줄을 바꾸고, 문단의 첫 글자는 한 글자 들여 쓰는 것이 원칙이다. 바꾸어 말하면, 문단으로 나누지 않을 경우에는 문장의 줄을 바꾸지 말고, 한 줄에 연달아서 서술하는 것이 바람직하다.

5_ 논설문 작성의 실제

일반적으로 논설문은 서론, 본론, 결론으로 구성된다. 이들 각 부분에 어떤 내용을 어떻게 제시하는지 알고, 글을 전체적인 면에서 체계적으로 써야 한다. 그리고 서론, 본론, 결론 쓰기 방식으로 작성된 남의 글을 읽어보는 것이 논술 쓰기의 좋은 훈련이 된다. 논제에 따라서 효과적인 구조를 생각해서 작성하는 것이 바람직하다

1) 논제 정하기 또는 주어진 논제 파악하기

논술 쓰기의 출발점은 논제를 본인이 정하거나 주어진 논제를 파악하는 것이다. 본인이 무

엇에 대해 논술을 쓸 것인지, 혹은 주어진 논술 문제의 중심 과제가 무엇인지를 정확하게 파악해야 한다. 논제가 불분명하거나 부정확하면 결국 애매하게 되어 논점이 흐려지게 된다.

2) 개요 작성

논술을 본격적으로 쓰기 전에, 논제를 분석하고 중심 주제를 설정하고 내용을 개략적으로 적은 글을 '개요서' 라고 한다. 논술의 작성과정에서 논점에서 벗어나지 않고, 전체적인 글의 짜임새가 균형을 이루고, 내용상 논리적으로 일관성 있게 작성하기 위해서는 개요서를 작성하는 것이 편리하다.

주제문의 작성, 자료의 수집, 자료의 검토와 선택, 구성의 방법 결정, 개요 짜기의 순서로 이루어지는 개요 작성방법에 대한 꾸준한 연습이 필요하다. 때로는 논술문 쓰기와는 역순으로, 주어진 글의 개요를 간추려 보고 평가하는 방법도 생각해 볼 수 있다.

3) 논증의 과정과 논거의 제시

어떤 주제에 대해 자기의 의견이나 주장을 타당한 논거를 들어 논리적으로 전개하는 글이 논술임을 지속적으로 강조해 왔다. 논술에서 논증의 과정과 논거의 제시는 가장 핵심적인 요소이다. 제시한 논지가 보편성과 타당성을 획득하기 위해서는 그 도출 과정, 즉 논증의 과정이 적절해야 하며, 구체적이고 풍부한 논거로 뒷받침되어야 한다.

연역법, 귀납법, 변증법과 같은 추론방법의 원리를 이해하고, 실제 논술에서는 적절한 논증을 적용해야 한다. 또한 시간적 순서나 공간적 배열, 인과관계, 예시, 정의, 비교, 대조, 분류 등의 방법으로 적합한 논거를 제시하여 중심 내용을 뒷받침해야 한다. 특히 논거를 제시할 때는 다양하고 구체적인 논거를 제시해야 한다.

논증의 과정과 논거의 제시를 잘하기 위해서는 논리적 사고력, 창의적 사고력, 반성적 사고력을 길러야 한다. 기본적으로 학생들이 스스로의 배경 지식을 확충해야 하며, 지식이나 이해뿐만 아니라 분석, 응용, 종합, 평가 등의 수준 높은 사고력을 길러야 할 것이다. 또한 글쓰기를 부담스러워 하는 학생들로서는 다양한 논제로 토론의 기회를 자주 가지는 것도 '반성적 사고력' 을 기르는 하나의 방법이 될 수 있다.

4) 문장 표현과 문단 구성

맞춤법, 띄어 쓰기, 어휘력 늘이기, 바른 문장 및 문단쓰기, 주어와 술어 일치시키기, 균형 있는 글의 짜임새 등은 국어과 또는 교양과목에서 기초적으로 기를 능력이다.

5) 서론, 본론, 결론 구성하기

① 서론 쓰기의 여러 방식

· **시사적인 사례 들기** : 최근에 일어난 사건이나 시사적인 자료를 인용하면서 독자의 관심을 끌 수 있으므로, 시사적인 사회 문제와 관련된 주제로 글을 쓸 때 효과적이다.

· **인용하기** : 속담이나 격언, 고사성어, 옛 이야기나 우화 등을 인용하면서 글을 시작하기도 한다.

· **개념 정의** : 논의할 주제와 관련된 핵심개념이나 용어의 정의를 내리면서 주제를 부각시키는 방식을 적용하기도 한다.

· **비판하기** : 반대 견해나 받아들이기 곤란한 일반적인 통념 등을 비판하면서 시작하는 방식이며, 논쟁적인 내용의 논술문을 작성할 때 적용한다.

② 본론 전개의 여러 가지 방식

본론을 작성하는 기본은 사고의 체계적인 전개, 논리적 사고의 전개, 사고의 발전적 전개이다.

· **찬반논쟁 유도하기** : 어느 한 쟁점이 되는 사항에 대해 찬반의 견해를 묻는 유형의 문제에서는 본론의 주된 내용은 논거의 제시가 된다. 본론은 '논거1, 논거2, 논거3' 과 같은 방식으로 구성된다. 이 때, 한 논거를 두 문단으로 나누어 제시하거나, 한 문단 안에 차원이 다른 두 개 이상의 논거를 제시하는 것은 바람직하지 않다. 각 문단의 논거 제시 방식이 같거나 비슷해야 하며, 자기 논거만 제시하지 말고 반대 논거에 대한 비판 · 반박을 함께 하는 것이 효과적이다.

· **원인분석, 대책제시하기** : 어떤 문제에 대해 그것의 실태와 원인, 그리고 대책을 제시하는 유형의 문제에 적합하며, 본론의 주 내용은 원인규명과 그 원인에 따른 대책의 제시와 같은 것이다. 본론은 원인 분석 대책 제시로 구성된다. 이 때, 실태 및 문제점은 서론이나 본론에서 다룰 수 있고, 대책이나 해결책이 결론에 들어갈 수 있다. 유의할 점은 원인분석이 철저하고 과학적이어야 하며 피상적이거나 편견에 따른 것이어

서는 안 된다. 원인을 분석할 때에는 관점이나 분야를 나누어서 생각하는 것이 좋다. 대책은 원인에 따른 것이어야 하고 일 대 일 대응이 되어야 한다.

· **변증법적 종합하기** : 어떤 문제에 대해 두 개의 서로 대립되는 견해가 존재하나, 항상 두 측면이 존재하고 있어 어느 한쪽만이 옳다고 말할 수 없고, 양 측면을 동시에 고려하여 종합적인 사고를 해야 하는 문제인 경우에 적합하다. 본론은 한 관점을 옹호, 상반된 논리의 도입, 모순의 종합, 새로운 결론 도출로 구성된다. 이 때, 반드시 대안이나 새로운 결론을 제시하여야 하며, 두 견해를 소개, 설명하는 차원에 그쳐서는 안 된다. 그리고 "서로 양보해 조화로운 사회를 만들어야 한다"와 같이 막연한 절충에 그쳐서는 안 되며, 변증법적 지양의 의미가 드러나게 해야 한다. 즉, 두 입장의 장점을 취해 보다 나은 단계로 나아가야 한다. 그리고 새로운 관점을 끌어낼 독자적인 기준이나 판단 근거에 대한 사고가 필요하다.

· **설명-예증-논평-전개** : 어떤 생각을 담은 문구를 제시하고, 그 문구에 담긴 의미를 자기 나름대로 해석하라는 문제에 적합하며, 논평 대상이 되는 말(또는 인용문)에 담긴 의미를 해석한 뒤, 예들을 통해 구체화시키고, 자신의 생각을 덧붙여 확대한 의미를 간결한 문장의 형태로 논평하는 경우에 쓸 수 있다.

③ 결론 쓰기의 유의점

결론 쓰기의 중요한 정신은 명료하게 종합하는 태도, 논리적 사고의 전개이다

· 결론은 본론에서 전개해 온 논증의 필연적인 귀결이어야 한다.

· 앞의 내용을 단순히 반복해서 표현할 것이 아니라, 종합적으로 압축하는 표현이어야 한다.

· 상식적이고 내용 없는 결론으로 끝맺지 않도록 한다.

· '여하튼', '좌우지간'과 같은 어휘는 자신의 논리 전개를 스스로 부정하는 인상을 주므로, 이런 어휘를 사용해서는 안 된다.

· 전망이나 우려, 제안, 평가와 같은 내용은 필요에 따라 덧붙일 것인지를 결정한다. 이렇게 생각을 확대하는 것은 주어진 문제가 보다 광범위한 어떤 전체 속에 편입될 수 있다는 사실을 논술문 작성자가 분명히 깨닫고 있음을 보여줄 수 있다는 점에서 의의가 있다.

· 결론의 생략, 억지로 만든 결론, 진부한 결론, 본론을 새삼스럽게 반복하는 결론, 갑자기 만든 결론, 부분적인 결론 등을 바람직하지 못하다.

▶ **활동 5 - 1** : 자유로운 짧은 글쓰기(주제, 형식, 분량 제한 없음)

▶ **활동 5 - 2** : 논술문 쓰기(주제, 분량 제한 없음)

제6장

의상분야의 논문은 어떻게 작성해야 하나?

논문은 연구 주제의 세부 연구문제에 대해 논리적, 비판적 및 창의적 사고를 집결하여 연구문제에 따라 각각에 논지(주장)를 펴고, 이에 대해 합당하고 올바른 근거와 이유를 세세히 열거하여 논증하는 글이다.

대학의 다수 의상관련 학부에서 졸업자격으로 논문을 작성하여 제출하도록 하고 있다. 논문은 연구 보고서이므로, 논문 작성을 위해서는 연구가 선행되어야 한다. 연구를 어떻게 할 것인가에 대한 교육내용은 방대하여 '의상관련 분야의 연구방법론' 등의 독립된 교과목에서 교육이 행해지고 있다. 그러므로 본 장에서 논리적 사고 및 논술 쓰기를 중심으로 하여, 논문의 작성과정 순서를 개략적으로 살펴보겠다. 따라서 의상관련 연구 및 논문 작성에 대한 상세한 내용은 의상관련 연구 방법에 관한 전문서적을 참고하기 바란다.

1. 의상분야 연구는 어떻게 수행해야 하나?

1_ 논문의 의미와 연구의 과학적 접근

1) 의미와 종류

논문(論文)의 넓은 의미는 '어떤 것에 관해서 체계적으로 자기 의견이나 주장을 적은 글을 말하며, 그 체계는 대개 서론, 본론, 결론의 세 단계이다.' 로 정의된다. 좁은 의미로는 '어떤 문제에 대한 학술적인 연구 결과를 체계적으로 적은 글', 즉 연구 보고서를 말한다. 이와 같이 연구와 논문은 동의어가 아니지만, 본 장에서는 논문을 작성하려면 연구가 선행되어야 하므로, 연구(논문)와 같이 사용하고자 한다.

논문은 주로 '대학에서 학위 취득을 위한 학문적 연구' 로 이해되고 있으나, 사회나 직장 등에서 어떤 사안에 대해 의견을 체계적으로 적은 글인 제안서(proposal)도 넓은 의미의 논문으로 볼 수 있다. 따라서 졸업논문 작성을 위해서는 물론이며, 학생들이 졸업 후 사회나 직장생활에서 논리적인 제안서를 제출하기 위해서도 논문작성 능력을 개발할 필요가 있다.

논문은 학술논문과 비평논문으로 대별된다. 학술논문은 학문상의 연구결과를 논술하며, 주로 사실의 참과 거짓을 이론적으로 논증하는 글이며, 졸업논문, 학위논문, 연구논문 등이 이에 속한다. 비평논문은 사회전반의 각 분야에 걸친 시사문제에 대해 비평하며, 주로 가치의 유무(有無)를 따져서 자기의 주장을 적극적으로 밝히는 글이며, 문예시평, 사회시평, 정치시평, 경제시평 등을 비롯하여 사설(社說), 칼럼 등이 이에 속한다.

2) 연구(논문)는 과학적으로 접근해야 한다.

연구(논문)는 과학적으로 접근해야 한다. 일반적으로 과학이라 하면, 사람들이 자연과학으로 인식하는 경향이 있다. 그러나 연구 대상에 상관없이 객관적 측정을 통하거나, 문헌연구에서 문헌으로부터 추출한 자료가 논지를 지지할 수 있으면 과학적이라 할 수 있다. 즉 어떤 연구 영역에서든지 과학적으로 접근했을 때, 이를 연구라 할 수 있다. 그러면 과학적으로 접근한다는 것은 어떻게 하는 것인가? 연구를 체계적으로, 객관적으로 행해야 하며, 측정한 결과를 신뢰할 수 있고, 명료하고, 포괄성이 있을 때 과학적인 연구라 할 수 있다. 따라서 연구를 행할 때는 아래와 같은 요건을 갖추도록 노력해야 한다.

① 체계성

어떤 세탁방법이 가장 효율적인지 알고자 할 때, 세탁성에 영향을 미치는 요인들을 우선 살펴보아야 한다. 여러 참고문헌들을 살펴볼 때 세탁 물 온도가 크게 영향을 미칠 것으로 예상된다면, 세탁 물 온도가 세척에 어떻게 영향을 미치는지 실험을 해 볼 수 있다. 즉, 물 온도를 달리한 몇 개의 조건하에서 세탁실험을 행해야 한다. 세탁의 물 온도에 따른 영향을 명확히 알기 위해서는 온도만 달리하고, 다른 요인들, 즉 세제 종류, 세액의 농도, 옷감 종류 등은 동일하게 하여 통제해야 한다. 이와 같이 세탁 물 온도의 영향력을 체계적으로 살펴봄으로써 원인과 결과 사이의 규칙성을 규명할 수 있으며, 이 때 이들 변수들 사이의 관계가 과학적 이론이 된다.

② 객관성

측정의 객관성이 과학적 접근의 중요한 기준이 된다. 측정하고자 하는 변수가 무엇이든(예: 세척률, 온열감, 유행에 대한 관심, 의복의 맞음새 등) 이들이 객관적으로 측정되지 못하면 과학적 연구가 될 수 없다. 어떤 길이를 정확하게 측정하려면, 정확한 자가 필요한 것과 마찬가지로, 어떤 현상을 정확하게 측정하기 위해서는 검증된 객관적인 측정도구를 사용해야 한다. 그러므로 여러 연구자들이 측정의 객관성을 높이기 위해 다양한 측정도구들을 개발해 왔으며, 앞으로도 지속적으로 보완하게 될 것이다. 자연과학 분야에서는 정확하고 객관적인 측정을 위한 기기가 계속 개발되고 있으며, 사회과학 분야에서도 타당도와 신뢰도가 높은 설문지를 개발하는 등으로 객관적 측정을 위한 척도를 개발하고 있다. 따라서 과학적인 연구를 행하기 위해서는 검증된 객관적인 측정도구를 사용해야 하며, 그렇게 함으로써 객관성이 높은 연구결과를 얻을 수 있다.

③ 실증성

과학적 연구가 되기 위해서는 실증이 가능해야 하며, 실증될 수 없는 추상적 내용은 연구의 대상이 되지 못한다. 예를 들어, 단군시대 복식을 연구하고 싶다 하더라도 실증할 수 있는 자료가 전혀 없다면 연구는 불가능하다. 또한 추상적 개념이 연구의 변수가 될 때는 이를 실증 가능하도록 조작화 하는 과정이 필요하다. 예를 들어, '혁신' 이라는 개념은 매우 추상적이어서 실증이 불가능하므로, 제품의 혁신성, 소비자의 혁신성 등으로 실증이 가능한 변수로 변환해서 연구를 행해야 한다.

④ 신뢰성

과학적 접근의 기준에 맞게 진행된 연구 결과는 반복 연구될 때에도 동일한 결과가 나오기 마련이다. 만약 반복 연구했을 때의 결과가 일관성이 없다면, 과학적으로 연구하지 못하거나 우연에 의해 얻어진 결과일 가능성이 높다. 따라서 신뢰성은 과학적 연구인지를 판정하는 기준이 된다. 그리하여, 논문의 연구방법 및 절차 부분에서 연구방법을 상세히 서술하는 것은 다른 사람이 이와 같이 해 보아도 결과가 같을 것이라는 암시가 담겨 있어, 본인의 연구가 신뢰성 있음을 간접적으로 나타내는 것이다.

⑤ 명료성

연구를 과학적으로 접근하기 위해서는 변수로 선정된 요인들의 개념을 명확하게 해야 한다. 보는 관점에 따라서 다양하게 이해되는 모호한 개념은 객관적으로 측정하기 어려워서 신뢰도가 낮다. 그러므로 과학적 연구를 위해서는 변수들의 개념을 명확하게 규정해야 한다. 개념이 명확해야 객관적이고 타당한 측정이 가능하며, 측정이 객관적이고 타당하게 이루어져야 신뢰성 있는 결과를 얻을 수 있다. 예를 들면, 의복의 쾌적성이라는 개념은 모호하여 사람들마다 다른 정의를 내릴 수 있다. 따라서 연구를 위해서는 적정 피부온을 유지하는 상태이거나 의복착용자의 주관적 온열감 등으로 명확하게 규정해야 한다.

⑥ 포괄성

연구에서 얻은 결과가 보편성 있는 결과임을 의미하며 일반화라고도 한다. 과학적 이론이나 법칙은 보편적인 상황에 적용되어야 하며, 매우 특수한 상황을 대상으로 한 연구는 과학적 이론으로서의 가치가 낮다. 예를 들어, 연령과 피복비 지출과의 관련성 연구에서, 조사 대상자로 10대와 20대를 선정했다면, 그 결과는 10대와 20대의 비교에 한정되어 연령에 따른 보편적인 결과로 되기에는 부족하다. 그러나 10, 20, 30, 40, 50, 60, 70 대 등 각 연령대에서 조사대상자를 표집했다면, '연령이 높아짐에 따라 피복비 지출이 감소하는 경향을 보였다' 등으로 일반화할 수 있어, 포괄성이 높아 좋은 논문이라 할 수 있다. 실제로 연구를 수행할 때는 시간, 인력, 경비 등의 제약으로 인해, 부득이 변수의 특정한 범위, 또는 특정한 상대를 대상으로 연구를 수행하는 경우가 많은데, 이러한 연구의 결과는 특정 대상에 한하여 고찰되어야 하며, 전체에 일반화하는 것은 바람직하지 못하다.

3) 과학적 접근의 결과(연구 결과물)

과학적 접근의 기준에 맞게 진행한 연구의 결과들은 어떤 현상을 정확하게 기술하거나, 현상의 규칙성을 발견하거나, 이론과 법칙을 정립할 수 있다.

① 현상에 대해 정확하게 기술할 수 있다.

예를 들어, '한국 여대생들의 선호색은 무엇인가, 한국 노인의 체형은 어떠한가?' 등에 대한 연구결과는 '한국 여대생들의 선호색은 ○○○색이다, 한국노인 체형은 ○○○하다' 등으로 어떤 현상 또는 현재 상태를 기술할 수 있다.

② 규칙성을 발견할 수 있다.

예를 들어, 한국 여대생들의 선호색은 ○○○인데, 왜 그 색을 선호할까? 등과 같이, 현상을 일으키는 원인을 규명함으로써, 연구 결과에서 규칙성을 밝힐 수 있다. 이와 같이, 변수들 간의 관련성을 밝힐 수 있으면, 현상을 일으키는 요인을 설명할 수 있고, 이를 바탕으로 하여 조건을 변화시키면 어떤 결과가 나올 것이라는 예측이 가능해진다. 따라서 현상에 대해 설명하는 연구 결과보다는 연구 결과물이 변수들 간의 규칙성을 발견할 수 있는 연구가 높은 차원의 연구라 할 수 있다.

③ 이론과 법칙을 정립할 수 있다.

연구문제를 발견하고 과학적 접근방법에 따라 진행한 연구의 결과들 중에는 이론과 법칙을 정립하여 지식 체계를 형성하기도 한다. 체계화된 지식이 학문이므로, 연구의 결과는 학문의 축적에 기여하게 되는 것이다. 어떤 연구 결과물이 이론이나 법칙을 정립했다면, 매우 높은 차원의 연구라 할 수 있다.

이상과 같이 과학적 접근의 결과가 연구방법 등에 따라 다르게 산출되므로 가능한 한 높은 차원의 연구 결과를 얻을 수 있도록 연구계획을 세우고 연구를 추진하도록 노력해야 한다.

2_ 연구보고서(논문)의 형식

연구보고서(논문)의 형식은 연구 유형에 따라 다소 차이가 있으나, 의상관련 분야에서 많이 사용되는 실증적 연구는 일반적으로 'Ⅰ. 서론, Ⅱ. 문헌조사(이론적 배경), Ⅲ. 연구방법 및 절차, Ⅳ. 결과 및 고찰, Ⅴ. 결론'의 기본적인 틀을 가진다. 문헌연구나 사례연구는 이와 약간 다르게 구성되기도 한다.

논문의 세부 형식은 학위논문일 경우에는 소속대학의 학위논문 작성 지침에 맞도록 작성해야 하며, 학술지 투고 논문은 학술지에서 요구하는 형식에 맞추어야 한다. 그 밖에 산학협동연구 결과 등은 연구수행의 목적과 연구결과를 활용할 사람들에게 적합하도록 구성되어야 한다.

연구보고서의 일반적인 형식인 'Ⅰ. 서론, Ⅱ. 문헌조사, Ⅲ. 연구방법 및 절차, Ⅳ. 결과 및 고찰, Ⅴ,결론'의 각 부분에 기본적으로 구성되어야 할 내용을 정리해 보면 다음과 같다.

Ⅰ. 서론

서론은 그 연구를 '왜' 하는지 밝히는 부분이다. 즉, 연구의 정당성을 밝히고, 연구의 독자성과 가치를 주장해야 한다. 따라서 서론은 대개 연구의 배경 및 필요성, 의의, 연구의 목적, 연구문제의 서술, 연구의 체계 등의 내용으로 구성된다. 이들 내용을 소제목으로 적절히 활용하여 각 단계별로 별도의 단락을 만들어 구성하고, 내용이 산만하지 않게 서술하도록 한다. 한 문장이 한 단락이 되지 않도록 하고, 단락의 내용이 과다할 때에는 단락을 나누고, 각 단락의 주제가 차별화 되도록 구성한다. 서론의 끝 부분에서는 연구하고자 하는 내용을 분명하게 제시해야 한다.

Ⅱ. 문헌조사

문헌조사의 기능이나 문헌조사가 차지하는 중요도에 따라, 문헌조사, 이론적 배경, 문헌고찰, 이론적 연구 등의 용어로 사용될 수 있다. 즉, 문헌조사가 연구문제의 도출이나 가설의 설정 근거를 보여주고자 할 때에는 이론적 배경이 적절하며, 선행연구들을 연구자의 관점에서 체계적으로 정리, 비교 검토한 경우에는 문헌고찰이 적절하다. 문헌조사 자체가 연구문제 중의 하나일 경우, 문헌을 통해 연구문제의 해답을 얻고자 한 것이기 때문에 이론적 연구라 할 수 있으며, 이에 대한 연구 결과를 제시해야 한다. 이론적 연구는 실증적 연구를 위한 모형 제시와 같은 연역적 연구에서 흔히 사용된다.

실험실 실험연구에서는 문헌조사가 독립되어 서술되지 않는 경우가 많다. 왜냐하면 실험과 직접 관련된 최근의 연구들이 서론부분에서 연구의 필요성이나 연구내용을 밝힐 때 대개 상세히 소개되고, 이를 뒷받침하는 이론은 교과서적인 내용이므로 연구보고서에서 이를 다시 소개할 필요가 없기 때문이다. 문헌연구의 경우, 연구의 전 과정이 문헌조사이므로 '문헌조사' 를 별도로 두지 않으며, 연구 절차, 결과 및 논의 등 체제를 두지 않고, 연구 내용을 제목으로 제시하는 것이 일반적이다.

Ⅲ. 연구방법 및 절차

이 부분에서는 연구가 어떤 과정으로 진행되었는지 구체적으로 적어야 한다. 문헌조사의 결과물로 얻은 가설이나 연구문제 혹은 연구모형을 확실히 제시하고, 조사대상과 연구하는 개념의 조작적 정의, 사용 척도, 자료수집 및 분석방법 등에 대해서, 다른 사람들이 반복실험을 따라 할 수 있을 만큼, '무엇을, 어떻게' 했는지를 상세히 밝혀야 한다.

조사연구는 실험실 실험과 같이 표준화된 도구를 사용하는 것이 아니기 때문에 측정도구와 연구 결과에 차이를 가져올 수 있는 표본추출과정 및 표본특성에 대해서 충실히 설명해야 한다. 실험실 연구에서는 시료 및 시약, 장비, 실험시간 및 반복횟수, 실험 환경조건 등을 통례에 따라 구체적으로 제시해야 한다. 문헌연구에서는 연구대상, 자료, 연구방법과 절차를 서론 부분에서 언급하는 경우가 대부분이다.

Ⅳ. 결과 및 논의

자료를 통하여 현상을 기술(記述, describe)하고, 자료로부터 변수 사이의 관련성을 밝히며, 일반적으로 통계분석 과정을 통해서 모집단의 상황을 추리하는 과정이다. 통계분석은 양으로 표시된 것에 대해 해석하는 것이 중요하다. 이론적 근거 또는 선행연구와의 비교검토를 통해 연구결과의 의의를 해석하고, 이를 기존 이론의 틀에 맞추어 결론을 내리는 과정이 잘 이루어져야 좋은 연구라 할 수 있다. 문헌조사에서 습득한 연구 분야에 대한 폭넓은 지식이 유용하게 사용된다.

V. 결론 및 제언

이 부분에서는 연구 결과를 추상적 개념의 수준으로 일반화시킨다. 따라서 결론은 연구문제에 대한 해답이라고 할 수 있다. 또한 학문적 입장에서 후속연구를 위한 제언과 실용적 입장에서 결과의 활용을 위한 제언도 서술하도록 한다.

VI. 참고문헌

참고문헌은 번호 없이 '참고 문헌' 이라고 적는다. 대개는 연구에 참고한 책들이 많기 때문에, 이들 중에서 논문에 인용된 문헌들만 정리하는 것이 일반적이다. 참고문헌 정리방법에는 각주방식, 후주방식 및 APA 방식(American Psycho -logical Association에서 규정한 방식)이 있다,

각주방식은 쪽 아래 주(註)를 붙여 문헌을 밝히는 방법이며, 연구의 주된 자료가 문헌으로부터 얻어지는 문헌연구에서 주로 사용된다. 후주방식은 본문에는 저자명 위에 어깨번호를 붙여 문헌을 표시하고, 보고서 뒤에 번호별로 문헌의 서지사항을 기록하는 방식이다. APA 방식은 1928년 미국의 인류학과 심리학 학술지 편집자들이 함께 만들어 사용하기 시작한 이래로, 최근까지 개정을 거듭하며 정착된 방식이다. 현재 많은 학문영역에서 APA 방식을 채택하고 있으며, 의상관련 분야에서도 국제의류학회(ITAA)의 'Clothing and Textiles Research Journal' , 한국의류학회의 '한국의류학회지' 등 많은 학술지가 채택하고 있다. 따라서 학생들도 APA 방식에 의거하여 참고문헌을 정리하는 것이 바람직하다고 생각한다.

3_ 의상분야 논문작성 계획

1) 의상관련 학문의 연구 개념

연구는 현상에 대한 의문으로부터 출발한다. 의상관련 학문 분야의 연구는 의복, 패션이라는 구체적인 대상을 중심으로, 이와 관련된 현상에 대한 의문으로부터 출발한다. 의상과 패션을 대상으로 하여 나타나는 현상 중에는 자연적 현상, 사회적 현상 및 예술적 현상 등이 복합적으로 공존하고 있다고 볼 수 있다.

따라서 의상관련 학문분야의 연구는 과학적 문제해결이라는 연구의 기본을 따르면서 연구내용의 특성에 따라, 패션소재, 패션물자 관리 및 정리, 복식염색, 인간과 환경 등의 분야는 대개 자연과학적 연구방법을, 복식사, 패션마케팅, 패션심리학 등은 사회과학적 연구방법을, 텍스타일디자인, 패션디자인, 패션공예, 매장연출 등은 예술 창작적 방법을 각각 적절하게 선택하여 연구를 행하게 된다. 그러나 연구문제가 이들 영역을 포괄하고 있을 경우에는 연구방법을 통합적으로 사용해서 연구를 행해야 한다.

의상관련 학문 분야의 연구는 논문(연구)이 갖추어야 할 기본적 요건을 갖추어야 하며, 연구문제의 성격에 따라 자연과학적, 사회과학적, 조형예술적 연구방법으로 연구문제에 대한 해답을 구하도록 해야 한다.

2) 논문작성 계획

① 논문작성 과정

제1단계	개괄적인 연구 분야 설정(논문에 대한 이해, 논문 파일 생성)
제2단계	선행연구물 조사 분석(연구 주제 탐색)
제3단계	연구 주제 설정(Ⅰ.서론 작성)
제4단계	문헌조사(이론적 배경) (Ⅱ.문헌조사(이론적 배경) 작성)
제5단계	연구방법 및 절차 설계(Ⅲ.연구방법 및 절차 작성)
제6단계	결과 자료 처리 및 분석(Ⅳ.연구 결과 및 논의 작성)
제7단계	(Ⅴ.결론 및 제언, 참고문헌 작성)

〈그림 6-1〉 연구과정의 개괄적인 단계와 각 단계별 수행할 사항

논문작성이 쉬운 일은 아니지만, 많은 학부학생들이 너무 어렵게 생각하는 경향이 있다. 이는 연구를 수행하는 것을 어려워하기 때문이라 생각된다. 연구를 어떻게 수행할 것인가에 대해서는 일반적으로 연구방법론의 교과목에서는 다루고 있다. 그래서 본 장은 학생들이 논문작성을 쉽고도 논술적인 측면에서 접근할 수 있도록 논문 작성의 개괄적인 순서를 제시하고 각 단계를 수행하는데 요구되는 최소한의 내용을 제시하여 이를 이해하고 실행할 수 있도록 편성하였다. 연구과정의 개괄적인 단계와 각 단계별 수행할 사항들을 〈표 6-1〉과 같이 도식화해 보았다.

② 논문 형식 작성

종래에는 연구를 완료한 후에 보고서를 작성하는 것이 일반적이었다. 그러나 근래에는 컴퓨터가 보급됨에 따라, 미리 논문 형식의 파일을 만들어 놓고 연구를 진행해 가면서 각 부분을 구성해 나갈 수 있어 매우 편리하다. 이러한 방법은 연구를 원활하게 진행할 수 있으며, 보고서 작성도 수월하여 보고서의 체계성을 갖추는 데도 도움이 된다.

먼저 졸업논문관련 파일을 하나 만들어서, '겉표지, 속표지, 학위 인준서, 목차, 표 목차, 그림 목차, Ⅰ. 서론, Ⅱ. 문헌조사(이론적 배경), Ⅲ. 연구방법 및 절차, Ⅳ. 결과 및 고찰, Ⅴ. 결론 및 참고문헌' 의 순으로 논문형식을 구성한다. 논문의 겉표지, 속표지에는 논문의 제목, 소속 학교 및 학과명, 연구자 성명, 지도교수 성명 등의 기재 순서, 글자크기, 글자체, 줄 간격, 여백 주기, 종이 크기 등을 재학 중인 대학의 대학원 학위논문 관련부서의 규정에 따라 작성한다.

이와 같이, 논문 형식을 일단 포맷(format)해 놓고, 연구를 진행해 가면서 각 부분에 내용을 기록해 가도록 한다. Ⅰ. 서론, Ⅱ. 문헌조사, Ⅲ. 연구방법 및 절차 부분은 실제적인 연구가 행해지기 전에 행하는 연구 설계에 해당되므로, 이들 부분을 미리, 확실하게 적성해 두면, 연구 진행이 빠르고 시행착오도 줄일 수 있다. 그러나 미리 작성한 서론부분이나 연구방법 등이 연구를 진행하면서 지속적으로 수정보완 된다면 더욱 좋은 논문을 작성할 수 있다.

이와 같이, 연구 진행과 함께 연구보고서(논문)를 작성해 나가다 보면, 연구가 완료될 즈음에는 논문작성도 거의 마무리 될 것이다. 논문이 거의 완성되면, 각 부분(겉표지, 속표지, 학위 인준서, 목차, 표 목차, 그림 목차, 서론, 문헌조사, 연구방법, 연구결과 및 고찰, 결론, 참고문헌 등)이 바르게 작성되었는지 세밀하게 점검하여 수정 · 보완하여 논문을 완성한다. 이외에도 석사학위 이상의 학위논문에는 영문초록(본문을 영문으로 작성한 경우에는 국문초록)을 첨부해야 한다.

(3) 연구 분야의 개략적인 설정

의상관련 분야는 매우 광범위하여, 연구문제를 곧바로 설정한다는 것은 막연하고 매우 어려운 일이다. 또한 연구문제의 성격에 따라 연구방법이 다르므로, 구체적인 연구문제를 설정하기 전에 우선 연구 분야를 개략적으로 설정하는 것이 요구된다.

연구 분야를 설정하는 방법으로는 본인이 평소 관심과 소질이 있고, 앞으로 취업하고자 하는 분야를 고려하여 설정하는 것이 바람직하다. 개략적으로 설정한 연구 분야에 속한 교과목을 중심으로 하여 연구 분야의 범위를 좁혀 본다.

다소 좁혀진 연구 분야와 관련된 연구물이 게재된 문헌들을 중심으로 선행연구물들을 검색하여 분석한다. 선행 연구물들을 분석한 결과를 바탕으로 하여, 임시의 연구주제를 2-3개 설정하고, 이들에 대해 연구 주제로서의 요건을 갖출 수 있는지에 대해 검토해 본다.

2. 연구 주제는 어떻게 설정하며, 서론은 어떻게 작성하나?

연구주제를 설정해야 연구를 본격적으로 시작할 수 있다. 연구는 현상에 대해 의문을 갖는 것으로부터 출발하여, 적절한 절차를 거쳐 연구를 진행시킨 후, 연구의 결과를 포함하는 전 과정을 보고서를 작성함으로써 완성하게 된다.

구체적인 연구 주제를 설정하기 전에 우선 연구 분야의 범위를 정하고 이 분야에서 임시의 연구주제를 정한다. 이들에 대해 문헌조사를 행하여, 연구관련 분야의 연구동향, 연구주제에 따른 연구방법 및 도출된 결과 등에 대해 살펴보고, 이들을 바탕으로 하여 연구주제를 구체화하여 확정하게 된다.

연구는 대개 한 개 이상의 연구문제의 해결책을 모색하는 것으로 구성되는데, 이들 세부 연구문제들의 공통적 사항을 연구의 주제로 삼게 되며, 이를 일반적으로 논문의 제목으로 사용한다.

의상관련 분야의 연구 주제는 학문적 구성에 맞추어 다양한 주제로 설정될 수 있다. 연구주제의 설정은 무엇을 연구할 것인가에 대한 결정이므로 실제적인 연구의 시작점이며,

연구의 질에도 영향을 크게 미치므로 가장 중요한 결정에 속한다. 연구 주제에 대한 평가는 세부 연구 문제들이 도출된 이론적 근거, 창의성, 시의성, 수행 가능성 등을 기준으로 행해질 수 있으며, 연구 주제 선정 시 다음과 같은 점에 유의할 필요가 있다.

1_ 연구 주제 설정의 기준 및 개인 특성 고려

1) 연구 주제를 설정하는 기준은 무엇인가?

연구 주제는 연구자의 관심과 흥미에 따라 선정되지만, 연구 주제가 연구의 가치를 결정하는 중요한 부분이므로, 그 선정은 매우 신중하게 이루어져야 한다. 연구주제가 잘 설정되었다고 반드시 훌륭한 논문이 되는 것은 아니다. 연구주제가 잘못 설정된 경우에는 연구과정이 잘 되었다 하더라도 좋은 논문이 되기 어렵다. 연구 주제를 연구 초기에 반드시 설정해야 하는 것은 아니다. 특히 연구의 경험이 적은 경우에는 처음에는 광범위하고 다소 불명확한 연구주제를 임시로 결정하고, 그 주제에 대하여 지속적으로 관심을 가지고 선행연구를 검토하는 과정을 거치면서 연구 주제를 구체화하고 그 세부 연구문제를 확정해가는 것이 일반적이다. 연구문제를 확정하는 과정에서 다음의 사항을 기준으로 삼을 필요가 있다.

① 이론적 근거가 있어야 한다.

연구는 이론적 관심에서 출발할 수도 있고, 실용적 목적에서 출발할 수도 있다. 어떤 경우이든 도출된 연구문제에 대하여 이론적이고 논리적으로 결과를 예상할 수 있어야 함은 여러 차례 강조해온 점이다. 결과의 예상은 변수들 사이의 관련성이 이론적 근거를 가지고 설정되었을 때 가능하다. 연구의 결과가 학문의 축적에 기여하기 위해서는 이론적 근거가 물론 중요하다. 그러나 실용적 목적을 가지고 출발한 연구라 할지라도 연구결과를 일반화시키거나 또는 개념을 추상화시키기 위해서는 이론적 뒷받침이 있어야 한다.

② 창의적이라야 한다.

다른 사람이 이미 한 연구를 또다시 할 필요는 없다. 다른 사람이 하지 않은 연구 주제라야 연구로서 가치를 인정받을 수 있다. 아주 새로운 주제를 설정하는 것이 바람직하나, 연구 활동 경험이 적은 학부학생들이 완전히 새로운 연구주제를 선정하기는 매우 어려운 일이다. 따라서 학생이 설정한 연구 주제와 관련하여 모범적으로 연구를 행한 선행연구물을 참고하여, 연구대상이나 연구방법 등을 새롭게 개척한 주제는 창의적 연구라 할 수 있다. 예를 들어, 성인남성의 동작분석을 행하여 태권도복을 제안한 기존의 연구가 있다면, 근래에는 여성 태권도 인구가 증가하는 추세이며, 체형이나 신체 크기가 남녀 간 차이가 있으므로, 여성의 체형 및 동작 분석을 행하고 이를 바탕으로 한 여성용 태권도 제안에 관한 연구를 기존연구의 연구방법 및 분석방법을 적용하여 연구를 행한다면 독창적인 연구라 할 수 있다.

따라서 독창적인 연구를 행하기 위해서는 개략적인 연구주제를 선정한 후에 이와 관련된 선행연구들을 폭넓게 검색 · 분석하여 선행연구들과는 다른 주제를 설정해야 한다. 그리고 이러한 과정들을 논문의 서론부분에서 서술하여 본인의 연구가 창의적임을 반드시 피력해야 한다. 즉, 연구 주제와 관련된 선행연구들을 열거하고 이들의 분석결과를 제시하고, 본인의 연구 주제에 대해서는 연구된 바가 없음을 분명하게 밝히는 것이 바람직하다.

③ 시의성이 있어야 한다.

시의성이라 함은 연구문제가 시기적으로 얼마나 적절한가 하는 평가이다. 학문의 궁극적인 목적은 인류의 복지향상을 도모하는 것이므로, 특정한 시기에 수행되는 연구들은 그 시점에서 사회의 발전을 위해 중요하다고 생각되는 것들에 집중된다. 특히 응용학문의 경우에 시의성은 더욱 요구되므로, 연구 주제를 선정 할 때 중요시 된다. 예를 들면, 고령인구가 증가하는 추세이므로 이들을 대상으로 한 연구라든지, 환경보존에 대한 관심이 고조되고 있으므로 패션의 환경과 관련한 연구 주제를 설정하는 등이 이에 해당된다. 본인의 연구가 시의 적절함을 서론의 연구배경, 연구의의, 필요성 등의 부분에서 언급할 필요가 있다.

④ 수행 가능성이 있어야 한다.

아무리 좋은 연구주제라도 연구를 수행할 수 없다면 그림의 떡인 셈이다. 처음 주제를 설정할 때는 수행할 수 있을 것 같더라도 수행 중에 여러 가지 어려움이 있어 부득이 연구주제를 바꾸는 경우가 허다하다. 그러므로 연구주제 설정 시에는 수행가능성 차원이 아니라, 본인의 여건에서 수월하게 연구를 진행할 수 있을 것인가에 초점을 맞추어야 한다. 시간적 제약, 경제적 여건, 기기나 도구 등의 사용 가능성, 조사대상자 선정 등 여러 측면에서 따져 보아야 한다. 연구자가 조정하기 어려운 피험자, 조사대상자의 호응여부 등을 특히 고려해야 한다.

⑤ 연구결과의 기여도가 커야 한다.

연구주제 설정 시에 결과를 미리 예측해 보고, 그 결과가 사람들에게 혹은 사회에 얼마나 기여할 것인가에 대해서도 살펴보아야 한다. 의상분야는 응용학문분야 이므로, 생활에 유용하게 적용되는 연구주제를 선택하는 것이 가치 있는 연구를 행하게 되는 것이다.

2) 개인적 특성을 고려한다.

① 본인의 기본 지식, 흥미, 관심, 소질 등을 고려한다.

연구는 기본적인 지식의 바탕 위에 행해지게 된다. 또한 연구 문제를 학생 스스로가 설정하고, 설정한 연구 문제에 대한 해결방안을 창의적으로 모색하고, 실제 해결책을 강구하여 결과를 도출해야 한다. 이러한 과정과 결과를 논리적이고 체계적으로 작성한 보고서가 논문인 것이다.

이런 과정을 원활하게 수행하기 위해서는 관련된 기본 지식을 가지고 있어야 하며, 많은 노력이 요구되는 힘든 과정을 거치게 된다. 일반적으로 기본 전공지식을 많이 가지고 있고, 흥미나 관심이 높으며, 특히 소질이 있는 연구 주제일 경우에는 대개 아이디어도 많이 창출될 것이고, 연구를 수월하고, 즐겁게 진행하므로 연구의 질이 우수할 확률이 높다. 따라서 연구 분야를 선정하기에 앞서서, 학생 자신이 갖춘 전공의 기본 지식, 흥미 및 관심, 소질 등 본인이 즐겁게 연구를 행할 수 있는 연구 주제가 무엇인지를 고려하여 설정하는 것이 바람직하다.

② 가능한 한 졸업 후 진로와 관련 있는 분야를 설정한다.

연구하는 과정에서, 재학 중에 이수한 여러 교과목을 통해 얻은 전공지식이나 실기능력을 적극 응용하게 되므로, 그 분야의 지식 및 능력이 확대 · 개발되고 체계화되는 경향이 높다. 따라서 취업과 관련이 있는 분야의 연구주제에 대한 연구를 행할 경우에 취업 면접 등에서 유리해질 수 있으며, 또한 취업 후의 직무 수행에도 도움이 될 수 있다.

2_ 연구 주제 구체화하기 및 서론 작성하기

1) 연구 주제 구체화하기

연구 초기에는 연구 분야를 개략적으로 설정하고, 이와 관련된 문헌조사 분석 결과 및 학생 개인의 특징 등을 고려하여 연구주제를 구체화한다. 구체화한 연구 주제에 대해서 이론적 근거 유무, 시의성, 독창성, 수행 수월성, 기여도 등의 요건을 점검하여 연구 주제를 임시로 확정한다.

임시로 확정한 연구 주제에 대해서 서론 및 문헌조사 부분을 작성해 본다. 이 과정에서, 머릿속으로 막연하게 생각했던 연구 주제가 무엇인지 다소 명료해지며, 연구할 가치가 있는지도 검토해 볼 수 있다. 이와 같은 과정을 통해서 연구 주제를 다듬고 수정 보완하여 연구 주제를 확정하게 된다.

2) '서론' 작성하기

연구 주제가 결정되면, 컴퓨터 파일에 생성해 둔 논문 형식의 표지에 설정한 논문의 가제목을 적고, Ⅰ. 서론 부분을 구성해 본다.

서론 부분에서는 연구의 배경, 의의 및 필요성, 연구와 관련한 선행연구물 분석, 연구의 목적, 연구문제의 서술, 연구의 구성 등의 소제목들을 활용하거나, 각 단계별로 문단으로 나누어 서술한다. 서론에서 구성할 내용을 빠짐없이 서술하는 방법으로는 아래에 예를 든 바와 같이, 번호와 소제목을 부여하여 서술하여 서론을 완성한 후에, 소제목이 불필요하다고 생각한다면 지우고 문단으로 구성하는 방법을 사용할 수도 있다.

이 때 인용한 문헌은 그때그때 참고문헌 란에 인용한 순서대로 APA 방식에 의거하여 기재해 나가는 것이 효율적이다. 서론의 분량이 정해진 바는 없지만, 학부 졸업논문의 경우, 1~2 쪽이 적당하다.

Ⅰ. 서론

①연구 배경, 의의 및 필요성
(연구의 정당성)

②관련 선행연구(연구의 독창성)

③연구문제(세부내용)

④연구의 목적 및 기여도

〈그림 6-2〉 서론 부분에서 구성해야 할 내용

① 연구 배경, 의의 및 필요성

연구가 왜 수행되어야 하는지에 대한 배경, 의의, 필요성을 여러 참고문헌을 이용하거나, 통계자료를 제시하는 등으로 논리적으로 서술하여, 연구의 정당성을 밝혀야 한다.

② 관련 선행연구

연구와 관련된 선행연구들을 체계적으로 수집하고 이들을 분석하여, 이에 대한 내용들을 제시하고, '선행연구들은 ○○○에 대한 연구들이 대부분이며, ○○○에 대한 연구는 거의 없는 상황이다' 등으로 전개하여, 연구의 독자성, 독창성을 밝힌다.

③ 연구문제(내용) 제시

'이에 본 연구에서는 ○○○에 대한 연구를 행하였다' 등으로 세부 연구문제들을 항목지어 나열하여 명확하게 제시한다. 여기서 서술한 연구문제(내용)들이 일반적으로 연구방법, 연구결과 및 고찰 부분의 소제목이 되므로, 서론에서 작성한 후에 복사하여 연구 방법과 연구결과 및 고찰 부분에 기재하면, 논문의 일관성과 체계성을 높일 수 있다.

④ 연구의 목적 및 기여도

'본 연구의 목적은 ○○○이며, 본 연구 결과가 ○○○에 기여할 것이라 생각한다.' 등으로 전개하여 본인 연구의 가치를 주장한다.

- 논리 · 논술 적용하기 : 서론을 쓸 때는 특히 논리의 흐름을 중요시해야 한다. 본인의 연구가 의의가 있고 필요한 연구이며, 시기적절하고 가치 있을 것임을 주장해야 한다. 본인의 주장만 서술한다면 대부분의 사람들이 설득당하지 않을 것이다. 그러므로 여러 참고문헌에서 타당한 근거나 이유를 찾아 인용하여 제시하고 본인의 주장을 내세워야 논리적이다. 앞서 배운 논리 및 논술의 내용을 적극적으로 적용할 필요가 있다. 서론에서 쓰고자 하는 내용과 본인의 주장이 논리적으로 전개되도록 하기 위해서 흐름표를 만든 후에 각 단계별로 별도의 단락을 만들어 내용이 산만하지 않게 서술하는 것이 좋다. 한 단락이 한 문장으로 구성되는 것은 피하고, 단락의 내용이 많을 때에는 단락을 나누는 것이 필요하지만, 이때에도 각 단락의 주제가 차별화 되도록 해야 한다.
- 참고문헌 인용 및 참고문헌 란에 기재하기 : 연구 배경이나 의의, 필요성, 선행연구 언급 및 분석 부분에서는 참고문헌들을 적극적으로 활용하여, 자신의 주장을 근거와

함께 서술해야 한다. 서술의 신빙성을 높이기 위해서 인용하여 서술한 문장의 끝에 위첨자로 번호 1)를 붙이고, 논문 양식의 끝부분에 생성해 둔 참고문헌 란에 동일한 번호를 쓰고, APA 방식으로 참고문헌의 서지 사항 등을 예시한 바와 같이 기재한다.

예) 1) 이연순(2012), 의상전공자 및 예비교사를 위한 논리 · 논술. 대구 ; 영남대학교 출판부, pp.21-29.

2) 이연순(2012), 전통 나비노리개를 모티프로 응용한 텍스타일디자인 및 디지털 프린팅 직물 개발, 한국의상디자인학회지 12(4), pp.173-192.

3. '문헌조사'의 구성 및 작성하기

연구주제가 개략적으로 정해지면 논문의 가제목을 정한다. 예를 들어, 논문의 가제목은 '골프 동작에 따른 방풍 재킷(Jacket)의 동작적응성에 대한 연구' 등과 같이, 대개는 '○○○에 따른 ○○○에 대한 연구' 식으로 서술한다. 이에 대한 연구를 진행하기 위해서는 골프 경기 및 골프 동작, 방풍 재킷의 요구조건, 기존 형태, 방풍의 원리, 피복소재, 재킷의 원형제도 및 봉제방법, 디자인 제안방법 등등에 대한 기본지식이 요구된다. 또한 골프용 방풍 재킷의 기존 상품들보다는 연구 개발한 방풍 재킷이 더 우수할 때 연구의 가치가 높아지므로, 현재 시판되는 상품에 대한 자료도 필요할 것이며, 실제 골프를 치는 사람들이 기존 제품에 대한 불만족한 점이 무엇인지도 알아야 한다. 이와 같이, 설정한 연구주제에 대해서 연구를 행하기 위해서는 연구주제와 관련된 다양한 지식과 정보가 필요하다.

또한 참고문헌을 통해 살펴 본 내용을 문헌조사(이론적 배경) 부분을 체계를 갖추어서 서술해야 한다. 쉽게 말해서 문헌조사 부분은 연구를 위해 사전에 공부한 내용을 체계성 있게 논리적으로 서술하는 것이라고 말할 수 있다.

1_ 문헌조사의 목적

문헌조사는 연구를 시작하기 전의 준비단계로서, 연구에 필요한 지식체계를 갖추는 과정이라 할 수 있다. 그러므로 연구 초기에 많은 참고문헌들을 읽고 정리하여 연구에 필요한 지식 기반을 다진 후에 연구 설계를 행하는 것이 바람직하다. 또한 연구 진행 중에도 지속적으로 문헌조사를 행하여 지식 체계를 넓혀 나가야 한다. 문헌조사의 목적을 요약하면 다음과 같다.

1) 연구 문제 설정을 손쉽게 할 수 있다.

① 연구 분야의 연구 동향을 알 수 있다.

연구의 초기단계에는 연구 분야를 개괄적으로 설정하는 것에서 출발하게 된다. 설정한 연구 분야와 관련된 여러 문헌과 선행연구들을 살펴보면, 현재까지 어떤 연구들이 진행되어 왔는지, 밝혀진 내용이 무엇이고, 앞으로 좀 더 연구되어야 할 내용은 무엇인지 등을 대략적으로 파악할 수 있다. 이러한 내용을 바탕으로 구체적인 연구 문제를 도출할 수 있다.

② 창의적 연구문제를 도출할 수 있다.

다른 사람이 행하지 않은 창의적인 연구가 가치 있다. 선행연구들을 면밀하게 조사 · 분석하지 않으면, 우연의 일치로 기존의 연구와 흡사한 경우가 있다. 따라서 선행연구들을 사전에 철저하게 분석한 후에 연구주제를 확정해야 한다. 기존연구들을 살펴보는 과정에서 연구가 되지 않은 부분을 찾아내어 이를 연구주제로 설정하고, 연구방법이나 자료 분석방법 등은 기존연구의 방법을 적용한다면, 다소 수월하게 창의적인 연구 주제를 도출할 수 있다.

③ 연구 문제의 결과를 예측할 수 있다.

선행연구의 뒷받침이 되었던 이론적 근거들과 선행연구의 결과들을 이해함으로써, 자신이 진행하고자 하는 연구의 결과를 예상해 볼 수 있고, 연구 결과에 대한 합리적인 근거를 고찰할 수 있다. 따라서 좋은 연구결과를 얻을 수 있으며 궁극적으로는 질 높은 연구를 행할 수 있다. 즉, 연구에서 다루고자 하는 변인(수)들 사이의 관련성을 이론적 근거를 가지고 추론해 볼 수 있으며, 이러한 추론의 결과에 따라 '연구문제에 대한 예상 해답' 인 가설을 설정할 수 있다. 가설의 형태를 갖지 않는 연구일지라도 연역적 연구와 귀납적 연구의 상호보완성이 중요하다는 관점에서, 이 과정은 소홀히 할 수 없는 부분이다.

2) 이론적 근거를 확보할 수 있다.

연구는 이론적 근거를 가지고 진행될 때, 학문의 축적에 기여할 수 있으며, 연구결과에 대한 논의도 가능하다. 이론적 근거가 취약한 상태에서 진행된 조사나 실험 결과로 나온 내용은 논의할 근거가 취약하다. 논의는 연구의 결과를 지식계에 접합시키는 작업이기 때문에 논의가 취약하면 연구로서의 가치를 낮게 평가받게 된다.

3) 효율적인 연구방법을 결정하는데 도움이 된다.

선행연구를 읽을 때에는 '연구 방법 및 절차' 도 중요시 해야 한다. 왜냐하면 연구절차에 따라 같은 연구문제라도 다른 결과를 낼 수 있고, 연구에 따라 다양한 연구방법을 파악할 수 있기 때문이다. 즉 다양한 방법 중에서 자신의 연구문제에 가장 적합한 방법이 무엇인지에 대한 시사를 받을 수 있다.

4) 폭넓은 지식을 쌓을 수 있다.

연구주제에 대하여 폭넓은 지식을 쌓는 것은 연구진행자로서 반드시 갖추어야 할 일이다. 연구결과를 보고 왜 이런 결과가 나왔는지, 어떤 이론으로 이러한 결과를 해석할 것인지 등에 대해서 판단하려면 직접 관련된 선행연구뿐만 아니라, 주변의 폭넓은 지식이 필요하다. 경우에 따라서는 인접학문과 기초학문의 이론에 대해서도 깊이 있는 지식이 요구된다. 이에 선행연구물들을 폭넓게 살펴봄으로써, 연구에 소요되는 시간, 노력, 경비 등을 최소화 할 수 있고 시행착오를 줄일 수 있어 연구의 경제성을 높일 수 있다.

2_ 문헌조사의 방법 및 내용 구성

1) 문헌조사 방법

문헌조사는 연구주제에 따라 깊이와 폭이 다르다. 연구가 많이 이루어지는 주제이거나 또는 좁게 규정된 주제일 때에는 연구주제에 초점을 맞추어서 깊이 있는 문헌조사가 이루어져야 한다. 반면에 과거에 별로 연구되지 않은 새로운 연구주제이거나 학제 간의 연구주제일 때는 깊이보다는 폭넓은 문헌조사를 행하는 것이 바람직하다.

① 조사대상 문헌의 선정

문헌조사의 대상이 되는 자료는 서적, 논문, 정부간행물, 신문기사 등 다양하지만 그 중에서 서적과 논문이 일반적으로 가장 많이 활용된다. 대상의 성격으로 보았을 때, 서적에 있는 내용은 대부분 이미 체계화되고 이론화된 지식들이며, 논문에 있는 내용은 이론을 형성하는 과정에 있는 지식들이다. 따라서 서적의 내용은 좀 더 일반화된 것이고 배경지식의 습득에 도움이 되는 반면에, 논문의 내용은 특수하고 구체적인 것으로 연구주제에 대한 현재 상태와 연구방법의 결정에 도움이 된다.

조사대상 문헌은 저자(연구자)가 직접 집필한 1차 자료가 유용하며, 다른 집필자가 인용한 2차 자료는 가능한 한 배제하는 것이 좋다. 왜냐하면 인용된 2차 자료는 전체 내용 중 일부만 인용되었거나 집필자에 의하여 재구성된 내용이므로 잘못 활용되었을 가능성이 있기 때문이다.

② 의상관련 분야의 문헌 자료

의상관련 분야의 논문 작성에 참고할 구체적인 자료에는 전공 관련 서적의 단행본(교재 등), 논문, 잡지. 인터넷이나 방송 자료, 동영상 자료 등이 있다. 논문에는 각 대학의 대학원 의상관련학과 석 · 박사학위 논문과 다음과 같은 학술지 수록논문이 있다. 인터넷 자료는 신빙성이 검증되지 않은 자료가 있으므로, 검증한 후에 사용하는 것이 바람직하다.

· 전공 관련 서적의 단행본(교재 등)
· 각 대학 대학원의 의상관련학과 석 · 박사학위논문
· 의상 관련 국내 대표학술지 : 한국의류학회지, 한국의류산업학회지, 대한가정학회지, 복식문화학회지, 복식학회지, 한국의상디자인학회지, 패션디자인학회지, 패션마케팅학회지, 섬유공학회지, 염색가공학회지, 섬유제품소비과학지 등
· 패션트렌드 관련 등의 잡지
· 인터넷 및 방송 자료, 비디오테이프 등 동영상

2) 문헌조사의 기능 또는 차지하는 중요도에 따른 용어

문헌조사 부분은 이론적 배경, 이론적 고찰 또는 이론적 연구 등 다양한 제목으로 정리되는데, 연구에서 문헌조사의 기능이나 문헌조사가 차지하는 중요도에 따라 적절한 제목을 붙여준다. 문헌연구의 경우에는 연구의 전 과정이 문헌조사이기 때문에 '문헌조사' 라는 제목을 붙이지 않는다. 연구의 절차, 결과 및 논의 등의 제목도 별도로 붙이지 않고 연

구 내용을 제목으로 붙여주는 것이 일반적이다.

① **이론적 배경 :** 문헌조사가 연구문제의 도출이나 가설의 설정 근거를 보여주고자 할 때에는 '이론적 배경' 이 적절하다

② **문헌고찰 :** 선행연구들을 연구자의 관점에서 체계적으로 정리, 비교 검토한 경우에는 '문헌고찰' 이 적절하다.

③ **이론적 연구 :** 문헌조사 자체가 연구문제 중의 하나일 때에는 이론적 연구라는 제목을 붙일 수 있다. 즉, 문헌을 통하여 연구문제의 해답을 밝히고자 한 것이기 때문에 이론적 연구에 대한 연구자의 결과 제시가 있어야 한다. 이론적 연구는 실증적 연구를 위한 모형의 제시와 같은 연역적 연구에서 흔히 사용된다.

④ **생략되기도 함 :** 실험실 실험연구에서는 본 실험과 직접 관련된 최근의 연구들이 서론부분에서 연구의 필요성이나 연구내용을 밝힐 때 이미 상세히 소개되었고, 이를 뒷받침하는 이론은 교과서적인 내용이므로 연구보고서에서는 또다시 소개할 필요가 없기 때문이다.

3) 문헌조사 내용의 구성

문헌조사는 목적 자체가 연구를 위하여 이루어지는 것이므로 내용을 구성할 때도 연구의 주제에 맞추어 구성해야 한다. 문헌조사에 서술하는 내용은 일반적으로 연구주제에 관련된 선행연구들, 연구대상, 연구방법, 예상되는 연구결과 등에 관한 내용으로 구성된다. 서술하는 방법은 그 내용들의 성격에 따라 크게 분류하여 번호를 부여하고, 분류된 영역에서 다시 세분하여 번호를 붙여 서술한다.

연구에서 중요하게 다루어지는 개념들이 문헌조사 내용에서도 중요시되어야 함은 물론이며, 연구문제의 구체화 과정, 즉 변수의 선정과정이 납득되도록 해야 한다. 이 과정은 본 연구와 유사한 연구를 종합적으로 분석함으로써, 본 연구의 구체화 과정에 타당성을 부여할 수 있도록 해야 한다. 문헌조사 부분은 연구결과를 고찰할 때도 활용이 되므로, 예상 연구 결과와 관련된 부분에 대해서도 폭넓은 지식 체계가 요구된다.

3_ '문헌조사' 작성하기

문헌조사 부분의 작성을 '골프 동작에 따른 방풍 재킷의 동작적응성에 관한 연구' 를 예로 들어, 다음과 같이 구성해 볼 수 있다.

II. **문헌조사**(문헌고찰, 이론적 배경, 이론적 연구)

1. 골프
1)골프의 특징
(1)야외에서 행해진다
(2)팔 동작의 범위가 크다
.
2)골프의 동작분석
(1)스윙 동작
.

2. 골프복
1)갖추어야 할 조건
(1)기후 조절력이 있어야 한다.
.
2)종류

3. 방풍 재킷
1)소재
2)형태(디자인)
3)재킷 원형
4)봉제

4. 동작적응성 측정
1)측정 방법 및 기기
(1)3D에 의한 계측
.

5. 착용 실험방법
1)의미미분분석법
.

〈그림 6-3〉 문헌조사 부분 작성의 예

4. '연구방법 및 절차' 작성하기

1_ 연구주제에 따른 연구 유형 선정하기

서론이 작성되었으면, 연구문제들에 대해 어떤 유형으로 연구할 것인가를 설계해야 한다. 일반적으로 연구 유형을 〈그림 6-1〉과 같이 문헌적 연구, 실증적 연구, 사례연구로 대별할 수 있다. 연구 방법 및 연구문제에 가장 적절한 방법을 선택하여 연구를 진행해야 한다.

1) 문헌적 연구

문헌자료를 통해 새로운 사실을 규명하는 연구 유형이며, 규명하는 내용에 따라 역사적 연구, 비판적-분석적 연구, 가설도출 연구 등으로 구분된다. 문헌자료는 문헌의 대표성,

전형성 등에 대해 충분히 고려하여 선정해야 한다. 문헌자료의 정확한 제시가 중요하므로 각주로 참고문헌을 제시해야 한다.

(1-1) 역사적 연구

역사적 연구는 문헌을 통하여 '과거의 사실'을 새롭게 규명하거나 과거의 사실에 대하여 새로운 해석을 제시하는 연구이다. 복식사 연구가 전형적인 예이며 '조선시대 족두리에 관한 연구'와 같이 과거의 사실을 밝혀내어 기술하는 연구와, 과거에 있었던 관계의 규명도 중요한 연구 주제가 된다. 과거라는 특성상 실증적 자료를 사용하지 못하고 과거의 사실을 기술해 놓은 문헌자료를 사용하는 것이다.

(1-2) 비판적 · 분석적 연구

비판적 · 분석적 연구는 문헌의 내용을 분석하여 새로운 사실을 규명하거나 또는 문헌의 내용을 비판적 시각으로 해석하여 새로운 명제를 제시하는 연구이며, 문헌연구 중 많은 부분을 차지한다. 비판 및 분석을 위해서는 문헌내용이 선별적으로 사용되므로, 역사적 연구와 마찬가지로 문헌 선정의 타당성이 중요하다.

비판적-분석적 연구를 위해서는 일단 선정된 문헌의 내용을 분석해야 하므로 내용분석이 자료수집의 주된 부분이 된다. 내용분석과정에서 연구자의 명확한 문제의식과 관점이 필요하며, 또한 분석된 내용에 대한 논의를 통하여 결론을 도출하는 과정에서 주제를 보는 연구자의 통찰력이 매우 중요하다. 따라서 연구의 초보자는 이러한 유형의 연구를 성공적으로 수행하기 어려우며, 자칫 분석내용의 나열에 그치는 연구가 되기 쉽다.

(1-3) 가설도출 연구

가설도출 연구는 잠재적 관련성이 있는 비교적 새로운 주제에 대하여 기존의 이론이나 선행연구결과 등의 문헌자료를 이용하여 이들의 관련성을 뒷받침할 근거를 찾아내거나, 관련의 양상을 제시함으로써 새로운 명제나 가설을 도출해내는 이론적 연구를 말한다. 가설도출 연구의 결과는 이후 실증적 연구를 통하여 구체적으로 확인되는 것이 일반적이다.

2) 실증적 연구

실증적 연구는 연구문제에 대한 해답을 실제적 경험을 통해 증명하는 연구로, 경험적

- **1. 문헌연구** — **새로운 사실을 문헌 자료로부터 얻는 연구 유형**
  - 1) 역사적연구 — 과거의 사실을 밝혀 내어 기술, 과거에 있었던 관계 규명
  - 2) 비판적 · 분석적연구 — 문헌내용 분석 → 새로운 사실 규명 문헌내용 비판적 시각해석 → 새로운 명제 제시
  - 3) 가설도출연구 — 문헌자료에 있는 기존 이론이나 선행연구결과 등과 잠재력이 있는 비교적 새로운 주제의 관련성을 뒷받침할 근거 발굴 제시 → 새로운 명제나 가설을 도출
- **2. 실증적 연구** — **실제 경험을 통하여 얻는 연구 유형**
  - 1) 조사연구
    - 관찰법
      - **장점** : 응답자를 통한 오차 줄임–정확한 자료 얻음 응답자를 거치지 않고 연구자가 직접 자료화
      - **단점** : 관찰자의 편파적 평가가 가능. 관찰 내용에 대한 주관적 해석이 가능. 관찰자가 현장에 있어 경제적 부담이 크다.
    - 설문지법
      - **장점** : 시간, 경비, 기술면에서 경제적 대량 조사가능, 특별한 기술 불필요
      - **단점** : 응답자의 독해 능력필수, 응답자의 질문 확인 불가능 등 응답과정에서 타인 의견 개입 가능성 있음
    - 면접법
      - **장점** : 면접기술이 가장 적게 요구됨 면접자에 따른 편파의 가능성이 낮음
      - **단점** : 면접자에 따른 편파의 가능성이 낮음
  - 2) 실험연구
    - 실험실 실험
      - **장점** : 실험처치 이외 변인 통제 독립변인 영향의 결과를 얻음
      - **단점** : 실제 결과와 동일한지 확인 불가능
    - 현장실험
      - **장점** : 실제상황에서의 발생 결과를 예측 가능함
      - **단점** : 독립변인 이외 변인 통제가 어려움
- **3. 사례연구** — **하나의 사회적 단위의 특징을 포괄적으로 연구하는 방법**

〈그림 6-4〉 연구 유형의 분류 및 특징

연구라고도 한다. 실증적 연구유형은 조사연구와 실험연구로 구분된다.

조사연구는 설문조사나 인체계측 조사 등과 같이 현재 상태를 실제로 조사하는 방법이며, 실험연구는 피복 재료의 물성을 측정기로 측정하거나, 개발한 원형의 착의 실험 등을 예로 들 수 있다.

(2-1) 조사연구

조사연구는 사물에 대한 응답자의 태도, 의견, 기호, 또는 어떤 속성의 현재 상태를 조사하여, 현상을 밝히거나 변수들 사이의 관련성을 밝히는 연구이다. 의상관련 분야에서 현재의 상태를 밝히는 조사연구의 예로는 소비자의 기호조사, 피복비 사용실태조사, 의복구매행동조사, 의복착용실태조사 등이 있다. 이런 연구에서는 현재의 상태를 정확하게 밝히려는 노력이 가장 중요하다.

현상을 가져오는 원인에 관심을 가지고, 변수들 간의 관련성까지 밝히는 연구에서는 사후실험연구(ex-post facto research)를 행한다. 소비자 특성과 소비행동 사이의 관련성을 통하여 소비자의 어떤 특성이 어떤 소비행동을 가져오는지 밝히는 연구가 사후실험연구의 전형적인 예이며, 현재 나타난 상태를 가지고 원인을 추리하는 방법이다.

(2-1-1) 조사연구의 자료수집방법

연구과정은 자료를 수집하고, 이를 분석하여 결과를 얻고, 결과로부터 결론을 내리는 단계로 이루어진다. 연구에서 필요한 자료를 수집하는 방법은 연구의 목적, 연구의 내용 등에 따라 다양하다. 자료수집방법은 크게 나누어 관찰법, 설문지법 및 면접법 등이 있다.

1. 관찰법

관찰법은 개방된 상태 및 실험실이나 통제된 상황 하에서 구조화된 관찰로 나누어 진다. 의상분야 연구에서는 주로 실험실 등 통제된 상황에서 관찰이 이루어진다.

의상관련 연구에서 관찰법을 이용하는 경우 관찰대상은 인간행동, 의복 등이 될 수 있다. 인간행동에 대한 관찰은 응답자의 응답능력이나 연구에 대한 태도 등에 영향을 받지 않아 응답자에 의한 오차가 줄일 수 있어 정확한 자료를 얻을 수 있다. 의복을 관찰하여 평가하는 연구는 주로 의복 구성학에서 사용되며, 관찰 평가자인 패널(panel)이 의복의 맞음새(fit)를 관찰하여 평가하는 방법이다. 패널이 평가 역할을 담당하는 것이기 때문에 패널의 구성이 중요하다.

관찰법을 과학적으로 적용하기 위해서는 다음과 같은 요건과 제한점을 고려해야 한다.

① 과학적인 관찰법의 요건

· 연구문제의 해답을 구하는데 관찰법이 가장 적합하다고 확신될 때 사용해야 한다.

· 관찰대상과 관찰방법을 구체적, 객관적, 체계적으로 계획하여야 한다.

· 관찰자의 주관적인 판단을 최소화하고, 정확한 기록이 이루어지도록 한다.

· 관찰결과 기록은 응답을 기록할 척도들을 미리 구성해 놓고 관찰결과에 따라 문항에 표시하는 방법과, 그대로 서술 기록하는 방법이 있다. 사용하는 기구의 타당성과 신뢰성이 높아야 자료의 타당성과 신뢰성이 높아진다.

② 관찰법의 제한점

· 예비조사 등을 통해 관찰내용, 평가기준, 관찰결과의 기록 방법 등에 대해 치밀한 계획을 세워야 한다.

· 가설에 의한 관찰자의 편파적 평가가 가능하므로 사전 지식 없이 관찰한다.

· 관찰내용에 대한 주관적인 해석이 가능하다. 관찰자를 복수로 사용하여 개인별 주관적 해석이 상쇄될 수 있다.

· 관찰자가 자료수집 현장에 항상 있어야 하기 때문에 경제적 부담이 크다.

2. 설문지법

일단 설문지가 개발된 후에는 동일한 조건에서 동시에 다수의 응답자에게 사용할 수 있다. 또한 반복적 조사가 가능하기 때문에 대량 조사를 필요로 하는 연구에서 흔히 사용된다.

① 문항의 종류

문항 종류는 묻는 내용에 따라 사실에 대한 문항, 의견 및 태도에 대한 문항, 정보 확인 문항, 자각측정 문항으로 나뉜다.

· **사실에 대한 문항** : 응답자에 대한 실제 사실, 상황, 행동 등에 대한 문항이다. 선다형식이 주로 사용되며, 문항 구성 시에 모든 사례가 포함되게 포괄성과 상호배재성에 유의해야 한다.

· **의견 및 태도에 대한 문항** : 질문에 대한 응답이 진실로 측정하고자 하는 내용인지 신중하게 판단 하여 구성해야 한다. 따라서 직접 문항을 개발해서 사용하는 것보다 개발된 문항을 수정하여 사용하는 것이 안전하다. 긍정 또는 부정하는 정도로 구분되는 경우가 많으므로 평정척도가 적절하다.

· **정보 확인 문항** : 특정한 대상에 대해 지식이나 정보를 가진 자를 응답자로 선정해야 한다.

· **자각(自覺, self-perception) 측정문항** : 측정하는 내용이 추상적인 경우가 많으므로 타당성이 중요시되며, 타당도와 신뢰도를 확인하여 개발된 문항을 사용해야한다.

② 문항의 구성

· 문장을 간결하게 구성하여 질문내용이 쉽게 이해되게 하되, 질문을 반드시 완전한 문장으로 구성한다. 예를 들면 '본적은?' 대신에 '본적은 어디입니까?' 로 해야 한다.

· 응답자에 따라 질문 내용이 다르게 이해하지 않도록 명확히 묻는다. 예를 들어, 나이를 만 나이인지, 아닌지 등을 명확히 한다.

· 응답자의 연령, 배경, 수준 등에 맞는 적절한 어휘를 사용해야 하며, 특히 일반인들이 별로 사용하지 않는 학술용어를 그대로 사용하지 않아야 한다.

· 질문을 단순하게 하고, 두 가지 이상을 동시에 묻지 않도록 한다.

· 응답 내용을 사회적 규범이나 가치에 맞는 것만 제시하지 말고 가능한 모든 응답을 제시함으로써 응답의 가치중립성을 높인다. 예를 들어, 결혼 상태를 묻는 문항에서 혼전동거를 포함시킨다. 또한 응답자에게 질문에는 정답이 없음을 명시함으로써 사회적 규범에 따라 응답하지 않고 자기 생각에 따라 응답하게 유도하여야 한다.

③ 설문지의 구성

· 문항 수 : 연구에서 필요한 최소한의 문항으로 구성한다. 일반적으로 80문항 이내가 바람직하며, 100문항이 넘지 않게 한다.

· 응답 시간 : 15~20분 정도로 한다.

· 특정한 대상에 대한 태도에 대한 질문은 예비조사를 통해 그에 대한 지식 여부를 먼저 확인 후에 이에 따라 응답자로 선정한다.

· 설문지 취지를 먼저 밝히고 협조를 구하며, 척도가 같은 유형끼리 모아 구성하고, 설문지 앞부분에 응답하기 쉬운 내용을 배치하고, 개인 신상에 대한 문항은 끝 부분에 배치하여 부담감 없이 응답할 수 있도록 배려한다.

④ 설문지법의 장단점

· 가장 큰 장점은 비용, 시간, 기술 면에서 경제적이다. 잘 개발된 설문지이면, 조사에 특별한 기술이 필요치 않고, 응답자가 시간적 여유를 가지고 응답할 수 있으며, 대개 익명으로 하므로 신념이나 이상 등과 같이 개인적인 질문도 가능하며, 바람직한 대답을 기대할 수 있다.

· 단점은 응답자가 독해능력이 있어야 하며, 응답자가 질문 내용에 대해 확인할 기회가 없다는 문제점이 있다. 설문지 응답률을 예측하기 어렵고, 응답과정에서 타인의 의견이 개입될 가능성이 있다.

3. 면접법

면접법은 연구자나 연구보조자가 응답자를 대면하여 질문하고 반응을 기록하는 방법이다. 질문방법, 기록방법 등에 따라 면접조사법, 심층면접법, 표적집단면접법 등이 있으며, 이들 중에 면접조사법이 가장 널리 사용된다.

① 면접조사법

척도를 미리 구성하고, 이에 따라 면접자가 질문하고 응답자의 반응을 면접자가 기록하는 방법이다. 장점은 질문을 미리 구성하고 이에 따라 표준화된 면접을 시행하므로 면접기술이 크게 요구되지 않고, 면접자에 따른 편파의 가능성이 낮으며, 대량의 자료를 얻을 수 있다는 점이다. 면접자는 질문의 내용을 정해진 순서에 따라 동일한 문장으로 질문하며, 피면접자의 반응을 그대로 기록한다. 척도의 유형도 다양하게 사용되는데, 질문만 미리 정하고 응답은 자유롭게 하는 개방형 질문도 사용되고 응답양식까지 미리 결정한 상태에서 이루어지는 선다형, 평정척도 등도 사용된다.

② 심층면접법

특정한 주제에 대해 피면접자의 심도 있는 응답을 얻기 위해서 면접자는 피면접자의 반응에 따라 질문 내용을 조정하면서 진행한다. 따라서 면접자의 면접능력이 중요시 되며,

면접자와 피면접자 간의 친밀감이 형성되는 것도 중요하다. 기록방식은 주로 피면접자의 반응을 그대로 녹음하고 비디오로 녹화하기도 한다. 이 면접법은 시간과 비용이 많이 들고, 면접자의 면접 능력과 분석능력이 요구되며, 신뢰도와 타당도가 문제될 수 있다. 그러나 응답자에 대해 깊이 있는 자료와 행동원인도 파악할 수 있어 새로운 주제의 연구나 설문지 구성을 위한 탐색적 조사단계에서 활용될 수 있다.

③ 표적집단면접법

면접자가 토론을 이끌어 나가고 응답자들은 주어진 질문에 대해 서로 의견을 교환하고 토론을 벌리는 방법이다. 연구의 본 조사보다는 연구의 가설을 설정하는 단계나 설문지를 구성하는 단계에서 깊이 있는 정보를 얻기 위해 주로 사용된다. 실무현장에서는 신제품의 아이디어를 얻거나 제품 평가를 위해 효과적으로 사용할 수 있다. 응답자 집단은 10 명 내외가 적당하며, 특성이 비슷한 사람들로 구성하는 것이 좋다. 이 면접법의 장점은 개별적인 면접에 비해서 폭넓고 깊이 있는 정보를 얻을 수 있는 점이다.

(2-1-2) 조사연구의 표본추출

연구에서 정확한 결론을 위한 양질의 자료를 얻기 위해서 많은 비용과 시간을 필요로 하며, 비용과 시간을 절약하면 자료의 양과 질이 대개 저하된다. 따라서 연구자는 자료의 질과 비용을 고려하여 가장 효율적인 연구 설계를 행해야 한다.

모집단 전체를 대상으로 하는 전수조사(全數調査)는 많은 비용과 시간을 필요로 하기 때문에 모집단의 일부를 선정하여 이들을 대상으로 자료를 수집하고, 이 자료에 근거하여 모집단에 대한 결론을 내리는 과정이 일반적으로 사용된다. 이때 모집단의 일부를 선정하는 작업을 표본추출(샘플링, sampling)이라 하고, 추출된 대상을 표본(標本, sample)이라 한다. 따라서 표본설계는 비용을 줄이면서도 자료의 질을 훼손하지 않도록 신중하게 이루어져야 한다.

1. 표본설계

사회조사연구에서 전집을 대상으로 하는 전수조사는 거의 불가능하기 때문에 표본을 추출하여 이들을 대상으로 자료를 수집하게 된다. 따라서 어떻게 표본을 선정할 것인가에 대해 설계를 해야 한다. 표본설계는 우선 모집단을 규정하고, 표본추출법을 결정한 후, 표본의 크기를 결정하는 과정으로 이루어진다.

1) 모집단의 규정

모집단(母集團)은 연구의 대상이 되는 집단이며, 연구하려는 전체 사례의 집합을 말한다. 모집단은 표본 추출의 경계선이고 동시에 연구의 결과를 일반화시킬 수 있는 한계이다. 모집단은 연구의 목적과 상황에 적합하게 규정되어야 하는데, 너무 크거나 너무 작게 규정하지 않도록 한다.

모집단은 표본추출단위, 범위, 시간의 개념을 모두 포함하여 규정해야 한다. 표본추출단위는 표본으로 추출될 수 있는 단위를 말하며(예를 들면, 18세부터 25세의 미혼여성), 범위는 공간적 경계선(예: 서울시내 거주)을 말한다. 시간은 시간적 경계선(예: 2012년 2월 20일~28일)을 말하는 데 일반적으로 자료의 수집기간에 해당된다.

① 표본추출법 결정

표본추출방법은 표본이 모집단을 얼마나, 어떻게 대표하는지에 따라 달라지며, 소요 경비가 방법에 따라 다르므로 연구비용도 고려하여 결정해야 한다.

② 표본크기의 결정

표본크기(sample size)는 표본의 수를 의미한다. 표본의 수가 커질수록 표본의 통계치가 모수(母數)와 유사해지는 장점을 갖는다. 즉 표본의 수가 많아지면 표본오차가 줄어들지만 경비가 증가한다. 따라서 여러 요인들을 고려하여 최적의 표본크기를 결정해야 한다. 표본크기 결정 시의 고려할 요인은 다음과 같다.

- 연구자가 원하는 자료의 정확도를 고려한다 : 자료의 정확도는 모수에 가까울수록 높으므로 자료의 높은 정확도가 필요하면 표본크기를 크게 해야 한다.
- 모집단의 동질성을 고려한다 : 모집단이 동질적 집단이면 적은 수의 표본을, 모집단이 이질적 집단이면 많은 수의 표본이 필요하다.
- 표본추출법을 고려한다 : 표본추출법에 따라 표본오차에 차이가 있으므로 표본오차가 큰 표본추출법이면 많은 수의 표본을, 표본오차가 적은 방법이면 적은 수의 표본을 사용한다. 군집추출법은 표본오차가 크고, 층화추출법은 필요한 표본크기가 가장 적다.
- 분석과정을 고려한다 : 표본을 여러 요인에 의해 여러 집단으로 나누어 분석하고자 할 때에는 집단을 나눈 후, 각 집단마다 충분한 표본이 있도록 많은 수의 표본을 사용

해야 한다.

· 모집단의 크기를 고려한다 : 천 명이상 표본크기에서는 표본 수에 따른 자료의 정확도의 변화가 적으므로, 모집단이 크다고 표본수가 비례적으로 많아야 하는 것이 아니다. 그러나 표본크기가 수백 정도로 적으면 표본수가 많을수록 정확한 결과를 얻을 수 있다. 이상의 여러 요인과 연구비용 등을 감안하여 최적의 표본크기를 결정하도록 한다.

2) 표본추출법

표본을 추출해 내는 방법에는 확률적 표본추출법과 비확률적 표본추출법으로 대별되고, 다시 여러 종류로 세분화된다. 각 방법이 장단점을 가지고 있으므로 연구목적, 연구조건 등에 따라 적합한 방법을 선택하여 사용하도록 한다.

① 표본추출법의 종류

· **확률적 표본추출법** : 모집단의 모든 연구대상이 표본으로 추출될 확률이 같도록 무작위로 추출하는 방법이며, 각 연구대상이 표본으로 추출될 확률을 알 수 있다. 통계적으로 표본오차 추정이 가능하여, 표본으로 얻은 통계치에 대해 정확도를 평가할 수 있어, 연구결과는 정확도에 따라 모집단에 일반화시킬 수 있는 장점이 있다. 그러나 많은 시간과 비용을 필요로 하며, 시행 상 어려운 점이 많다.

· **비확률적 표본추출법** : 연구자의 판단이나 편의에 따라 연구대상을 표본에 포함 또는 제외시키는 방법이며, 각 연구대상이 표본으로 추출될 확률을 알 수 없다. 연구결과를 모집단에 일반화시키기에는 어려움이 있으나, 시간, 경비 면에서 유리하므로, 비확률적 표본추출법이 조사연구에서 흔히 사용된다.

② 확률적 표본추출법

모집단 내의 모든 연구대상이 표본으로 추출될 수 있는 동등한 기회를 가지며, 표본추출이 무작위로 행해진다. 대표적인 것으로 단순무작위표본추출법, 계통표본추출법, 층화표본추출법, 군집표본추출법 등이 있다.

· **단순무작위표본추출법** : 모집단 내의 모든 대상이 표본이 될 수 있는 가능성을 동등하고 독립적으로 갖고 있도록 추출하는 방법이며, 구체적 방법으로는 난수표가 있다. 실제 적용에서는 모집단 전체에게 각각 고유번호를 부여하는 등 추출과정이 번거롭

고, 추출된 표본을 이용하는 것도 어려움이 있어, 진정한 의미의 단순무작위표본추출법이 사용되는 경우는 거의 없다.

· **계통표본추출법** : 모집단에서 많은 수의 표본을 손쉽게 확률적으로 추출하는 방법이다. 최초의 표본을 무작위로 추출한 다음, k번째 마다의 대상을 표본으로 선정한다. 예를 들어 모집단 N=2000에서 표본 n=50을 추출하고자 하면, 모집단수를 표본수로 나눈 표본간격인 k를 40으로 계산한다. 1에서 40 사이에서 하나를 무작위로 추출하여 10번이 추출되었다고 가정한다면, 추출된 번호인 10에 표본 간격 40으로 50, 90, 130, 170, 210……1970을 표집하게 된다.

· **층화표본추출법** : 표본오차를 최소화하여 표본의 대표성을 높이는 방법이며, 모집단이 동질적인 경우 이질적인 경우보다 표본오차가 적음에 근거하여 모집단을 동질적인 소집단으로 층화시킨 후, 각 소집단에서 표본을 무작위로 추출하는 방법이다. 우선 모집단을 각 대상이 독립적으로 분류되며 모든 대상이 소속할 곳이 있도록 소집단으로 나눈 후에, 각 소집단별로 필요한 표본의 수를 각 소집단 크기의 비례에 따라(비례층화표본추출법) 혹은 소집단의 크기에 상관없이(불비례층화표본추출법) 결정한다. 모집단을 소집단으로 분류하는 기준을 2개의 기준에서 행하면(층화다단추출법) 층화1단추출법보다 소집단 내 대상들이 동질적으로 되어 표본오차를 줄일 수 있어, 똑같은 크기이지만 비층화추출표본보다 정확한 추정량을 얻을 수 있으며, 필요로 하는 표본크기도 작아진다.

· **군집표본추출법** : 소집단으로 묶여 있는 군집(群集, cluster)을 단위로 하여 추출하는 방법이며, 표본 오차가 크지만, 비용과 노력이 적어 널리 사용된다. 예를 들어, 서울시내에 거주하는 고등학생을 모집단으로 이들의 의복구매형태를 연구하고자 할 때 학급 단위의 소집단을 샘플링 단위로 사용할 수 있다. 이 방법은 층화표본추출법이 소집단 분류를 이용한다는 점은 유사하나, 층화표본추출법은 소집단내의 대상들이 동질적이고, 군집표본추출법에서는 각 소집단이 모집단의 특성을 반영한다는 가정, 즉 작은 모집단으로 간주하는 차이가 있다. 군집표본추출법은 앞의 방법들에 비하여 표본오차가 크며, 군집 수를 많이 하면 오차를 줄일 수 있다.

③ 비확률적 표본추출법

주관적으로 표본을 추출하는 방법이며, 편의표본추출법, 판단표본추출법, 할당표본추출법 등이 있다. 비확률적 표본의 경우, 표본으로부터 얻은 자료로 표본오차를 추정할 수 없으므로 분석 결과를 일반화하는 데 문제가 있다. 그러나 비용과 노력이 적게 들기 때문에 문제점을 보완하려는 노력 하에 널리 사용되고 있다.

· **편의표본추출법** : 연구자가 구하기 쉬운 대상을 표본으로 수집하는 방법이다. 그러나 편의표본추출법에는 오류가 발생하기 쉽다. 표본크기를 증가시켜도 대표성을 높이지 못한다. 이 방법은 탐색연구나 예비조사에서는 사용할 수 있지만 기술조사 등 정확한 자료를 필요로 할 때에는 부적당하다.

· **판단표본추출법**(judgment sampling) : 연구자가 전문적 판단이나 연구목적에 따라 적절한 대상을 표본으로 선정하는 방법이며, 연구자가 모집단의 특성에 대하여 잘 파악하고 있을 때 유용하게 사용될 수 있다. 예를 들어, 의상의 미적 감각조사를 위해서 의상전공자들을 조사대상자로 표집하는 예 등이다. 그러나 이 방법에도 결과를 일반화하는데 문제가 있으며, 연구자가 모집단에 대해 정확하게 파악하고 있는지 문제가 된다.

· **할당표본추출법**(quota sampling) : 특정한 특성을 가진 표본의 구성 비율을 모집단의 구성 비율과 같게 함으로써 모집단을 대표할 수 있는 표본구성을 얻고자 하는 방법이다. 층화표본추출법과 같은 개념이지만 각 소집단 내의 표본선정을 무작위로 하지 않고 주로 편의표본추출법이나 판단표본추출법으로 이루어진다. 연구자가 모집단에 대해 충분한 지식이 있을 경우에 적은 비용과 노력으로 비교적 정확한 자료를 얻을 수 있다. 먼저 연구대상의 범주를 찾아내고, 범주별로 할당량을 결정하여 할당표를 구성하여, 각 범주에 맞는 대상을 할당량만큼 추출한다. 이 때 표본의 선정은 연구자의 판단에 따라 행한다. 특정한 속성을 가진 표본의 구성 비율을 모집단의 구성비율과 같게 할 수 있기 때문에 모집단에 대한 표본의 대표성을 향상시킬 수 있다.

④ 표본오차

대부분의 경우에 표본으로부터 얻은 통계치는 모집단의 모수와 정확하게 일치하지 않는다. 이를 표본오차(sampling error)라 하며, 통계치가 모수와 정확하게 일치하지 않고 그 주위에 분산되어 있는 정도를 말한다. 일반적으로 표본크기가 클수록, 모집단이 동질적일수록 표본오차는 작아지며, 표본오차가 작을수록 표본으로부터 얻은 통계치를 통한 모집단의 추정이 정확해진다. 또한 표본추출방법에 따라서도 표본오차에 차이가 있는데, 층화표본추출법이 더 작고 군집표본추출법의 표본오차가 더 크다.

표본오차는 표본의 크기, 분산의 정도, 표본추출방법 등에 따라 다르고, 확률적 표본추출의 경우에는 확률이론에 근거하여 표본오차를 추정할 수 있다. 연구방법을 설계할 때 가능한 한 표본오차를 적게하는 노력을 해야한다.

(2-2) 실험연구

1. 실험연구의 분류

실험연구에는 실험실 실험연구와 현장실험연구가 있다. 실험실 실험연구는 원인변수(독립변수)와 결과변수(종속변수)를 명확히 결정한 후, 원인변수에 실험처치를 가하여 실험처치에 따라 결과변수가 어떻게 변화하는지를 측정함으로써 두 변수 사이의 인과관계를 밝히는 연구이다. 이 때 실험처치를 제외한 나머지부분은 통제되기 때문에 실험처치와 통제가 실험연구의 특징이 된다. 이러한 실험실 실험이 전형적인 실험연구이며, 의상관련 분야의 패션소재, 염색 등의 자연과학분야의 주된 연구 방법이다. 그러나 사회과학 분야의 연구도 실험실에서 이루어지는 경우가 간혹 있는데, 이때에도 원인변수, 실험처치, 결과변수, 통제 등 실험의 기본적인 틀은 동일하게 유지된다.

현장실험(field experiment)은 실제상황에서 실험을 행하는 방법이다. 예를 들면, 디자인 교육이 의복구매행동에 미치는 영향을 보기 위하여 두 집단의 대학신입생을 대상으로, 한 집단에는 디자인 교육을 실시하고 다른 집단에는 디자인 교육을 하지 않은 후, 두 집단의 의복구매행동의 차이를 비교하였다면, 디자인 교육 여부가 실험처치가 되고 의복구매행동이 결과변수가 된다. 이러한 현장실험은 실제상황에서 어떤 결과가 일어나는지를 알 수 있어 연구의 외적 타당성이 높고, 특히 사회 심리적 변수의 연구에 효과적이다. 그러나 실험 조건을 충족시킬 만큼의 원인변수 조작이나 외생변수 통제에는 어려움이 있어 의사실험(擬似實驗)이라고 하며, 조사연구와 실험실실험의 중간적 성격을 갖는다고 볼 수 있다.

2. 실험 처치(독립변인) 이외의 변인(가외변인)에 따른 오차 줄이기

대부분의 연구대상이 되는 현상은 연구에 사용된 변수에 의하여 모두 설명될 수 없기 때문에 가외변인으로 인한 오차가 있기 마련이다. 정확한 연구결과를 얻기 위해서는 가외변인에 의한 오차를 줄여야 하며, 그 방법에는 제거법, 조건고정화법, 상쇄법, 격상법 등이 있다.

· **제거법** : 실험연구에서 유용한 방법이다. 직물의 물성 실험연구에서 직물에 해해진 가공 등이 실험 결과에 영향을 미치는 것을 피하기 위해 원포를 사용하는 것이 이에 속한다.

· **조건고정화법** : 가외변수의 제거가 불가능할 때, 가외변수의 조건을 동일하게 고정시킴으로써 영향력을 최소화하는 방법이며, 실험실 실험에서 흔히 사용된다. 세제에 의한 세척률을 고찰하는 연구에서 세탁물온도를 동일하게 유지시키는 것이 그 예이다.

· **상쇄법** : 순서 등에 따른 오차를 줄이기 위해 무작위로 행하는 방법이며, 베개높이에 따른 쾌적성 실험에 높이를 순서 없이 베게하여 실험하는 예가 이에 속한다.

· **격상법** : 가외변수의 효과가 확실할 때는 이를 하나의 독립변수(원인변수)로 격상시켜 연구에 도입하는 방법이다. 앞서 예로 든 세척률 연구에서, 물온도를 독립변수로 격상시켜 온도 변화에 따른 세척률의 차이를 보는 경우가 이에 속한다.

3) 사례 연구

사례연구는 하나의 사회적 단위(개인, 가족, 집단, 기관, 사회, 종족 등)를 대상으로 이의 특징을 포괄적으로 연구하는 방법이며, 주로 인류학적 접근을 시도하는 질적 연구에 주로 적용된다. 의상관련 분야에도 문화인류학적 접근을 시도하는 복식사회심리학 연구, 패션 마케팅 연구에서 간혹 사용된다.

사례연구는 질적 연구이므로 결과의 일반화를 추구하기보다는 사례의 특성을 기술하는 데 중점을 둔다. 또한 이론적 · 실증적으로 도출된 내용을 지지하기 위한 목적으로 사례분석을 실시하기도 한다.

지금까지 연구의 여러 유형들의 특징과 함께 적용 시 유의 사항 등에 대해 살펴 보았다. 의상관련 분야의 연구(논문)를 행하기 위해서는 연구주제에 적합한 연구 유형을 적용해야 한다.

의상관련 학문분야가 다양하여 연구유형도 다양하게 적용된다. 일반적으로, 복식 분야(복식 사회심리학, 패션 마케팅, 복식사, 복식미학 등)는 인문사회과학적 배경지식을 필요로 하고, 연구방법은 사회과학적 접근 방법인 조사연구, 문헌적 연구 등이 주로 적용된다. 피복과학 분야(피복재료학, 염색학, 피복정리학, 피복환경학, 피복과 인체 등)는 자연과학적 배경지식을 필요로 하며, 실험연구 등 자연과학적 접근방법이 적용된다. 조형예술 분야(패션디자인, 텍스타일 디자인, 매장 연출 등)는 예술에 관련된 이론적 배경지식이 필요하다. 과거에는 창작 작품 발표가 주로 행해졌으나, 근래에는 논리적이고 창의적인 사고에 입각하여 디자인을 개발하고 이를 논문형식으로 작성하는 경향이 높아졌다.

또한 의상관련 연구 주제를 아이템에 따라 설정한 경우에는 여러 분야가 통합적으로 적용되기도 한다. 예를 들면, '스포츠웨어의 상품 개발'을 연구 주제로 설정할 경우에는 상품 개발의 기초자료인 소비자 조사, 상품화 등의 마케팅학은 인문사회과학 분야이므로 조사연구 또는 문헌연구 방법을 적용해야 하며, 인체의 동작분석, 패턴 제작 및 봉제 등은 자연과학 분야로 접근해야 하므로 실험 및 조사연구 등을 적용해야 하며, 디자인 제안은 디자인 원리의 적용, 일러스트레이션 제시 등 예술분야의 이론과 실기능력이 요구된다. 이와 같이, 하나의 큰 주제 아래 세부 연구문제 별로 각기 다른 연구 유형이 적용되기도 한다. 따라서 연구 주제를 설정할 때는 주제에 따른 연구 유형도 함께 고려해야 한다.

2_ 변수와 측정수준

1) 변수의 종류

변수(變數, variable)란 일반적으로 '변화하는 어떤 양 또는 속성'을 뜻하며, 연구과정에서 변화하는 모든 것은 변수가 된다. 연구과정에서 변수들은 서로 구별되는 속성을 가지며, 연구에서 하는 기능에 따라 독립변수, 종속변수, 매개변수, 통제변수 등으로 분류된다.

① **독립변수** : 종속변수에 영향을 미친다고 생각되는 자극변수를 말한다.
② **종속변수** : 독립변수에 의하여 영향을 받는다고 생각되는 반응변수를 말한다.
③ **매개변수** : 독립변수와 종속변수 사이에 게재되어, 이들 두 변수 사이의 관계에 영향을 미친다고 생각되는 제3의 변수를 말한다.
④ **통제변수** : 종속변수에 영향을 미친다고 생각되지만 연구의 체계적 분산을 높이기 위해서 통제하는 변수를 말한다.

예를 들면, 세제에 따른 세척률에 관한 연구에서는, 세제가 독립변인이 되고 이들의 값이 독립변수가 되며, 이에 영향을 받는 세척률의 값이 종속변수가 된다. 이 때 세탁물온도에 따라 세제에 의한 세탁물이 차이가 있을 것이라고 판단될 때 세탁온도는 매개변수가 된다. 연구변수를 결정하는 연구 설계 과정에서는 독립변수와 매개변수가 잘 구별되지만, 실제 연구에서는 매개변수와 독립변수의 역할에 별 차이가 없다. 따라서 이를 제2의 독립변수라고도 부른다. 이 실험에서 세액의 농도도 세척률에 영향을 미칠 것으로 생각되지만 이를 특정 비율로 일정하게 하여 통제함으로써 세제종류에 따른 영향을 잘 살펴 볼 수 있을 때, 세제의 농도를 통제변수라고 한다.

실험연구에서는 통제변수의 통제가 용이하나, 현장실험연구나 조사연구에서는 변수의 통제가 어렵기 때문에 가외분산을 줄이기 위한 특별한 노력이 필요하다.

2) 변수의 수량화

연구과정의 여러 변인들 중에 변화 정도를 양(量)으로 나타내는 변인을 양적 변수, 질(質)로 나타내는 경우에는 질적 변수라 한다. 연구 자료를 통계적으로 분석하기 위해서는 양적 변수와 질적 변수 모두 수량화하여야 한다.

① 양적 변수의 수량화 : 측정 또는 계산을 통해 숫자로 자료를 체계적으로 나타낼 수 있으며, 신체 계측치, 신체의 편평율 등을 예로 들 수 있다. 양적 변수에 수량화가 중요한 이유로는 자료의 통계적 처리를 가능하게 하는 것이 가장 크지만 측정치의 객관화를 통해 학자들 간의 명확한 커뮤니케이션을 돕는 것도 중요한 이유이다.

② 질적 변수의 수량화 : 질적 변수도 통계적으로 처리되기 위해서는 수량화 되어야한다. 질적 변수의 수량화를 위해, 우선 측정된 내용에 따라 성별, 결혼상태, 거주지역 등과 같이 유목(category)으로 나누고, 각 유목별로 고유숫자를 부여한다. 유목에 부여된 숫자는 유목의 번호와 같은 기능을 하며, 수학적 의미는 전혀 없다.

3) 측정의 수준

측정이란 변수의 수량화를 위하여 규칙에 따라 사상(事象)에 숫자를 부여하는 것을 말한다. 측정치는 변수의 내용이나 방법에 따라서 측정수준이 다르며, 각 측정수준에 따라, 명명척도, 서열척도, 등간척도, 비율척도로 구분된다.

① 명명척도(nominal scale)

질적 변수를 유목화하여 측정하는 것이다. 명명척도로 측정된 것은 각 유목이 마치 이름과 같은 성격을 가지므로, 각 유목에 수치를 부여할 수 있으나 산술적 계산은 불가능하다.

② 서열척도(ordinal scale)

명명척도의 각 유목 사이에 서열(order)의 속성이 더해진 것으로, 순위로서 측정하는 것을 말한다. 서열척도는 유목 사이의 상대적 크기는 비교할 수 있으나 차이의 크기는 알 수 없다. 서열척도로 측정된 자료는 크기나 양이 나타나지 못하므로 양적 분석에 제한을 받는다. 따라서 고급통계를 사용하기 위해서는 되도록 서열척도보다 수준이 높은 등간척도 또는 비율척도로 측정하는 것이 좋다.

③ 등간척도(interval scale)

측정단위 사이의 크기가 동일한 척도를 말하며, 측정된 수치는 단위에 따라 크기가 명확하며, 측정치 간의 차이도 크기로 정확히 나타낼 수 있다. 등간척도로 측정된 자료는 모든 산술적 계산이 가능하며, 거의 모든 고급 통계기법을 적용할 수 있다. 그러나 예를 들어, 수학 시험점수가 0점이더라도 그 학생의 수학실력이 전무한 것은 아니며, 시험점수가 50점인 학생이 25점인 학생보다 수학실력이 2배 많다고 말할 수는 없다. 이와 같이 등간척도에서는 절대 0의 개념이 약하기 때문에, 서로 다른 등간척도의 측정치들을 그대로 비교하는 것에는 무리가 있다. 예를 들면, 국어점수가 영어점수보다 높다 하더라도 학생들의 국어실력이 영어실력보다 높다고 결론을 내릴 수는 없다는 것이다. 그러나 측정도구가 표준화되어 있는 경우에는 비교가 가능하다.

④ 비율척도(ratio scale)

측정치를 어떤 기준에 대한 비율로 나타낸 것으로, 가장 높은 측정 수준이다. 예를 들어, 유행하는 스커트 길이를 측정치 대신에 키에 대한 비율로 나타내는 등이 그 예이다. 비율척도로 측정된 자료들은 비교가 가능하다. 척도의 수준이 높을수록 변환이 가능하고 통계처리를 폭넓게 적용할 수 있으므로, 자료수집 시에는 가능한 한 높은 수준의 자료를 얻는 것이 좋다.

3_ 자료수집

1) 자료수집 방법

자료 수집은 연구의 유형에 따라 문헌조사, 설문지, 면접, 관찰, 실험 등 다양한 방법으로 이루어진다. 연구문제에 따라 어떤 자료수집방법이 좋은 자료의 획득에 가장 적절할 것인지 다각도로 검토하여 결정하도록 한다. 각 자료수집방법은 나름대로의 장단점을 갖고 있기 때문에 어떤 방법이 최적인가 하는 것은 연구 분야와 연구문제에 따라 결정될 사항이다.

2) 측정도구의 확정

연구의 결론은 측정된 자료의 분석을 통해서 이루어지므로, 측정도구의 결정은 연구에 있어서 가장 중요한 결정 중 하나이다. 동일한 개념(변수)이라도 어떤 도구로 측정하는가에 따라 결과가 다르게 나올 가능성은 얼마든지 있다. 따라서 측정도구를 확정할 때에는 연구자가 측정하고자 하는 개념을 얼마나 잘 측정할 수 있는(타당성) 도구인지 확인해 보아야 하며, 동시에 측정치가 얼마나 일관성을 보이는지도(신뢰성) 확인해 보아야 한다. 이 두 가지를 확인하여 측정도구를 확정하도록 한다.

3) 모집단 및 표본추출방법의 결정

전수조사나 사례연구와 같이 모집단 전체로부터 자료를 수집하는 경우가 종종 있으나, 대부분의 학술적 연구에서는 표본으로부터 수집한 자료를 분석하여 결과를 모집단에 일반화시키는 과정을 거친다. 따라서 자료를 수집하기 전에 모집단을 확정하고, 표집방법을 결정하여야 한다.

4) 예비조사(예비실험)를 통한 연구방법의 수정보완

대부분의 연구에서는 본조사에 앞서서, 예비조사(pretest) 또는 예비실험(pilot study)을 거쳐 연구절차를 수정 보완한다.

① **조사연구의 경우** : 예비조사를 통해 측정도구의 문제(문항의 서술방법, 응답자의 질문 이해도, 응답 소요시간 등 검토)를 보완하고, 측정도구의 신뢰도를 확인한다. 예비조사는 본조사와 동질적인 대상에게 실시하는 것이 문제점을 발견하거나 신뢰도를 확인하는 데 유리하다.

② **실험연구의 경우** : 예비실험을 통해 기기의 적절성, 실험조처의 적합성 등을 확인 한다. 예상되는 관련성이나 차이가 본연구나 본실험에서 제대로 나타날 것인지를 확인해 보는 데도 유용하다.

5) 본 조사(본 실험)를 통한 자료수집

예비조사(실험)를 통해 수정 보완한 다음, 본조사를 행한다. 본 조사(실험)를 시작하기 전에 모든 사항을 면밀히 점검해야 하며, 자료의 분석계획까지도 미리 세워 놓아야 한다.

4_ 자료 처리 및 분석방법

조사연구나 실험연구에서는 수집한 자료들 중에 유용하지 못한 자료에 대해 언급하고, 유용한 자료들의 분석방법을 밝힌다. 설문지를 이용한 조사연구의 예를 든다면, '회수한 총 216부 자료 중에 부실한 16부를 제외한 200부를 분석 자료로 사용하였다. 자료 분석은 SPSS패키지를 사용하여, 성별, 연령대에 따라 평균치와 표준편차를 구하고, 성별에 따른 차이는 t-test, 연령대에 따른 차이는 f-test로 각각 검증하였다' 등과 같이, 주로 적용한 통계처리법을 밝힌다.

조형예술 분야의 연구의 경우에는 '디자인 제안과정에 따라 컨셉을 설정하고 이를 이미지맵으로, 타깃을 선정하고 이를 라이프스타일 맵으로, 소재 및 색채계획을 행하고 그 결과를 소재 맵과 칼라 맵으로, 아이템을 구성하고, 그 결과를 아이템으로, 디자인한 결과를 패션일러스트레이션과 도식화로 각각 나타내었다. 이들 결과물을 포트폴리오 형식으로 제시하였다.' 등으로 서술할 수 있다.

5_ 연구방법 및 절차작성의 예

Ⅲ. 연구방법 및 절차

① 가설, 연구문제, 연구모형 등을 확실하게 제시 : 문헌조사의 결과물로 얻은 가설이나 연구문제 혹은 연구모형을 확실히 제시한다. 서론에서 연구문제로 서술한 내용을 서술하면 편리하다.

② 조사대상, 개념의 조작적 정의, 사용 척도, 자료수집 및 분석방법 등 : 조사대상자표집방법, 인원, 설문지 항목구성, 어떤 방법으로 자료를 수집했는지, 실험기기 및 실험방법 등을 상세히 서술한다. 그리고 자료처리 및 분석방법에서 적용한 통계방법 등에 대해서도 상세히 언급한다.

③ 연구의 실증성 : 제시한 연구방법대로 다른 사람들이 반복실험을 할 수 있게 상세히 서술함으로써,' 그대로 따라 해 보면 이런 연구 결과가 나올 것이다'를 암시하여, 연구의 실증성을 밝혀야 한다.

④ 측정도구 : 실험실 실험은 표준화된 도구나 방법을 적용하는 것이 바람직하며, 조사연구의 경우에는 특히 측정도구에 대해 충실히 설명하여야 한다.

⑤ 표본추출과정과 표본 특성 : 연구의 결과에 차이를 가져올 수 있는 표본추출과정과 표본특성에 대해 충분한 설명이 있어야 한다.

⑥ 시료 및 시약, 장비, 실험시간 및 반복횟수와 더불어 실험 환경조건 등 : 실험실 연구에서는 이들에 대해 통례에 따라 구체적으로 제시해야 한다.

⑦ 생략할 수 있음 : 연구대상이나 자료 등을 포함한 연구방법과 절차를 서론 부분에서 언급하는 문헌연구에서는 별도의 'Ⅲ. 연구방법 및 절차' 부분을 생략할 수 있다.

〈그림 6-5〉 '연구방법 및 절차' 작성의 예

5. '연구 결과 및 논의' 구성 및 작성하기

1_ 연구 결과 제시 순서 및 방법

결과는 연구문제의 순서에 맞추어 제시하는 것이 읽기에 수월하다. 연구 결과는 주로 표와 그림으로 제시하는데, 이는 시각적으로 알아보기 쉽기 때문이다. 연구결과를 본문에서 표나 그림으로 제시할 경우에는 본문에서 'ooo 에 대한 결과는 〈표 1〉과 같다' 등으로 서술한 다음에 표나 그림을 제시하는 것이 일반적이다.

표 제목은 표의 상단부분에, 그림제목은 그림의 하단 부분에, 가능하면 영어로 적는 것이 오늘날의 추세이다.

2_ 통계 분석에 대한 해석과 논의

연구결과를 표, 그림 혹은 서술식으로 제시한 다음에는 결과에 대한 연구자의 논의가 반드시 있어야 한다. 주로 이론적 근거, 선행연구의 결과, 연구자의 기대 등과 관련하여 논의하도록 한다.

통계분석은 숫자로 제시되는데, 이와 같은 결과 못지않게 중요한 것이 이에 대한 해석이다. 이론적 근거 또는 선행연구와 비교 검토 등을 통해서 연구결과의 의의를 해석하고, 이를 기존 이론의 틀에 맞추어 결론을 내리는 과정이 잘 이루어져야 좋은 연구라 할 수 있다. 문헌조사에서 습득한 연구 분야에 대한 지식을 유용하게 사용해야 한다.

3_ 연구결과 및 논의 작성의 예

Ⅲ. 연구결과 및 논의(고찰)

1. 연구 문제 1 제목 적기(예 : 연령에 따른 색상 선호도 조사 연구)

1) 세부문제 1의 제목(예: 3원색과 무채색에 대한 연령별 선호도 등)

3원색과 무채색에 대한 연령별 선호도를 조사 결과는 〈표 Ⅲ-1〉 및 〈그림 Ⅲ-1〉과 같다.

〈표 Ⅲ-1〉 연령에 따른 색상 선호도

색상 / 연령대	빨강	노랑	파랑	흰색	검정	계	X^2값
20대							
30대							
40대							
50대							
60대							
계							

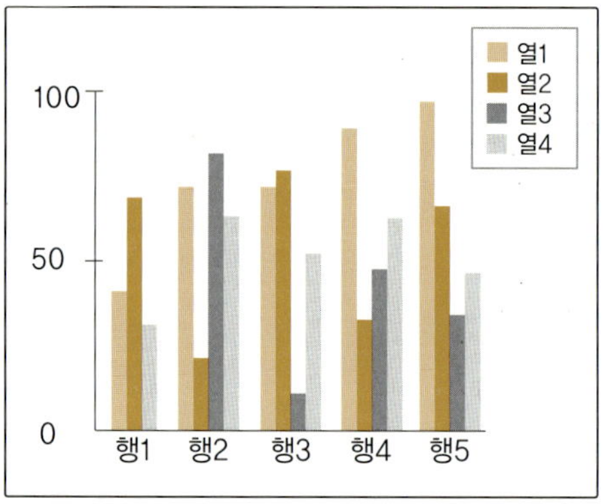

〈논의(고찰)〉 : 선행연구 결과 등과 본 연구 결과를 비교, 차이점 검토 – 이론적 배경을 활용하여 그 이유를 밝히는 것이 바람직함

〈그림 6-7〉 연구결과 및 '논의' 작성의 예

6. '결론 및 제언' 작성하기

1_ 연구 전반에 대해 요약하기

결론부분만 보아도 연구가 어떻게 행해져서 이러한 결론을 도출했는지 알 수 있도록 연구 전반에 대해 다음의 예와 같이 요약하는 것이 바람직하다.

2_ 연구 결과 일반화하기

결론은 연구문제에 대한 해답이라고 볼 수 있으며, 연구 결과를 추상적 개념의 수준으로 일반화시킨다.

예를 들면, 〈연구문제 1〉에서 각 세탁물온도에 따른 세척효율을 측정하였고, 〈연구문제 2〉에서 세제종류에 따라 세척효율을 측정한 결과를 얻었다면, 결론부분에서는 '세탁물의 온도가 높아질수록 세척효율이 높았다든지, 세제의 알칼리도가 높을수록 세탁효율이 높다' 든지, 이를 종합하면, '알칼리도 높은 세제로 고온에서 세탁할수록 세척효율이 높다' 등으로 일반화하여 결론을 내려야 한다.

3_ 제언하기

결론 끝부분에서 연구결과에 대한 학문적 입장에서 후속연구에 대해 제언을 서술하고, 실용적 입장에서 연구 결과의 활용에 대한 입장을 밝힌다.

4_ 결론 및 제언 작성의 예

Ⅵ. 결론 및 제언

이상과 같이, (연구목적)-- 하기 위하여, (연구문제)-- 에 대해서, (연구방법) --한 방법으로 살펴보았으며, 그 결과를 요약하면 다음과 같다.

1. **'연령대가 높아짐에 따라. 무채색을 선호도가 높은 것으로 나타났다.' 등으로 연구결과를 일반화한다.**

2. ……

▷ 학문적 입장에서 제언하기 : 예를 든다면 '본 연구는 여성들의 선호색에 대해 살펴보았는데, 다음 후속연구에서는 남성의 선호색에 대해 살펴볼 계획이다' 등으로 서술할 수 있다.

▷ 실용적 입장에서 제언하기〉 : 예를 든다면. '이와 같은 본 연구결과가 의류 상품의 색채 계획 등에 활용될 것으로 생각된다.' 등으로 서술할 수 있다.

〈그림 6-8〉 결론 및 제언 작성하기

7. 참고문헌 작성하기

1_ 참고문헌 작성방법

APA법에 의거하여 인용한 문헌의 서지 사항을 정확하게 작성한다.

연구보고서 작성하는 과정에서 인용했을 때마다 기재하였다면, 참고문헌의 기재한 내용을 본문과 다시 대조하여 다음 사항을 확인, 점검하여 수정 보완하도록 한다.

2_ 구체적 방법

본문 중에서 인용문헌의 저자명 뒤에 괄호 하여 발표년도를 표시하게 하는 점이 특징적이다. 동일 저자의 논문을 2편 이상 인용 시에는 연도 뒤에 a, b 등을 붙여 구별한다. 저자명이 영문일 경우에는 성을 쓰고 쉼표(,)하고 이름의 첫 글자만 밝힌다. 저자가 두 명 이상이면 마지막 두 사람 사이에 '&' 를 넣는다.

1) 논문

제목은 첫 글자와 고유명사만 대문자로 하고 나머지는 소문자로 한다. 논문 제목 뒤에 마침표(.)를 찍고 학술지 명(名)과 권(卷, volume)을 이탤릭체로 쓰고, 쉼표(,)를 찍고 쪽수를 쓴 후 마침표(.)를 찍는다.

2) 서적

책명은 이탤릭체로 쓰며, 출판지역 뒤에 콜론(:)을 붙인 후 출판사명을 쓴다. 편저의 경우인 경우에는 저자명 뒤에 편집자(editor)임을 나타낸다. 편집자가 1명일 때는 (Ed.), 2명 이상일 때는 (Eds.)를 붙인다.

3) 인터넷 자료

인터넷 자료의 인용 시에는 URL 전체와 검색 연월일을 기재한다.

3_ 참고문헌 기재한 사례

1) 학술지

Zaichowsky, J. L. (1985), Measuring the involvement construct. *Journal of Consumer Research, 12(3)*, 341-352.

이연순, 양경숙 (2012), 천연염색 임부복 디자인 개발을 휘한 임산부들의 선호도에 관한 연구-대구 경북지역을 중심으로-. *한국의상디자인학회지 14(1)*, 61-67.

2) 학위논문

이연순 (1976), *CAD를 이용한 직물문양 디자인에 관한 연구*. 효성여자대학교 대학원 석사학위논문.

3) 서적

Shaw, M. E. & Wright, J. M. (1967), *Scales for measurement of attitudes*, New York; McGraw-Hill.

이연순 (2012). *의상 전공자 및 예비교사를 위한 논리 · 논술*, 대구; 영남대학교 출판부.

4) 인터넷 자료(한국의류학회 참고문헌작성규정에 의함)

Hilts, P. J. (1999, February 16). In forecasting their emotions, most people flunk out. New York Times. Retrieved November 21, 2000, from http://www.nytimes.com

'Positive signs' in job market at the second half due to the spread of the five-day work week. (2002, July 7). DongaIlbo. Retrieved September 21. 2002, from http://www.donga.com

사항	내용	사항	내용
타겟	30대 전 · 후반	디테일	스팽글, 진주형 비즈, 크리스탈
컨셉	단아하고 여성스러운	디자인 특성	여성스런 엠파이어스타일, 화려한 레이스 소재로 흐르느 듯한 A라인 실루엣에 가슴부분 크리스탈을 포인트로 사용
소재	레이스, 공단, 베일망		
색상	화이트		
실루엣	하이웨이스트 A라인	어울리는 체형	큰키 / 마른 체형

〈이미지맵〉

〈소재맵〉

〈패션 일러스트레이션〉

도식화

〈완성한 작품〉

〈착장한 모습〉

제7장

창의적 사고는 무엇이며, 의상분야에 어떻게 적용할까?

창의력을 키우자! 한국 사람은 창의력이 부족하다, 창의성을 높이는 교육을 해야 한다! 우리 아이의 창의성은 어느 정도인가?

이렇게 한국은 근래 창의성 바람이 거세게 불고 있다. 걸음마를 배우는 아기부터 엄마 손에 이끌려 창의성놀이학교로, 초 · 중 · 고교에서는 각종 창의성개발 교육기법 개발, 취업 앞둔 대학생들은 기업의 창의적 인재 선발을 위한 기상천외한 면접에 대비, 심지어 일반인들까지 창의성 개발을 위해 책 읽고, 강연 듣고, 영감을 얻기 위해 여행을 떠나기도 한다.

창의성이 대체 무엇이며, 어떤 점이 이로운 것인지? 어떻게 개발해야 하는지? 창의력 개발을 위한 교육은 어떻게 해야 하는지? 의상분야에서는 어떻게 적용해야 하는지? 창의성에 대해 궁금한 것이 너무 많은 듯하다. 이에 본 장에서는 이러한 궁금한 점을 해소하기 위해 위에 열거한 내용들에 대해서 함께 살펴보기로 하겠다.

1. 의상분야와 창의성

1_ 창의성 및 창의적 사고의 개념

1) 창의와 창조

'창의성(創意性, creativity)' 이란 사회와 문화에서 가치를 부여할 수 있는 새로운 물건이나 아이디어를 만들어 내는 것뿐만 아니라, 문제를 해결하기 위해 새로운 의견을 생각해 내어 그것을 기초화하는 인격적 특성을 의미한다(전경원. 1995). 또한 창의성은 새로운 생각이나 개념을 찾아내거나 기존에 있던 생각이나 개념들을 새롭게 조합해 내는 것과 연관된 정신적이고 사회적인 과정이며, 창조성(創造性)이라고도 한다. 창조성의 또 다른 개념은 '새로운 무엇을 만드는 것' 이다. 따라서 창의력, 창조력은 새롭고 신기한 것을 낳는 힘 또는 능력을 의미한다.

이와 같이 '창의성' 의 개념에 대해 학자에 따라 다양하게 말해지고 있으나, 공통적인 핵심적 개념으로 새로움과 적절성을 들 수 있다. 여기서 새로움이란 독창적, 독특함, 새로운, 신선한, 예기치 못한 등의 의미를 포함하고 있으며, 적절성은 유용한, 구체화된, 가치 있는, 의미 있는, 과제 조건을 충족시키는 등의 의미가 내포되어 있다.

어떤 결과나 산출물이 창의적이라 평가되기 위해서는 이 두 핵심적인 요소를 충족시켜야 한다. 즉, 새롭기만 하고 적절하지 않거나, 적절하지만, 새롭지 않다면 창의적이라 할 수가 없다. 그러나 새로움과 적절성은 소속된 사회나 집단에 따라 그 정의가 달라지므로, 창의성은 사회의 맥락에서 평가되어야 한다. 즉 어떤 사회에서는 이미 창의적이지 않는 것이 다른 사회에서는 창의적일 수도 있기 때문이다.

따라서 창의성은 인간의 삶의 질적 수준을 행상시키는데 도움이 되고 가치있는 문화 특성이나, 문명이기를 창출해 내고자, 자연현상이나 삶에 대해 새로운 시각에서 통찰하거나 융통성 있는 발상의 전환과 사고의 전환을 통해서 가치있는 지적, 과학적, 문화적 아이디어와 산출물을 생산해 낼 수 있는 능력이라 할 수 있다(한국교육개발원 2006). 이를 요약하면, 창의력은 새롭고 가치 있는 것을 만들어 내는 힘 혹은 능력이라 할 수 있다(정범모, 2005). 그리고 창의성은 인간이 일상생활에서 당면하는 제반 사태나 문제를 개인 나름의 새롭고 특유한 방법으로 해결해 나가는 활동이며 인간 모두가 가지고 있는 보편적 능력이자 특성인 것으로 말해진다.

2) 창의적 사고

토랜스(Torrance,1995)는 창의성을 세 가지 측면에서 다루었다. 창의적 사고의 과정에 초점을 둔 '연구용 정의', 그림 등으로 창의성을 보여주는 '예술적 정의', 생존하기 어려운 위기 상황에서 생존을 위해 나타나는 창의적인 반응을 다룬 '생존적 정의'가 바로 그것이다.

'연구용 정의'에 따르면, 창의적 사고는 어려운 문제나 빈틈을 인식하고 그러한 빈 곳을 메우는 추측을 하거나 가설을 만들며, 그러한 가설을 검증하고 마지막으로 그 결과를 다른 사람에게 말하는 것이다. '예술적 정의'에 따르면, '창의적 사고'는 비유적인 설명을 하는 것으로, 열린 문을 그려놓고는 '문 밖으로 나가는 것과 같다'는 말로 설명하는 것이다. '생존적 정의'에 따르면, 창의적 사고란 극한 상황에서 그 상황에 맞는 생존방법을 찾아내는 능력을 말하며, 이전의 사례를 참조하여 지금 현 상황에 맞는 "새로운 형태의 것으로 상상하여 재조합"하는 능력을 의미한다.

3) 인간과 창의성

창의성은 모든 인간 본성에 내재하는 기본적 특성이며(Maslow), 인간의 삶에 있어서 대단히 중요한 의미를 가지고, 인간을 인간답게 하는 힘이라 할 수 있다. 왜냐하면, 다른 동물들의 삶은 오랜 시간이 흘러도 크게 달라지지 않지만, 인간은 창의성을 활용하며 인간의 삶을 끊임없이 새롭게 만들어 왔으며, 앞으로도 계속 새롭게 만들어 갈 것이라 예측할 수 있기 때문이다. 오늘날, 사람들은 찬란한 문화를 꽃피우고, 과학 및 기술의 산물인 최첨단 문명의 이기들을 사용하여 편리하고 안락한 삶을 누릴 수 있음은 이들을 발명하고 발견할 수 있게 한 인간의 창의성 덕분이라 할 수 있다. 즉 인간의 창의성에 의해 많은 발명과 발견을 할 수 있었으며, 이로 인해 인간이 풍요로운 삶을 이루고 있는 것이다.

사람들은 일상생활 속에서도, '오늘은 패션 코디네이션은 어떻게 해 볼까. 화장을 어떻게 하면 아름답게 보일까' 등등 끊임없이 궁리하는 창의적인 활동의 삶을 영위하고 있다.

그러나 사람들이 나이가 들어감에 따라 점차 창의력이 둔해지고 창의적 행동도 잘 하지 않게 된다. 이는 다른 사람의 평가와 사회적 관습을 의식하게 됨으로써 고정관념의 틀 속에 갇혀 버리는 경향이 있기 때문이다.

옳고 그름, 선과 악으로 이분하는 사고방식, 흑백논리 등으로 확연히 구분 짓는 경직된 사고체계 및 교육제도 속에서는 창의성이 표출되기 어렵다. 자신의 창의적 사고를 방해하는 생각의 예로는 '정확한 답하기, 그것은 논리적이지 않다, 규칙을 준수하기, 실용적으로 사고하기, 실용적으로 행동하기, 놀이는 하찮은 것이다, 그것은 내 분야가 아니다, 바보 같은 짓은 하지말자, 실수는 나쁜 것이다, 나는 창조적이지 않다' 등이 있다. 따라서 창의성을 키우기 위해서는 본인 스스로가 이러한 생각을 버리고 긍정적으로 생각하는 습관을 기르도록 해야 한다.

4) 창의성의 3 가지 측면(속성)

창의성이라는 말은 매우 다양하게 사용되고 있어 그 의미가 다소 불분명하여 혼란스러운 면이 있다. 그러나 대부분의 논의에서 창의성은 핵심적이고 공통적인 요소로 참신성, 효과성, 윤리로 요약되고 있다.

① **참신성(novelty)** : 참신성(새로움, 독창성)은 창의성의 궁극적인 목표인 동시에 결정적인 속성이다. 창의성의 최종적인 판정기준은 새로움에 있다. 특정한 사고의 과정이 매우 신기하고 많은 아이디어를 산출하더라도 새로움이 없으면 창의적이라 할 수 없다. 창의적 산출이나 창의적 행동, 그리고 창의적 사고 과정은 반드시 잘 알려진 것이 아니어야 한다. 창의성의 지향점은 새로움(즉 독창성)에 있고, 유창성이나 융통성은 이 새로움에 도달하기 위한 하나의 방편이므로, 새로움이 더 핵심적 속성이라 할 수 있다. 창의성의 결정적인 속성인 새로움의 판정에는 그 판정 대상, 아이디어를 산출한 사람이 속한 집단의 시간적 및 공간적 한계 범위가 고려되어야 한다. 즉 '이 세상에서 아직까지 발견되거나 창안된 적이 없는 새로운 아이디어나 산물을 산출한 것인가? 아니면 특정한 지역 또는 특정한 영역 내에서만 새로운 것이라고 할 수 있는 것인가?' 가 고려되어야 한다.

② **효과성(effectiveness)** : 특정한 목표를 효과적으로 달성하는 것이다. 여기서 목표라 함은 심미적, 예술적 또는 영적인 것뿐만 아니라, 경쟁에서 이기는 것이나, 이윤을 얻는 것과 같이 물질적인 것도 가능하다.

③ **윤리(ethicality)** : 창의성이라는 용어는 이기심, 파괴적인 힘, 범죄, 전쟁 도발 등과 관련해서는 사용되지 않는다. 창의성은 그 자체로 다양한 속성을 가지고 있어서 하나의

용어로 포함시킬 수 없으나, 결정적인 속성은 새로움이라 할 수 있다. 이와 같은 속성을 가진 사람들이 무엇인가 새로운 것을 발견 또는 발명하는 것으로 여기는 경향이 높다. 그러나 창의성이란 아주 가깝고 흔한 것으로부터 발생한다. 새롭고 좀 더 효율적인 문서분류 체계를 고안한 비서, 새로운 도구를 고안한 공장노동자, 책꽂이를 만들기 위해서 단단한 원통형의 블록을 이용하는 학생 등 이들 모두가 창조적인 활동을 하고 있는 것이다.

즉 창의성이란 지금까지와는 다른 새로운 가치가 있는 것을 만들어 내는 능력으로, 조직에 있어서 각자 업무의 참된 목적을 주체적으로 받아들이고, 그것을 달성하고자 독자적인 발상에 근거하여 혁신적으로 행동하는 것이라 말 할 수 있다. 따라서 창의적 활동 혹은 산출물을 만들고자 할 때는 이상과 같은 창의성의 속성을 가지도록 해야 한다.

2_ 창의적 사고의 구성요소

인간은 기본적으로 창의적인 존재이며, 창의성이 누구에게나 잠재된 가능성이지만, 개인차는 있다. 이에 학자들은 창의성이 어떻게 구성되어 있는지에 대한 연구를 행하였으며, 그 결과 창의적 사고는 창의적 사고 능력과 창의적 성향으로 구성되어 있는 것으로 말해지고 있다(이종련 외, 2006).

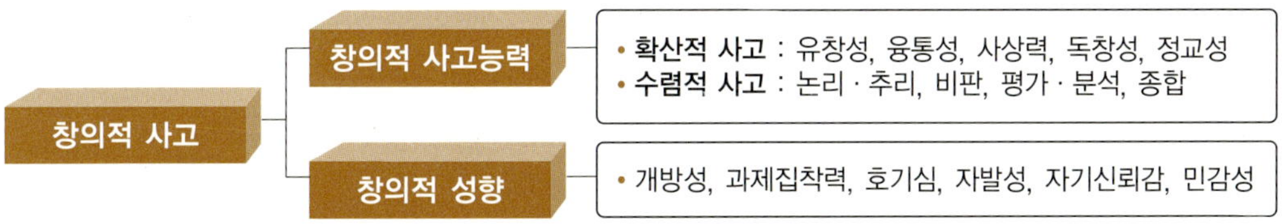

〈그림 7-1〉 창의적 사고의 구성

1) 창의적 사고능력

창의성은 '미리 예측되지 않은 또는 정해져 있지 않은 다양한 해결책이나 답을 모색하는 사고' 인 확산적 사고가 창의적 사고의 중심이다(Guilford). 그러나 창의적 문제해결을 위해서는 새로운 아이디어를 생성하는 것만으로는 충분하지 않다. 왜냐하면 생산된 아이디어를 사용 가능한 구체적인 아이디어로 평가하고 발전시켜 나가는 것도 중요하기 때문이다. 이러한 사고를 확산적 사고에 대비하여 수렴적 사고라고 한다.

① **확산적 사고 :** 확산적 사고는 창의성의 중심이며, 미리 예측되지 않은 또는 정해져 있지 않은 다양한 해결책이나 답을 모색하는 사고이다. 문제에 대한 감수성, 사고의 유창성, 융통성, 독창성, 정교성, 재구성력, 집착성 등의 사고능력이 이에 포함된다.

· **유창성** : 특정 상황에서 가능한 한 많은 양의 아이디어를 산출해 내는 능력이다. 예를 들어, 우산 디자인을 개발한다면 현재 사용되는 우산의 문제점을 가능한 한 많이 생각해야 한다.

· **융통성** : 고정적인 사고방식이나 시각 자체를 변환시켜 다양한 해결책을 찾아내는 능력이다. '우산디자인 개발' 의 예에서, 우산을 사용하지 않을 때 우산을 펴서 천정에 거꾸로 매달아 양말용 빨래널이로 사용할 방법도 생각해 낼 수 있다.

· **상상력** : 과거 경험을 기초로 해서 앞으로의 행동을 계획할 수 있도록 하는 새로운 표상을 만드는 능력이다. '우산디자인 개발' 의 예에서, 비바람 시에는 비가 삐쳐서 하의가 물에 젖었던 경험을 생각해 내고, 어떻게 하면 그것을 방지할 수 있을지 아이디어를 모아 볼 수 있다.

· **독창성** : 기존의 사고에서 탈피하여 희귀하고 참신한 새로운 해결책이나 아이디어를 산출하는 능력이다. '우산디자인 개발' 의 예에서, 젖으면 색이 변하는 우산, 들지 않고 머리에 얹는 모자형 우산, 사각형 우산 등 다른 어떤 기발한 새로운 형태를 고안한다.

· **정교성** : 생각한 아이디어를 발전시켜 표현하는 능력이다. '우산디자인 개발' 의 예에서, 새롭게 상상한 기발한 우산들을 만들어 보기 위해 그 모습을 상상하여 상세히 그려본다.

2) 수렴적 사고

수렴적 사고는 문제를 해결하기 위해 사용하는 사고방식의 한 종류로서, 지식과 논리법칙을 동원하여 여러 가지 가능한 해결책이나 답들 가운데 최종적으로 가장 적합한 해결책이나 답을 모색해 가는 사고방식을 말한다. 수렴적 사고는 논리 및 추리, 비판과 평가, 분석, 종합의 요소로 이루어진다.

· **논리 및 추리** : 경험적 증거나 타당한 논리를 근거로 하여 사고의 전개에 있어 전후관계가 일치하도록 하는 능력이다. 위에 든 예에서, 기발한 아이디어로 개발한 우산을

여러 사람에게 사용하게 한 후에 장단점을 도출한다.

- **비판과 평가** : 어떠한 상황이나 사실의 옳고 그름을 가려내는 능력이다. 위에 든 예에서, 기발한 아이디어의 우산이 실생활에 유용할지 판단해 본다.
- **분석** : 언뜻 보기에는 하나처럼 통일되어 보이는 개념이나 사물을 그 속성이나 요소로 분해하여 이해하는 능력이다. 위에 든 예에서, 모자형 우산을 만드는 아이디어를 얻기 위하여 모자의 구조, 소재, 사용 등에 대해 분석해 본다.
- **종합** : 나열되거나 대립되어 있는 사물의 개념을 통일시켜 하나의 의미로 정립시키는 능력이다. 위에 든 예에서, 모자형 우산을 더욱 아름답게 만들어 평소에도 활용할 수 있도록 한다면 유용한 발명품이 될 것이라는 결론을 내릴 수 있다.

확산적 사고와 수렴적 사고는 자전거의 두 바퀴처럼 상호보완적으로 작용해야 한다. 즉, 확산적 사고는 새로운 아이디어를 생성하고, 수렴적 사고는 산출물의 새로움(독특함)과 적절성(유용성)을 판단하거나 평가하고, 문제점이나 부족한 점을 발견하여 더 새롭고 적절한 아이디어를 생성하도록 한다. 또한 많은 문제해결 과정에서는 수렴적 사고와 확산적 사고가 함께 일어난다.

3) 창의적 성향

창의적 사고능력이 뛰어난다고 해서 반드시 창의적 사고를 잘한다고 말할 수는 없다, 왜냐하면, 창의적으로 사고하는 것을 겁내거나 귀찮아하는 등 정신적으로 지쳐있다면, 창의적 사고 능력이 발현되지 않을 가능성이 크기 때문이다. 그러므로 창의적 능력이 작용하는 과정에서 타인에게 요구하는 창의적 또는 태도적인 특성인 창의적 경향이 요구된다.

창의적 성취에 도움이 되는 성향에 대해 여러 학자들이 다양하게 주장하고 있는데, 이들을 종합하면, 개방성, 과제집착력, 호기심, 자발성, 자기신뢰감, 민감성이라 요약할 수 있다.

- **개방성** : 인간의 태도, 생각, 경험 등이 기존 사고의 틀에 얽매이지 않고, 거리낌 없이 시공간을 자유롭게 드나들면서 교류하게 하여 새로운 가능성을 탐색하는 성향을 말한다.
- **과제집착력** : 특정 주제나 상황에 주의를 집중하고, 문제가 해결될 때까지 끈질기게 물고 늘어지는 성향을 말한다.

· **호기심** : 주변 사물에 대해 의문을 갖고, 끊임없이 질문을 제기하는 성향이다.

· **자발성** : 문제 상황에 적극적으로 대처하고 타인의 요구나 강요가 아니라, 자신의 내적 동기에 의해 필요한 아이디어를 산출하는 성향이다.

· **자기신뢰감** : 자신이 생각해낸 아이디어에 대한 가치를 인정하고 다른 사람들의 평가로부터 구애받지 않으려는 성향이다.

· **민감성** : 일상생활에서 접할 수 있는 문제나 주위 환경에 대해서 세심한 관심을 가지고 당연히 여겨지는 것에 대해서도 의문을 품는 성향이다.

3_ 창의적 아이디어는 저절로 생기나?

창의성에 대한 초기 연구자들은 창의성이 종종 갑작스런 영감에 의해 발생한다고 주장했지만, 영감의 역할에 대한 현대 연구자들의 견해는 다양하다.

역사적으로 특출하게 창의적인 사람들 중에는 아무런 노력 없이 창의성이 발현된 경우도 있는 것으로 본다. 그들은 편안한 상태를 유지하거나 아이디어가 나오도록 하는 것만으로도 창의성을 유도할 수 있었으며, 창의성은 열심히 일하는 것과 관계가 없다는 점을 지지해 주기도 한다. 그러나 사실 그들은 수 년 동안 그 분야에 대해서 열심히 연구하거나, 연습을 해왔다. 즉, 창의성은 다음과 같은 요인에 영향을 받는다.

1) 특정한 영역과 관련된 지식이나 구체적인 기술

특정한 영역과 관련된 지식이나 구체적인 기술이 창의성을 포함한 모든 영역에서 중요한 역할을 한다. 특별한 요인의 상대적 중요성은 영역에 따라 다르다,

2) 순전히 우연한 사건에 의해 창의성이 발현되는 것인가?

우연한 사건으로 인해 창의적인 해결책을 찾기도 한다. 그 우연한 기회는 완전히 우연한 기회(blind chance), 뜻밖의 발견(serendipity), 근면함이 가져다 준 행운(luck of the diligent), 자신이 이끌어낸 행운(self-induced luck) 등으로 분류된다. 진정으로 창의적인 사람은 네 종류의 행운이 항상 따르는 것으로 나타나므로, 창의성은 순전히 행운 때문인가에 대해서는 의문을 갖게 한다.

이 문제에 대해 저명한 학자 한 분은 '기회는 준비된 자에게만 찾아 온다' 고 말했다.

3) 준비된 정신(prepared mind)이 창의성을 발현하게 한다.

보고에 의하면 호기심, 위험감수, 자신감, 유능감 등이 포함된 준비된 정신이 창의성을 발현되게 한다. 예를 들면, 폴라로이드 카메라를 발견한 렌드는 평소 즉석에서 현상되는 카메라를 발견하고자 하는 강한 의도와 지식을 가지고 있던 와중에 폴라로이드 카메라를 발명하게 되었다 한다. 이는 그의 부지런함을 통해 창의적인 산출을 하게 된 단적인 예이다.

4) 정신건강이 잠재된 창의성 개발에 필수적이다.

창의적인 예술가 중에는 정신적 장애가 있는 사람의 비율이 높다. 그것은 예술적 창의성은 일상적인 것을 탈피하여 작품은 자기를 통해서 본 세상이므로 그러한 경향이 높은 것이다. 그러나 과학 분야는 현실의 왜곡으로 인해 밝혀지지 않은 것에 대한 체계적인 확장과 결합이 포함되어야 하므로 전혀 그렇지 않다.

일반적으로 창의성에는 높은 수준의 정신건강이 요구되는 것으로 주장된다. 정신건강이 잠재적 창의성을 계발하는데 필수적이며, 또한 창의성은 정신건강을 촉진한다는 주장도 있다. 창의성 출현에 융통성, 개방성, 자율성, 의지, 현실적 자기 평가 등과 같은 심리적 특성이 반드시 필요한 것으로 간주된다.

건강한 성격발달에 개방성, 융통성, 인내심, 창의적 성격 특성이 필요하다고 하며, 창의적이지 않는 사람들은 자기배려에 어려움이 있고, 자기 - 일관성이 부족하다고 하며, 이런 사람들에게 창의성을 계발하게 함으로써 자기실현을 촉진시킬 수 있다. 또한 인지과정을 강조하는 측면에서 창의적이지 않은 사람들은 외적 환경으로부터 유입되는 정보를 협소하고 융통성 없게 처리하는 반면에, 창의적인 사람들은 개방적이고 융통성 있게 처리함으로써 자료를 확실하고 안전하게 처리하는데 도움이 된다.

5) 창의성과 지능

일부 학자들은 지능이나 창의성 중 하나만으로는 재능 있는 행동을 효과적으로 유도해 낼 수 없다고 주장한다. 학업성취도 연구에서는 성취수준이 높은 학생들의 대부분은 창의성과 지능이 모두 높은 것으로 보고되고 있다.

이와 같이, 창의성과 지능이 관련은 있지만, 동일한 것은 아니며, 상호작용하는 지적 능력이라 할 수 있다. 지능이 어느 정도 이상이면, 지능과 창의성은 상관이 없는 것으로 보고되고 있다. 그러나 창의성이 발현되는 데는 최소한의 지능이 필요하다. 창의성의 정도는 지능을 이용해서 정보를 처리함으로써 창출된 참신성의 정도에 달려 있으며, 지능이 지나치게 낮거나 적절한 환경의 결핍으로 정보에 접근할 수 없는 사람은 인출하거나 창의적으로 처리할 수 있는 정보가 적거나 없어 창의성을 발현하기 어렵다. 창의성은 정보를 융통성 있고 다양하게 처리함으로서 발생한다. 따라서 창의성이 부족하다는 것은 정보를 단지 관습적으로 사용한다는 것을 의미한다. 또한 '지능은 탁월한 성취의 필요조건이나 충분조건은 아니다' 라는 연구 결과는 성장과정에 창의성, 성취동기, 정서통제력, 리더십과 같은 변인들이 탁월한 성취를 결정한다는 사실을 보여준다.

충분한 지식과 경험이 쌓이면 이것들이 문제해결의 징검다리 역할을 해준다. 그러나 지식과 경험이 아직 충분하지 않다면 인위적인 징검다리를 빌려서라도 사고의 능력을 높여야 한다. 강제연결법이 유용하며, 징검다리가 문제와 별로 상관이 없을수록 오히려 효과가 크다. 예를 들어, 모자 제조회사의 디자인 개발 부서에서 참신한 아이디어를 얻기에 골몰하고 있다고 가정해 보자. 이때 누군가 '양파' 를 징검다리로 활용하자고 제안했다면, 먼저 양파의 속성을 적어본다. '여러 겹이다, 독특한 향이 이다. 눈물이 난다' 등 양파의 특성을 열거해 보고 이러한 양파의 속성을 모자에 결합시켜 본다면, 양파 같은 독특한 실루엣의, 얇고 보드라운 소재를 겹겹이 겹친 형상의, 향기가 나는 여태 없던, 새로운 모자 디자인을 얻을 수 있을 것이다.

4_ 창의적 사고는 어떤 과정으로 진행되나?

창의적 사고가 진행되는 과정에 대해서 여러 학자들의 다양한 의견들이 있다. 이들을 종합하면, 대체로 창의적 사고가 이루어지는 과정은 문제 발견, 아이디어, 해결방안 탐색, 창안한 아이디어나 해결방안 평가의 순으로 이루어진다고 할 수 있다.

창의적인 산물을 도출하기 위해서는 창의성을 구성하는 모든 요소들이 체계적으로 작용해야 하며, 그러한 과정을 통해서 독창적이고 참신한 산물을 얻을 수 있다.

1) 문제 발견단계

첫 번째 단계는 문제 상황에서 문제를 발견하거나 정의하는 것이다. 이 단계에서 중요한 것은 다른 사람들은 전혀 문제라고 생각하지 않은 것을 문제라고 지각하거나, 다른 사람과는 다른 시각에서 문제를 규명하는 능력이 요구된다(de Bono, 1986).

2) 아이디어, 해결 방안 탐색단계

두 번째 단계에서는 유창성, 융통성, 독창성이 발휘될 수 있는 여러 가지 창의적 사고기법들을 활용하여 다양하고 기발한 아이디어나 해결방안을 탐색하며, 그 결과에 대해 정교성이 가미되어 아이디어를 다듬는 과정이다.

3) 평가 단계

이 단계에서는 두 번째 단계에서 창안한 아이디어나 해결방안에 대해 그 실용성과 가치를 따져보는 검증작업이 이루어지며, 주로 논리적, 비판적 사고가 작용하는 단계이다.

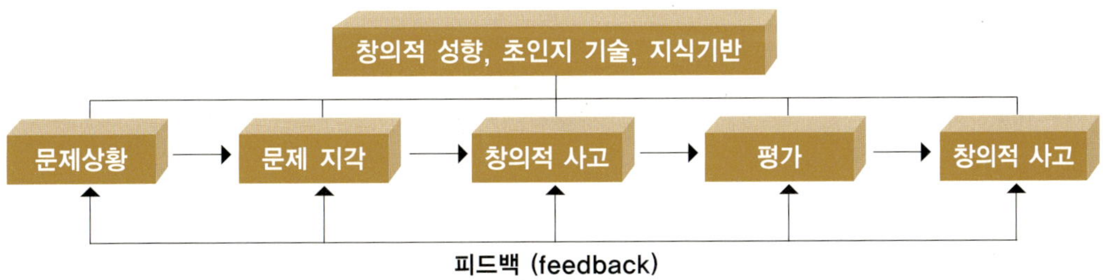

〈그림 7-2〉 창의적 사고 과정 모형

5_ 의상분야에서 논리적 사고와 창의적 사고의 조화로운 적용

1) 논리적 사고와 창의적 사고는 대립적인가?

생각하는 힘은 논리적 사고와 창의적 사고를 바탕으로 형성된다. 이성과 감성의 조화를 이루어야 전인적인 발달이 이루어지듯이, 논리와 창의성을 함께 갖추도록 하는 것이 중요하다. 논리성은 없고 창의성만 있다면 길을 잃고 헤매기 쉬우며, 창의성이 없고 논리성만 있다면 메마른 논의 벼와 같이 풍요롭지 못하기 때문이다.

논리적 사고와 창의적 사고가 얼른 보면 대립적인 성격을 띠는 것으로 보일 수 있으나,

사고과정을 자세히 살펴보면, 논리적 사고는 창의적 사고를, 창의적 사고는 논리적 사고를 서로 관여하면서 어우러지고 있음을 알 수 있다. 창의적 사고는 새로운 아이디어를 떠올리게 하는 것이며, 논리적 사고는 새로운 아이디어를 이치에 맞는지 점검하는 것이라 할 수 있다. 창의적으로 사고하기 위해서는 생각을 자유롭게 할 수 있도록 내버려두어야 한다. 그러나 자유롭게 떠오르는 모든 생각들을 주체할 수 없을 뿐 아니라, 이들 모두가 창의적이 될 수는 없다. 다양한 상상들이 모여 세련된 아이디어로 발전되려면 창의적 사고를 한 다음에 반드시 논리적 사고를 해 보아야 한다.

참신한 창의적인 아이디어라도 실질적이고 합리적인지를 결정할 수 없다면, 생산적인 결과를 가져올 수 없기 때문이다.

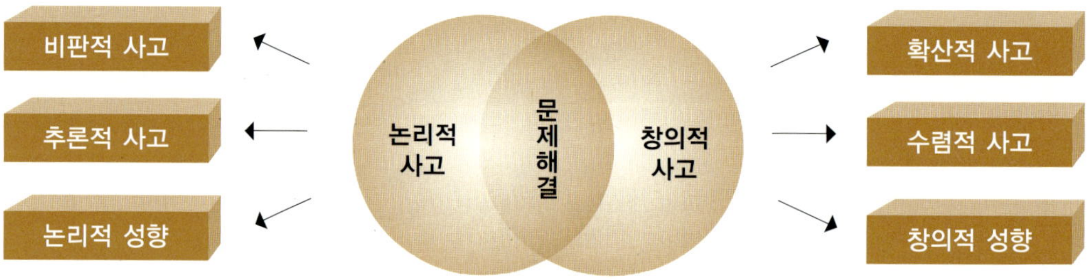

〈그림 7-3〉 논리적사고와 창의적 사고의 상호작용

2) 의상 관련 분야에서 논리적 사고와 창의적 사고의 조화로운 적용의 필요성

텍스타일디자인 영역에서 논리적 사고가 결여된 사례를 들어 보겠다. 실크스크린으로 날염할 여성 어패럴용 텍스타일디자인을 만화모티브를 사용하여 아주 기발하고 재미있게, 또한 40색 이상을 사용하여 매우 아름답게 창의적으로 구성하였다. 그러나 이 디자인은 실크스크린 하기엔 색도수가 너무 많으며, 만화문양을 모티프로 사용한 관계로 성인 여성용으로는 부적합 한 것으로 평가 될 수 있다. 이 작품에서 창의적 사고와 논리적 사고를 살려 보면, 기발하고, 아름답게 디자인한 점에서 창의적 사고 능력이 우수했다고 평가할 수 있으나, 타깃의 특성이나, 제품공정 등을 전혀 고려하지 않은 점은 논리적 사고 능력이 부족했던 것을 알 수 있다. 따라서 개발된 디자인은 결과적으로 실제 날염직물로 실크스크린 염색하기엔 색도수가 많아 경비가 많이 소요되며, 모티브가 타깃 특성에 부합되지 않아 상품가치가 낮은 것으로 평가될 수 있다.

섬유소재 개발에서 창의적 사고가 결여된 일례를 들어 보겠다. 여성 슈트용 소재로 개발한 어떤 직물의 성능검사에서 강신도, 내마찰성, 열적성질 등 이화학적 성능 대부분이 패션소재로서 매우 우수하지만, 종래의 직물과 차이점이 별로 없고, 조직은 일반 능직이며, 색채도 무난한 색이라면, 이화학적 특성이 우수한 점에서는 논리적 사고는 잘 발휘된 것으로 보이나, 조직과 색채 등에서 평범한 것으로 볼 때 창의적 사고가 제대로 발현되지 않은 것으로 보인다. 특징이 없는 이런 직물을 대부분의 소비자는 선호하지 않으므로 결국 판매로 이어지지 않고 재고로 남아 그 기업을 어렵게 만드는 결과를 초래하게 될 것이다.

논리적 사고와 창의적 사고가 상호 보완적 관계에 있으므로, 바람직한 결과물이나 문제의 해결방안을 도출하기 위해서는 이 두 사고 능력을 함께 조화롭게 개발시켜서 적용해야 한다.

2. 창의적 문제해결은 어떻게 하는 것인가?

창의적 문제해결(creative problem solving) 이란 어떤 문제를 해결하기 위한 창의적 해결법을 만들어내는 정신적 과정을 말하며, 문제해결을 위한 특별한 형태로 어떤 도움을 받기 보다는 독립적으로 문제를 해결하는 것이다.

창의적 문제해결은 창의성이 필요하지만 창의성만으로는 창의적 문제해결을 할 수 없다. 특히 음악, 시 등 예술 분야에서 그러하다. 창의성은 만들어진 것의 새로움이나 독창성을 특징으로 하지만, 창의된 가치나 다른 사람들이 평가하는 가치에 적합한 것이 아닐 수 있기 때문이다. 창의적으로 문제 해결했는지 그렇지 않은지 평가는 여러 측면에서 할 수 있으나, 가장 중요시 되는 점은 문제 해결이 가치를 가지고 있나 아니냐는 점이다. 즉, 제시된 문제를 분명하게 풀었는가, 또한 상황이 더 나아진 것에 대해 다른 사람들에게 객관적 평가를 받을 수 있는가에 달려있다.

보통 학교에서 내주는 숙제를 푼 것으로는 특별히 창의적 문제 해결이라 보기 어렵다. 왜냐하면 그것은 그 문제에 대한 답이 보통 이미 잘 알려져 있는 것들이기 때문이다. 만약 창의된 해결법이 널리 사용된다면 해결법은 '혁신'(innovation)이 될 수 있으며 또한 혁신을 위한 창조 과정이 될 수 있다. 이렇게 널리 퍼지고 오랫동안 사용된 해결법이라면 새로운 전통이 수립될 수도 있다. "모든 혁신은 창의적 문제 해결로 시작된다. 그러나 모든 창의적 문제해결이 혁신이 되는 것은 아니다. 만약 창의적 문제해결이 새로운 물체, 물질, 과정, 소프트웨어, 시장적 가치가 있는 상품이 될 수 있다면 발명이 될 수 있다.

1_ 창의성이 문제해결과 관련성이 있는가?

창의성과 문제해결은 동전의 양면과 같다고 할 수 있다. 창의성은 개인의 행동 및 능력의 하나로서 모든사람에게 기본적으로 선천적으로 주어지는 것이지만, 학습과 노력에 의해 연마되는 것이라고 할 수 있다.

창의성의 개념을 보다 정확히 이해하기 위해서는 '창의적 능력'(creative ability)과 '창의적 행동'(creative behavior)을 구분하여 살펴보아야 한다.

창의적 능력은 새로운 것을 생각해 되는, 즉 창의적으로 사고하는 능력을 의미하는 반면에, 창의적 행동은 '새로우면서도 실용적인 여러 가지의 아이디어를 산출해 내는 것'을 말한다. 여기서 산출이란 새롭고 실용적인 아이디어를 다른 사람들이 지각하고 이해할 수 있는 어떤 형태나 양식(예를 들면, 노래와 같은 언어적 방식, 또는 무용이나 그림과 같은 비언어적 방식 등)으로 변형시키는 것을 의미한다. 그리고 실용적이라 함은 새로운 아이디어, 즉 산출물이 다른 사람들에게 실제적인 가치가 있어야 함을 의미한다.

2_ 창의적 사고는 창의성만으로 가능한가?

남자 소변기 앞의 '흘리지 마세요.' 라는 글귀를 흔히 보는데, 그래도 주위가 항상 지저분하다. 이러한 문제를 해결하기 위해 어느 심리학자가 제안하여 소변기 안에 작은 파리 형상을 그려 넣었다 한다. 그랬더니 그 효과가 획기적이었다고 한다. 왜일까? 사람들은 원초적 사냥본능이 있어 그림의 파리를 날려버리겠다고 집중 난사를 하기 때문이라고 한다. 이러한 창의적인 생각이 인간본성에 대한 지식을 갖고 있지 않았다면 나올 수 있었을까?

사과농사로 생계를 잇는 농부가 태풍으로 매년 낭패를 겪던 중에, 값이 비싸지만 강풍에 떨어지지 않으나 가격이 비싼 품종으로 대체하면서, '떨어지지 않는다' 는 컨셉에 착안하여 '합격사과' 라는 상품으로 개발했으며, 이를 고가로 판매할 수 있어서, 그 동안의 낙과 손실을 보전하고도 돈을 많이 벌었다고 한다.

이와 같은 창의적 생각은 보는 시각을 완전히 바꾸었기 때문에 가능한 것이다. 그러나 두 경우 모두 해결하지 않으면 안 된다는 절실한 문제의식이 있었고, 그 문제를 해결하기 위해 노력하는 과정에서 창의성이 발현된 것이다. 이처럼 창의성은 불현듯 어디에서 나오는 것이 아니라, 문제를 해결하는 전 과정에서 발현되는 것이므로, 문제 중심 교육을 행하고, 문제해결 교육을 행해야 한다.

창의성을 개발하기 위해서는 사람이 창의적 특성을 가져야 함은 물론이며, 사안과 관련된 기본적 지식도 충분히 가지고 있어야 하고, 다양한 측면에서 바라보고 생각하는 폭 넓은 시각과 사고력도 요구된다. 그러나 이보다 앞서서 문제를 절박하고 정확하게 인식하고, 문제해결을 해야겠다는 강한 집착력이 무엇보다 중요하다. 진정한 창의성은 문제를 해결하는 과정에서 발현되기 때문이다.

3_ 창의적 문제해결 방법

1) 창의성 기술을 적용하는 방법

이는 어떤 사람의 정신자세를 창의성을 가지게 바꾸는 기술이다. 잠깐 쉰다든가, 휴식, 수면을 취하는 것으로도 해결법을 떠오르게 하는 효과가 있다.

2) 문제를 재설정하는 방법

문제를 재설정(reframing)하여 문제를 풀고자 한다. 목표에 대해 진정 원하는 것이 어떤 것인가 질문을 하는 것으로 유용한 영감을 받을 수 있다.

3) 어떤 아이디어를 떠오르게 하는 무작위 단어 선택하는 방법

새로운 아이디어를 많이 얻기 위해 새로운 생각을 떠오르게 할 만한 단어, 그림 등을 동원하거나 어떤 아이디어를 무작위로 선택하고 원하는 해결법 간의 관계를 생각해 보게끔 하는 방법이다.

4_ 창의적 문제해결 과정(Creative Problem Solving Process,CPS)

알렉스 오스본과 시드 파네스에 의해 6 단계, 즉 '목표발견 → 사실발견 → 문제발견 → 아이디어발견 → 해결책발견 → 수용안발견' 의 창의적 문제 해결법이 제안되고 있다. 창의적 문제해결력은 다양한 교수 - 학습모형을 통해서 계발될 수 있다. 예를 들어 인문사회계열 분야의 주요 교수 - 학습모형으로 제시되는 탐구학습 모형, 극화학습 모형, 프로젝트 및 주제 수업 등을 통해서 창의적 문제해결력을 신장시킬 수 있다. 그러나 그 특성상 새롭기만 해서는 안 되고, 유용성과 적절성을 지닌 문제해결방법이나 산출물이 요구된다. 즉, 정보를 습득하고, 습득한 정보를 바탕으로 문제를 발견하고, 해결하기 위해 다양하고, 독창적이며, 타당한 해결방법을 찾아내는 능력이 필요한 것이다. 이러한 것들을 만족시켜 줄 수 있는 교수 - 학습모형으로 대두되고 있는 것이 창의적 문제해결(Creative Problem Solving : CPS) 모형이다.

1) 목표발견(Objective Finding)

목표 발견은 문제를 해결하기 위해 가장 중요하거나 시발점을 찾기 위하여 본인이 중요하게 생각하는 목표나 개인적으로 문제를 다루는 스타일을 고려하는 것을 말한다. 여기서 주요 관심사는 창의적 문제 해결 노력이 바르게 나아갈 수 있도록 목표와 영역을 정하는 것이다. 이를 위해서 목표 진술문을 작성해야 한다.

목표 진술문은 명쾌하고 간결한 형태의 문장으로 나타나며 수업을 통하여 나아가기를 원하는 방향을 제시한다. 다양한 목표 진술문은 학생들의 흥미와 영향력 그리고 상상력의 활용여부, 중요성 그리고 즉시성의 정도에 따라 평가되고 선정된다.

2) 사실발견(Fact Finding)

이 단계는 이전 단계에서 수집한 모든 정보를 검토하는 단계에서 시작된다. 그리고 문제를 더 잘 이해하기 위해 그 문제를 둘러싼 모든 정보들(사실, 느낌, 의문점, 스스로 느끼는 예감과 관심 및 걱정 등)을 면밀히 검사하게 된다.

자료 발견은 학습과제나 문제 상황과 관련된 모든 정보를 고려하게 된다. 이 단계에서는 누가, 언제, 어디서, 무엇을, 왜, 어떻게 라는 6개의 의문사로 시작되는 질문들을 제안하고, 바라는 미래의 상태와 현재의 실제 모습을 다양하게 기술해 본다. 또한 제안하고 바라는 미래의 상태와 현재의 실제 사실들을 다양하게 기술해 봄으로써 다양한 자료를 찾을 수 있다. 지식, 경험, 지각, 느낌, 의문점 등과 관련된 풍부한 자료 중에서 실제의 상황을 이해하는 데 도움이 될 수 있는 자료들만 선별하고 분류하여 조직해야 한다.

3) 문제 발견(Problem Finding)

이 단계에서의 중요한 일은 이전 단계에서 접했던 중요한 정보를 가지고, 한 문제를 형식화 하는 것, 즉 문제를 정하는 것이다. 즉 해결하고자 하는 학습 문제나 관심이 있는 구체적인 영역을 진술하는 것이다. 이때 작성된 진술문에는 문제 소유자, 목적, 방법, 그리고 행위 동사가 포함되어야 한다.

문제 진술문은 부정적인 표현이나 사고를 억제하는 진술은 피하는 것이 좋다. 또한 간결하면서도 새로운 아이디어를 발견할 가능성이 있도록 표현하여야 하고 사고를 제한하는 기준들로부터 벗어나서 원하는 논쟁점을 진술해야 한다. 그리고 다양한 문제 진술문 중에서 새로운 아이디어나 가능한 해결안을 고무하고 상황의 본질이 가장 적절하게 정의된 문제 진술문을 선정해야 한다.

4) 아이디어 발견(Idea Finding)

일단 적합하고 작업 가능한 문제를 정리하여 문자화한 후에 가능한 한 많은 아이디어를 산출해야 한다. 즉 확산적 사고에 보다 강조를 두는 것으로, 이 단계를 거치는 동안 새롭고 특이한 아이디어를 생산하기 위해 여러 가지 다양한 기술 혹은 전략을 사용하게 된다.

이때 판단을 유예하는 것은 많은 도움이 된다. 가능한 한 많은 아이디어를 찾으려 할 때에 너무 빨리, 혹은 너무 많은 평가를 하는 것은 생각을 억제할 수도 있고, 매우 특이하고 가능성 있는 아이디어를 간과하는 원인이 되기도 한다. 아이디어의 평가는 나중에 하는 것이 평가로 인하여 잃어버리거나 거부당한 아이디어를 재생시키는 것보다 훨씬 더 쉽다.

5) 해결책 발견(Solution Finding)

아이디어를 목록화한 후에 문제를 해결하는 데 가장 가능성이 높은 해결책을 결정하는 단계이다. 이 단계에서 먼저 아이디어를 평가하는 데 쓰일 기준을 만들고 그 다음 기준을 토대로 아이디어들을 상세하고 조직적으로 평가한다. 이때 단순히 한 가지 아이디어만을 선택하고 나머지를 버리는 것이 아니고, 완벽한 아이디어만을 찾는 것도 아니다. 지금 갖고 있는 아이디어들 중에서 문제해결에 가장 가능성이 있다고 생각되는 것을 찾으려고 하는 것이다.

6) 수용안 발견(Acceptance Finding)

해결책 발견이 아이디어를 해결책으로 바꾸는 데 초점을 두는 반면에, 수용안 발견은 현재의 상황을, 바라는 미래 상태로 바꾸는 행동에 초점을 둔다. 이때 행동으로 옮기는 데 있어 영향을 미치는 요인들을 확인해야 한다. 영향을 미치는 요인 중에 방해가 되는 요인과 제한점을 확인하고 그것을 극복하는 방법을 구안해야 한다. 또한 해결안을 수용하기 위해 취해야 할 잠재적인 행동 단계를 산출하고 계획을 수렴해야 한다. 창의적 사고 기법으로 스캠퍼 기법이 학교에서 최근에 많이 활용되고 있다.

3. 창의성은 어떻게 개발해야 하나?

1_ 창의성 교육

국민들의 창의성 능력을 효과적으로 개발하기 위해서는 교육기관에서 일관적 있고 체계적으로 행해져야 함은 두 말할 할 필요도 없다.

창의성 교육은 사회를 구성하는 핵심인 개인의 잠재적인 가능성을 실현시키도록 함으로써, 개인의 차원에서 삶의 질을 한 층 높일 수 있다. 뿐만 아니라, 개인의 사회적 공헌(social contribution)을 이끌어 낼 수 있다. 즉, 창의적인 자들이 산출한 창의적 작품, 생산품, 문제 해결 등은 사회의 여러 영역에 발전을 가져오기 때문에, 결국 창의적인 개인은 사회적으로 공헌하게 된다. 또한 창의성 교육은 변화하는 미래 사회에 효과적으로 적응하게 하고, 현재와 미래 사회에 직면하게 될 많은 문제와 위험 상황은 물론이고, 여러 가지 도전이나 정신적 긴장에 잘 대처할 수 있는 능력을 갖추게 한다.

창의성 교육을 통해, 국가가 다양한 분야에서 창의성이 우수한 인재들을 확보할 경우에는 국가적 경쟁력을 강화할 수 있으며, 산업, 경제, 복지 등 여러 분야가 발전하게 된다. 이에 유럽연합은 창의성이 미래 유럽의 경쟁력을 좌우하는 요소로 간주하고 '상상하라, 창조하라, 혁신하라' 는 캐치프레이즈 아래, '2009 유럽 창의성과 혁신의 해' 를 선포한 바가 있다. 중국 교육부는 1억5천만 위안의 거액을 투자하여, 대학생들의 창의성을 향상시키는 프로젝트를 실시하고 있다. 우리나라에서도 교육인적자원부(2007)부가 고시한 2007년 개정 유치원 교과과정에서 '창의적인 능력을 발휘하는 사람' 을 국가적 차원에서 추구하는 인간상으로 설정하고, 창의성 위주의 교육과정을 구성하게 하였고, 교육과학기술부(2009)는 2009학번부터 대학의 교원 양성교육과정에 논리 및 논술 교과목을 필수과목으로 지정함으로써, 유치원 · 초 · 중등교육 및 대학교육에 이르기까지 논리 및 창의성 교육이 행해지고 있다.

따라서 이와 같이 여러 단계의 교육기관에서 창의성 교육이 효과적으로 이루어지기 위해서는 무엇보다도 먼저 교육자, 즉 교사나 교수들이 창의적 사고와 창의적 능력이 요구되므로 이를 위해 현직 교사는 물론이며, 대학 교육양성교육과정을 이수하는 학생들도 창의적 사고 능력과 창의성을 갖추어야 한다. 그 위에 각 교육단계 별, 교과목 별, 지역 별 등에 적절한 창의성 계발을 위한 체계적인 교육 프로그램을 개발 하여 효율적으로 실시하도록 해야 할 것이다.

1) 창의성 교육은 왜 필요한가?

창의적으로 사고하는 사람은 스스로 발견하는 것에 더 많은 관심을 가지며, 새로운 아이디어와 도전에 개방적이고, 문제를 더 잘 해결하며, 동료와 협력을 더 잘하고, 효과적으로 학습하며, 자신의 학습에 대해 책임의식을 가지는 성향이 높다. 이러한 창의성은 교육을 통해 그 사고 능력과 기술을 향상시킬 수 있다.

그러나 우리나라의 종래 교육은 주입식, 획일적으로 행해져서 창의성 교육이 제대로 행해지지 못했다. 이에 창의성 교육의 중요성은 오래 전부터 인정되어 왔으며, 오늘날 정보에 따른 지식 중심 사회에서는 그 필요성이 더욱 고조되고 있다. 현대의 고부가가치의 지식 산업은 새로운 가치를 형성하는 창의성에 의해 발전 가능하며 이에 창의성 개발 교육에 높은 관심을 가져야 한다.

학생들에게 생각하는 능력을 길러준다는 것은 학생들이 살아갈 수 있는 능력을 길러 주는 것이며, 현대의 사회가 불확실하고 다양화가 진행된다는 것을 고려하면 생각할 수 있는 힘을 길러주는 것이 중요하다. 이에 창의적 문제 해결의 중요성을 인식하고 창의적 문제 해결 교수법의 적용이 무엇보다 교수 - 학습 지도전략이 요구되고 있다.

2) 창의적 사고 수업모형(creative thinking model)

학생들이 사물, 사상, 개념, 감정을 다루는데 있어서 유창성, 융통성, 독창성을 높여주기 위한 교수방안이다. 이 모형은 학생들이 스스로 자신의 창의력을 길러 가는 방법을 배워야 한다는 가정에 기초를 두고 있다. 그러므로 학급 분위기는 다양한 반응이 존중되고 보상받는 분위기이어야 한다. 창의적인 기법을 배운 학생들은 이를 활용하여 주어진 교과에서 직면하게 되는 문제를 효과적으로 해결해 나갈 수 있다.

① 창의적 사고 수업의 기법

창의적 사고 수업의 기법은 무수히 많겠지만, 다음과 같은 사항을 들 수 있다.

· 눈에 띄지 않는 특성, 대상 및 관계에 초점을 맞춘다.
· 문제에 대해 가지고 있는 가정을 다시 생각해 본다.
· 아이디어 계통도를 만들어 본다.
· 기존의 방식에서 어느 부분을 빼거나 뒤바꾸어 봄으로써 새로운 사고를 탐색한다.
· 이상한 것을 친밀한 것으로 유추한다.
· 친밀한 것을 이상한 것으로 유추한다.

② 교사의 창의적 사고 수업 태도

직접 활용할 수 있거나 독창적이거나 또는 새로운 아이디어는 모두 수용되는 분위기를 조성한다.

· 일반적으로 통용되는 설명이나 신념의 부적절성 그리고 괴리를 이해하도록 돕는다.
· 환경에 보다 개방적이고 민감하도록 돕는다.
· 학생의 창의와 독창적 사고를 방해하는 형식적이며 시험적인 분위기를 확인해 둔다.
· 분명한 사고를 실천할 수 있는 자극을 제시한다.

③ 창의적 사고 수업모형의 교육효과

· 창의적 사고에 요구되는 태도를 기른다.

· 새로운 아이디어를 창출하기 위하여 문제를 재설정하는 기법을 사용한다.
· 아이디어들의 차이를 이해하여 새로운 아이디어를 창출한다.
· 새로운 아이디어를 창출해 내기 위하여 비유방법을 활용한다.

이 수업모형에서는 창의적 사고를 자극할 수 있는 특수한 자료나 상황이 있어야 한다. 이들 자료나 상황은 다양한 반응을 가져오게 할 이상함, 난처함, 괴리, 신비함과 같은 특성을 지니고 있어야만 한다. 이 수업모형의 적용에 있어서 중요한 점은 다양한 반응의 가치를 찾고, 단일의 정답이 있다는 생각을 버리고, 학생들이 자신의 아이디어를 생각할 수 있을 만큼 충분한 시간을 주는 것이다.

3) 창의성 교육의 방법

창의적 사고를 위해서 사용할 수 있는 기법들은 크게 확산적 사고를 촉진시키는데 활용도가 높은 것과 논리 · 비판적 사고를 촉진시키는데 활용도가 높은 것으로 구분되어 제시되고 있다. 여기서는 브레인스토밍(brain storming)), 체크 리스트, 속성열거법 등에 대해 살펴보겠다.

① 브레인스토밍(brain storming)

일정한 테마에 관하여 회의형식을 채택하고, 구성원의 자유발언을 통한 아이디어의 제시를 요구하여 발상을 찾아내려는 방법이며 원리는 아래와 같다.

창의적 사고의 가장 기초적인 단계는 주어졌거나 결정한 문제에 대한 해결책을 최대한 많이 떠올려 보는 것이다. 이 방법은 상황에 대한 인식, 해결안 찾기 등 어떤 상황에서도 자연스럽게 사용될 수 있는 기법이다. 브레인스토밍에서는 어떠한 내용의 발언이라도 그에 대한 비판을 해서는 안 되며, 오히려 자유분방하고 엉뚱하기까지 한 의견을 출발점으로 해서 아이디어를 전개시켜 나가도록 하고 있다. 이를테면, 일종의 자유연상법이라고도 할 수 있다.

회의에는 리더를 두고, 구성원은 10명 내외를 한도로 하며, 원리는 다음과 같다.

· 한 사람보다 다수인 쪽이 제기되는 아이디어가 많다.
· 아이디어 수가 많을수록 질적으로 우수한 아이디어가 나올 가능성이 많다.

· 일반적으로 아이디어는 비판이 가해지지 않으면 많아진다.

② 체크 리스트(Check list)

막연하게 생각하기 보다는 생각할 수 있을 수 있는 모든 점을 조목조목 적어 놓은 다음, 그것을 하나하나 대조해가면서 체크하는 방법이다. 사고의 출발점 또는 문제해결의 착안점을 미리 정해 놓고 그에 따라 다각적인 사고를 전개함으로써 능률적으로 아이디어를 얻을 수 있다. 이 방법은 중요한 점을 빠뜨리지 않고 파악할 수 있으며 또 작업하기 쉽다는 장점이 있어 아이디어를 만들어내는데 널리 이용되고 있다. 그러나 이 체크리스트에 없는 항목을 빠뜨릴 우려가 있고, 필요 없는 것까지 체크해야 하므로 시간이 낭비될 수도 있다.

③ 스캠퍼(SCAMPER)

스캠퍼(SCAMPER)는 아래의 각 의미의 첫 글자를 모은 것이며, 이는 체크리스트를 변형하여 만든 기법이다. 발명을 위한 아이디어를 창출하고자 할 때 유용하게 사용된다. 시키고자 하는 체크리스트를 다음과 같이 질문하여 새로운 아이디어를 산출하는 방법이다.

· S (substitution) : 대체하면? 바꾸면 어떻게 될까?

· C (combine) : 비슷한 혹은 아주 다른 기능을 결합하면 어떻게 될까?

· A (Adapt) : 응용하면? 다른 곳에서 아이디어를 빌려오거나 유사한 것에서 아이디어를 구해 새로운 것에 덧붙이는 것이다

· M (Modify, Magnify, Minify) : 변형하면? 확대하면? 축소하면?, 모양을 바꾸면(확대하면, 축소하면) 어떻게 될까?

· P (Put to other uses) : 다른 용도로 하면 어떨까?

· E (Eliminate) : 제거하면? 이 제품에서 없어도 되는 기능들은 어떤 것들인가 따져보는 것이다. 불필요한 것은 과감히 없애 버리면 새로운 아이디어가 나온다.

· R (Reverse, Rearrange) : 뒤집기하면? 재배열하면? 앞뒤좌우를 바꾸거나, 상하 순서나 방법을 바꾸면 새로운 것이 떠오르기도 한다.

④ 속성 열거법

문제가 되는 대상을 가능한 한 잘게 나누어(모양, 크기, 색채, 특성 등) 봄으로써, 기존의 아이디어와는 다른 개념이나 원리를 색다르게 결합하거나 구성해서 새로운 아이디어

를 얻기 용이하도록 해주는 창출기법이다. 어떤 문제가 갖고 있는 속성들을 세밀하게 쪼개어 분석함으로써 가능한 여러 가지 방법으로 속성들을 개선하여 해결책을 찾으려는 것이다. 속성을 전부 열거했으면, 하나의 속성을 선택하여 검토함으로써 아이디어를 이끌어내고, 그 중에서 가장 좋은 아이디어를 고를 수 있다.

이외에도 결점 열거법, 희망점 열거법 등이 있다.

2_ 개인 · 사회 · 기업 차원에서

1) 개인 차원에서

자신이 본인의 창의성을 개발하려는 인식과 노력이 선행되어야 한다. 물론 인지가 발달되지 않은 상태에서는 가족을 위시한 주변으로부터 도움을 받아야 할 것이며, 이때에도 주변에서의 교육은 창의성을 스스로 개발할 수 있도록 지도하는 것이 가장 우선적이다.

자신을 조절할 수 있는 단계의 사람들은 자신에게 잠재되어 있는 창의적 사고 능력과 창의성을 스스로 일깨울 것을 절실히 인지하고 창의성이 마련되도록 노력해야 한다.

창의적 성취를 이룬 사람들의 인터뷰에서 가장 인상 깊었던 부분은 다름 아닌 '일(공부나 직장생활)은 놀이고, 놀이는 일' 이라는 대목이었다. 어느 노벨상 수상자는 어떻게 그렇게 밤낮을 가리지 않고 일에 매진할 수 있었는가를 묻는 질문에 대해 "나는 평생 일한 적이 없다(I've never worked in my life)."는 답변을 하여 질문자를 놀라게 만들었다고 한다. 자신이 하는 행위를 아예 '일(work)' 이라고 생각해본 적이 없다는 것이다.

이들의 말이 사실이라면, 직장생활이 지옥이라는 직장인이나 공부는 따분하고 지루한 것이라는 학생들의 스스로의 생각이 바뀌지 않는 한, 직장생활과 공부에서 창의적인 결과를 얻게 될 가능성은 희박해질 수밖에 없다.

2) 사회 차원에서

① 창의성에 대한 사회의 인식 바꾸기

한번 생각해보자. 실제로 우리가 창의적인 사람에 대해, 창의성에 대해 어떻게 생각하는지. 혹시 우리는 창의적인 인재를 '공부 잘하는 인재' 로 착각하고 있지는 않은가? 혹은 창의적인 사람은 제멋대로이고 반사회적인 괴짜라고 생각하고 있지는 않은가?

실제로 많은 기업가와 부모들은 '창의성은 곧 지적 능력' 이라고 이해한다. 그러나 또한편에서는 창의적인 사람을 '인기도 없고, 참을성도 없으며, 충동조절도 잘 못하고, 사람들과 조화로운 생활도 하지 못하며, 생각도 복잡한' 인물로 묘사하고 있는 경우도 있다. 누구나 다 창의적인 사람이 되고 싶다고 하면서도, 심지어는 실제에 있어서 창의성에 대해 부정적으로 바라보기도 한다.

모든 사람에게 적용되는 창의성의 공통분모가 있는 것 만큼이나 각 사회와 문화에 따른 창의적 특성도 다를 것이다. 그러므로 '한국적 창의성' 에 대해 진지하게 접근하는 시도를 행하여 우리 사회에 맞는 창의성에 대한 개념을 확립해야 한다.

창의적 산물은 단지 한 개인의 능력이 탁월하다고 해서 만들어지지 않는다. 창의적 산물은 뛰어난 재능을 가지고 있는 사람들의 아이디어가 제대로 평가되고 선택되어야만 탄생할 수 있기 때문이다.

따라서 사회가 창의성을 가진 사람들에 대한 인식을 바꾸고, 적극적으로 수용하고, 그들이 창의적 활동을 할 수 있도록 다방면으로 지원하고, 이들이 산출한 결과물이 다소 미흡하더라도 수용할 때, 그 다음 단계로 나아갈 수 있는 것이다.

② 풍요한 환경 조성하기

사회 구성원의 창의성 개발을 위해서는 풍요한 환경을 조성해 주는 것이 필요하다. 풍요한 환경 속에 있는 인간은 본인의 창의적 역량을 더 잘 발휘할 수 있는 하드웨어를 갖게 된다고 한다. '풍요한 환경' 이라는 말은 인간의 발달단계에 맞춘 적절한 환경조건, 즉 물질적인 풍요가 아니라, 예를 들면 부모의 정서적 격려 그리고 발달에 적합한 교육여건이 마련된 환경 등을 의미한다.

엄마가 때맞춰 정성스럽게 읽어주는 이야기를 과연 뱃속의 아기가 들을 수 있을까? 그렇다. 아기는 뱃속에서 엄마의 다정한 목소리를 듣고 있었던 것이다. 엄마의 목소리와 감정을 기억하는 능력이 아기에게 있는 것을 알았으니, 출산을 앞둔 어머니들은 정해진 편한 시간에 아기와 대화를 나누는 시간을 가지는 것이 좋다. 이것이 태아기의 풍요환경이다.

③ 모두 혹은 극소수가 아닌 다수가 창의성 재능을 가지도록 하자.

우리의 창의성 교육의 목표는 극소수 또는 모두를 천부적인 창의적 재능을 가지도록 하는 것이 아닌 가능한 한 다수의 사람들이 가지는 데 있다. 또한 각자 자신의 진정한 개성과 능력을 발견해 가도록 도와주는 것이 목표가 되어야 할 것이다. 좀 엉뚱한 사람도, 남과 생각이 다른 사람도 무시되지 않고 그들만의 잠재된 능력을 실현할 수 있도록 도와주는 것이 그 목표가 되어야 한다는 말이다.

3) 기업 차원에서

직장에서 변화에 대한 저항감이나 기존의 고정관념 때문에 창의성이 제대로 발휘되지 않는 경우가 많다. 흔히들 개인의 창의력을 전적으로 직관적이거나 천부적인 것으로 생각하고 있으며 조직구성원 전체의 창의력을 개방하려 하지 않고 일부 전문가에게만 의존하려는 경향이 있다.

사실상 기업에 있어서 창의성 발휘란 최고 관리 층에서 일선 구성원에 이르기까지 조직 전체의 사람들이 인간본성의 발로로서 모두의 창의성을 발휘해야만 하는 것이다.

본 장에서는 창의성 개발을 위해서, 창의성 및 창의적 사고의 개념, 구성요소, 창의적 사고의 개발, 과정, 창의적 문제해결, 창의적 사고 교육, 창의성을 어떻게 개발할 것인가 등에 대해 살펴보았다.

현대 사회에서 창의적인 사람이 절실히 요구되고 있으며, 특히 의상 관련 분야에서는 더욱더 창의성이 필수적이다. 창의성은 모든 사람에게 잠재되어 있는 기본적 특성이며, 충분히 개발할 여지가 있으므로 의지를 가지고 꾸준히 노력함으로써 개발할 수 있다.

[전통금박 박쥐문과 연화문을 응용한 텍스타일디자인 및 자카드직물개발]

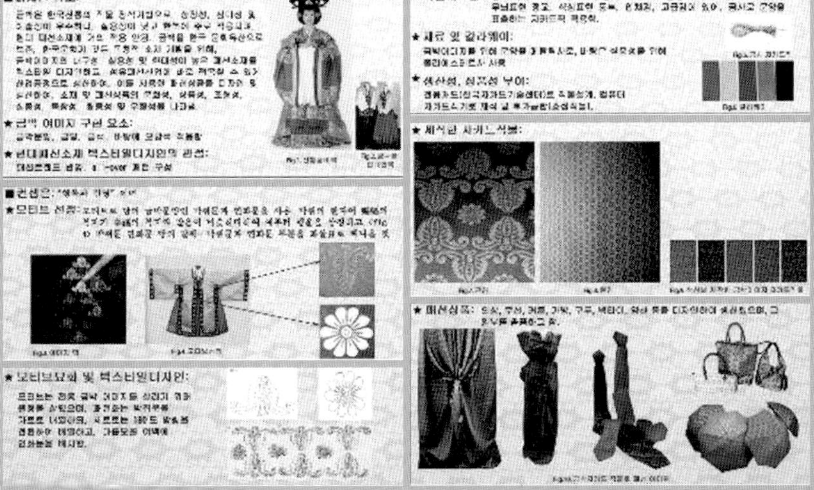

제8장

의상분야와 디자인

우리 인류는 끊임없이 물질적, 기술적, 사회 구조적인 발전을 이룩해 오고 있다. 사람들의 지혜와 기술이 발달함에 따라, 물질이나 기술이 기능적 만족에 머물지 않고, 기능성과 함께 심미성도 추구하게 되었다. 현대는 '디자인의 시대' 라 할 만큼, 그 적용 범위가 넓어지고, 전문성에 따라 시각전달 디자인, 산업디자인, 환경디자인, 제품디자인, 웹디자인, 정보디자인 등 세분화되고 있다.

오늘날 의상분야에서도 인간-피복-환경의 역학적 구도 아래, 착의 기체인 인간의 신체에 적합하고, 동작에 따라 적응하며, 여러 상황의 환경으로부터 보호, 의상의 용도에 부합되는 기능성, 심미적 만족감을 주는 아름다움 등 다각적인 성능을 갖춘 의상이 요구되고 있다. 따라서 의상관련 전문가들은 이러한 상품을 개발할 수 있는 융합적인 디자인 능력이 요구된다.

이에 본 장에서는 의상관련 분야에서 요구되는 다각적인 측면에서 통찰하고, 이들을 조합하는 융합적인 디자인 능력을 개발하기 위한 내용들에 대해서 살펴보겠다.

1. 디자인에 대한 개괄

실업계 고등학교 및 대학의 의상관련 학과(전공) 중에는 디자인교육을 특성화하여, 학과(전공) 명칭을 '의상디자인학과' 또는 '패션디자인학과' 등을 사용한 학과가 다수 있어, 의상관련 학문분야에서 디자인이 중시됨을 알 수 있다. 또한 대부분 의상관련 학과(전공)의 교과과정에 디자인 관련 이론 및 실기과목이 다른 부문에 비해 많이 편성되어 있음을 볼 때, 디자인교육의 비중이 큼을 알 수 있다. 뿐만 아니라, 의상관련 학과에서는 패션디자인 및 의상 작품, 텍스타일디자인 작품, 공예염색 작품 등 다양한 작품들을 창작 · 제작하여, 전시회나 의상 작품발표회(패션쇼) 등을 개최하고 있다.

이와 같이, 의상관련 학과(전공)에서 디자인 교육이 중요시 되며, 큰 비중을 차지하고 있다. 따라서 독창적인 디자인을 창출하기 위해서는, 디자인을 위한 기초 이론 지식을 쌓고, 이를 활용하여 창의성을 발휘할 수 있는 창의적 사고 능력의 개발이 요구된다.

1_ 디자인은 무엇인가?

1) 디자인의 의미

디자인(design)은 라틴어에서 '지시하다, 표시하다' 등의 의미인 '데시나레(designnare)' 에서 어원을 찾아 볼 수 있다. 또한 프랑스어 '데생(dessin 밑그림)' 이 어원을 같이 하는데, 서양에서 디자인의 의미로 사용되어 "직물디자이너가 직물을 제작하기 위해 이미지를 확인하는 밑그림(데생)" 을 말한다. 따라서 디자인은 '일정한 사물을 정리하여 질서를 유지하기 위한 활동' 을 뜻함을 알 수 있다.

1920년대 근대사상에 입각하여 디자인 이념을 세운 바우하우스(Bauhause : 1919-1933)에서 '형태부여' 혹은 '조형학' 이라는 용어를 사용하였는데, 그 뜻이 오늘날의 디자인과 같은 개념이다.

2) 디자인과 논리적 사고 및 창의적 사고가 관련이 있는가?

오늘날 디자인이라함은 "의도를 가지고, 모형으로 전개시키는 계획, 설계, 의장" 이라는 의미로 사용된다. 즉, 무엇을 나타내고자 하는 의도를 가지고, 그 의도를 나타낼 수 있는 모형으로 전개하는 계획이나 설계한 결과물(디자인의 원리에 입각하여 디자인의 요소들을 조합하는 계획, 설계의장 - 이 과정에서 디자이너의 감성이나 미적 감각 등이 발휘될 것으로 보임)을 의미한다. 따라서 디자인은 어떤 의도나 주장을 타당한 근거나 이유를 설명하여 논리적으로 전개해야 하며, 이를 위해서는 논리적 사고 능력이 요구된다. 뿐만 아니라, 창출한 디자인이 새롭고 기발함과 동시에 궁극적으로는 그 산출물이 아름다워야 함은 필수적인 것이다. 따라서 디자인에는 창의적 사고 능력이 절대적으로 요구된다. 이와 같이, 디자인 개발을 위해서는 창의적 사고 능력은 물론이며, 논리적 사고도 필요함을 알 수 있다. 따라서 좋은 디자인을 창출하기 위해서는 논리적 사고는 물론이며 창의적 사고가 밑받침되어야 한다.

3) 디자인 행위란 무엇인가?

디자인 행위의 의미는 사용하기 쉽고, 아름답고 쾌적한 생활환경을 창조하는 조형 행위를 말하며, 그 범위는 작은 일상용품에서 큰 건축물, 도시환경 계획 등으로 매우 넓고 다양하다. 디자인 행위는 인간과 사회의 물리적, 정신적 욕구에 대한 구체적인 환경적응 과정이며, 실용성(기능)과 미(형태)의 균형을 이루기 위해 목적(의도, 의미, 내용)에 수단(여러 가지 디자인 방법)을 적용시키는 계획적인 기술이라고 할 수 있다.

디자인 행위의 단계는 크게 둘로 구분할 수 있다. 첫째로는 문제해결을 위한 아이디어와 계획을 발전시키는 활동을 하는 사고(생각)과정 또는 정신적 과정이며, 둘째로는 설계를 구체화하여 구성과 조화를 통해 다양한 형식을 만드는 단계로 나눌 수 있다.

디자인 행위의 본질은 인간의 의식적인 노력, 즉 의도이다. 모든 디자인 행위는 무엇을, 왜 만들겠다는 목표설정이 가장 기본이며, 그 목표를 가장 효과적이고, 기능적이면서 동시에 아름답게 실현하는데 필요한 참신한 계획과 제작하는 행위라고 할 수 있다. 따라서 디자인 행위는 매우 논리적이며, 창의적이어야 한다.

2_ 디자인의 가치와 목표는 무엇인가?

디자인은 인간생활의 물질적 풍요를 충족시키며, 모든 사람들이 일상생활의 수준을 향상시키고, 사회를 문화적으로나 물질적으로 풍족하게 할 수 있는 국가 경제성장의 수단으로 존재하기도 한다. 현실적으로 디자인은 인간의 생활과 문화의 질을 향상시키는 목적을 가진다.

디자인은 사회적 행위이다. 소수 사람의 취향보다는 다수 사람이 아름다움과 실용성을 인정할 수 있는 디자인을 행해야 한다. 예를 들면, 개인 회사로서는 옥외광고판 디자인을 크고 강하게 하여 눈에 띄게 하는 것이 목적이지만, 여러 사람의 시각적 피로감을 주거나, 도시미관을 해칠 경우에는 공공기관이나 사회로부터 규제를 받게 된다.

1) 디자인의 가치

① 객관적 가치와 주관적 가치

객관적 가치는 순수한 경제적 관점에서 판매되는 가격을 말한다. 주관적 가치는 소비자 스스로 부여한 중요성에 따른 가치를 말한다. 객관적 가치와 주관적 가치가 반드시 일치하는 것은 아니다. 따라서 다자이너는 다자인의 목표를 설정할 때, 사용자나 소비자가 어디에 가치를 두는지 관심을 가져야 한다.

② 효용가치와 미적가치

효용가치는 실제 사용하는 과정에서 잘 작동되고, 기대되는 성능을 발휘하는 실용적 가치를 말한다. 미적가치는 사용하는 사람의 취향에 맞고, 정신적 만족을 주는 심리적 가치라고 할 수 있다. 하나의 디자인을 개발할 때는 실용적 측면의 효용가치와 심리적 측면의 미적가치를 균형되고 조화를 이루도록 하는 것이 바람직하다.

③ 한정적 가치와 포괄적 가치

상품의 가격과 사람의 취향에 따르는 가치는 개별 디자인에 국한된 한정적 가치라고 할 수 있다. 포괄적 가치는 상품의 가격이나 개인적 취향을 초월한 가치를 의미하며, 근래 환경보존에 대한 인식이 높아짐에 따라 환경적 가치가 어느 누구에게나 중요시 되며, 글로벌화에 따라 지역성에 국한된 것이 아닌, 새로운 세계적 이슈에 부응하는 문화적 가치 등이 이에 속한다. 따라서 디자인 개발 시에는 사용할 사람들의 취향과 요구만을 고려할 것이 아니라, 사회의 상황을 잘 파악하여 포괄적인 가치를 고려하는 것이 바람직하다.

2) 디자인의 목표

① 공동목표

디자인 행위마다 다소 차이가 있겠으나, 공통되는 기본적 목표는 기능과 아름다움의 조화이다. 궁극적인 목적은 인간의 행복을 위한 물질적 생활환경의 개선 및 창조라고 할 수 있다.

② 인간 지향적 목표

디자인 행위는 주어진 목적(내용적 요소, concept)을 조형적(형식적 요소, form)으로 실체화(실질적 요소, material)하는 것이다. 따라서 디자인은 사람들에게 다양한 선택의 가능성을 열어놓아, 표면적 요구(장식적 가치)에만 균형을 맞추려는 것이 아니라, 인간적인 능력(기능 개선)을 발전시키도록 해야 한다. 특히 최근에는 '형태는 인간의 편의에 따른다.' 는 말로 새롭게 이해되고 있다. 따라서 디자인 개발 시에는 장식적 가치와 함께, 사람들이 더욱 편리하게 사용할 수 있도록 기능성과 조화되게 디자인을 개발하는 것이 바람직하다.

③ 디자인과 안전성

우리나라에서는 2001년 1월 소비자 보호에 관련된 제조물 책임법(product liability : PL법)이 제정되어, 제조 결함으로 인하여 발생한 손해에 대한 조제업자 등의 손해배상 책임을 규정함으로써, 피해자의 보호를 도모하고, 국민생활의 안전 향상과 국민 경제의 건전한 발전에 기여함을 목적으로 하고 있다. 따라서 디자인 시에는 제품의 안전성을 특히 고려해야 하며, 제품의 성능, 형태, 색채, 무게뿐만 아니라, 사용자의 편이성, 안락함, 안전성, 관리의 편리성 등을 총체적으로 고려해야 한다.

④ 환경성

근래에는 자원의 낭비 및 고갈, 환경오염, 동물보호 등이 사회적으로 큰 이슈가 되고 있다. 이에 디자인한 생산품은 물론이며, 디자인의 전반적인 과정 중에 발생될 수 있는 환경파괴 요인들을 없애는 법을 제정하기에 이르렀다. 또한 생산과 사용과정에서 오염물질을 배출하는 제품은 제조와 판매가 점차 어려워지고 있다. 따라서 디자인 할 때에는 제조과정 및 사용 중에 자연 환경의 영향을 고려하고, 또한 얼마나 오래 사용할 수 있는지에 대해서도 관심을 가져야 한다.

3_ 디자인의 본질은 무엇인가?

1) 인간의 요구 충족과 문제 해결

디자인의 본질은 경제적인 생산성, 성능, 안전성, 사용의 용이성, 안락감, 매력적인 외양 및 저렴한 운영비 등을 고려하고, 디자인이 인간 생활에 어떤 영향을 끼치는지를 파악하고 문제를 해결하는 인식에 있다. 즉 디자인의 역할과 특성, 파급효과를 통합적으로 고려하는 것이라 할 수 있다. 따라서 디자인을 개발할 때는 미적 감각 능력 개발은 물론이며, 주의의 여러 정황을 논리적으로 파악하고, 이들에 부합되게 창조적으로 그 해결 방법을 제시하는 것이 바람직하다.

2) 디자인, 예술, 인문학, 및 과학 기술 등과의 관련성

① 디자인을 논리적 사고와 창의적 사고로 개발해야 한다.

디자인은 직접 보이는 실체이므로, 사용목적을 달성하기 위해서는 여러 조형 요소들 중에서 의도적으로 선택하여 그것을 용도에 맞게 구성해야 한다. 디자인의 미적 특성은 조형 요소가 개성 있고, 유기적으로 통일을 이룰 때 나타난다. 따라서 디자인을 고안할 때는 디자이너의 직관이나 감각에만 의존하지 말고, 사용목적을 위해 어떤 조형요소들을 선택하는 것이 효과적인지 논리적으로 생각하고 어떻게 독창적으로 구성할 것인지에 대해 창의적 사고를 해야한다. 즉 디자인은 논리적이고 창의적으로 개발해야 하는 것이다.

② 디자인은 예술과 달리, 쓰임새와 객관적인 아름다움을 가져야 한다.

디자인이 미적 추구라는 점은 예술과 동일하다. 예술에서 실용적 기능은 고려 대상이 아니고 상징적 의미가 중시되며, 예술의 핵심인 아름다움도 예술가의 주관적 판단에 따라 전적으로 결정된다. 또한 예술은 실체 없이 관념적이고 추상적 개념만으로도 존재할 수 있다. 그러나 디자인은 반드시 용도가 있어야 하며, 대부분의 사람들이 공감할 수 있는 객관적인 아름다움을 가져야 한다는 점이 예술과 다른 점이라 할 수 있다.

③ 인문사회학을 이해 · 습득하여, 디자인에 활용하여 결과물을 창조해야 한다.

인문학은 언어를 매개체로 인간의 정신적인 면을 주로 다루고, 법학, 경제학 등 사회과학은 인간 삶에 있어 법률 등 제도의 문제를 연구하며, 이들 분야 모두 직접적인 물질적 결과물을 내놓지는 않는다.

그러나 디자인은 사용자들의 인간적 측면을 이해해야 하므로, 이를 위해서는 인문학 지식을 습득해야 하고, 디자인이 팔릴 사회와 시장을 이해하기 위해서는 경영학, 사회학 등 사회과학 분야의 정보와 지식을 활용해야 한다. 이와 같이, 디자인에서는 인문학 및 사회과학의 지식을 이해하고 습득하는 것에 그치지 않고, 이를 디자인에 실제 적용하여 눈에 보이거나 손으로 만질 수 있는 실체의 결과물을 내 놓아야 한다.

④ 사용자의 정신적 특성, 문화적 배경, 사회제도 등을 고려해야 한다.

자연과학과 기술공학은 인간적 개성과 주관성, 심리적 다양성과 같은 정신적인 면은 배제하고, 순수하게 물질만을 연구대상으로 한다. 디자인 활동이 과학기술의 원리를 이용하고, 그 결과가 기술공학이 적용된 물질과 실체로 완성되기는 하지만, 디자인은 사용자의 심리적, 정신적 특성과 문화적 배경, 사회제도의 차이 등을 고려하며, 디자이너의 개성과 창조성까지도 표현해야 하는 것이다.

4_ 디자인이 성립되는 요건은 무엇인가?

디자인이 성립되기 위해서는 용도가 있어야 하고, 적합한 재료와 가공기술을 선택할 수 있어야 하며, 의도한 대로 작동하는 기능을 가져야 한다.

1) 디자인은 용도(use)가 있다.

① 디자인은 미술, 음악, 문학과는 달리 용도를 중시한다.

미술작품은 어떤 생각이나 이미지가 물질적으로 실현된 것이지만, 특정한 실용적 쓰임새가 없기 때문에 디자인이라고 할 수 없다. 또한 문학과 음악이 아이디어나 이미지를 말이나 글 또는 소리로 옮겨 놓고, 거기에서 뜻과 리듬을 느낄 수 있는데 비해서, 디자인 행위의 결과물은 물리적으로 보고 만질 수 있는 실체이다.

② 디자인은 용도의 창조과정이다.

디자인에서 용도를 창조하는 행위는 이미지 과정과 실체화 과정으로 구분한다. 이미지 과정은 쓸모 있는 물건이나 대상을 생각해 보는 실제적인 디자인의 전 단계이다. 실체화 과정은 그 이미지를 구체화하고 시각화하는 행위이며, 전문적 훈련과 교육을 받은 경험이 풍부한 디자이너만이 할 수 있는 전문적인 단계이다. 아이디어가 이미지로 표현되고, 그 이미지는 모형제작 단계를 거쳐 제작 도면으로 바뀌며, 이들을 바탕으로 제품이 생산된다.

2) 적합한 재료 선택과 가공기술을 선택할 수 있어야 한다.

① 가장 적합한 재료를 선택해야 한다.

디자이너는 특정한 용도를 만족시키기 위해, 이에 가장 적합한 재료를 찾아내어야 한다. 예를 들면, '엘레강스(elegnace)한 느낌의 의상을 제작하기 위해, 드레이프(drape)가 많은 디자인을 행한다면 어떤 소재를 선택하는 것이 좋을까?' 등에 대해 디자이너가 디자인 설계 시에 반드시 고려하고 이에 적합하게 디자인을 설계해야 한다. 디자인 결과물의 이미지, 사용시 효과 등에 재료의 특성이 크게 영향을 미치기 때문이다. 따라서 실제적인 디자인 작업에 앞서서 사용할 재료에 대한 지식, 정보, 수급상황, 관리성 등에 대해 조사 · 분석하여 충분한 자료를 준비하여 결정하는 것이 바람직하다. 디자인 시에 특히 생활조건에 적합한 재료를 선택하는 것은 가장 중요한 일이다.

② 가공기술

가공기술은 재료에 따라 적용되므로, 용도 및 재료에 맞는 적절한 가공기술의 적용은 훌륭한 디자인을 얻는데 중요한 요건 중에 하나이다. 예를 들어, 염색폐수로 인한 환경오염이 문제가 되는데, 이를 보완하면서 신속하게 날염하고자 한다면 어떤 염색가공법을 사용할 것인가 등에 대해 디자인 시에 고려해야 한다. 가공방법에 따라 디자인이 달라질 수도 있기 때문이다. 따라서 디자이너는 물론이며, 조형 활동에 종사하는 모든 사람들은 지연물이나 인공물에서 새로운 형태와 질서를 발견하는 관찰력을 기르고 그 소재를 단순화 또는 변형시켜 실생활에 활용하는 방법을 탐색해 오고 있다.

3) 디자인의 기능을 가져야 한다.

기능이라 함은 어떤 사물이 의도한 대로 작동되는 것을 말한다. 또한 사물의 기능은 서로 의존하는데, 전체를 구성하고 있는 각 인자가 각각의 역할과 작용을 수행하는 것을 말하기도 한다.

① 실용적 기능과 미적 기능

디자인 기능에는 실용적 측면과 미적 측면의 두 가지 특성이 있다. 실용성이라 함은 물건이나 도구가 기본적으로 갖추어야 할 수행 능력과 취급의 용이성을 말한다. 미적 기능은 많은 장식작업에서 나오며, 주로 아름다운 외양을 의미한다. 순수 예술에서는 아름다움이 주가 되지만, 디자인에서는 실용성이 있으면서 아름다움을 가지도록 설계해야 한다. 특히 패션디자인에서 복식의 미적인 면에 너무 치중해서 디자인을 행하다 보면, 그 의상을 사람이 착용했을 때, 동작이 불편하거나, 착용감이 좋지 않거나, 관리하기 힘든 사례들이 다소 있음을 유념해야 한다.

② 포괄적 기능

좋은 디자인은 제품의 미적기능과 기능성이 어느 한쪽으로 치우치지 않고, 조화롭게 갖추어진 상태라고 할 수 있다. 다시 말해서 디자인은 보기에도 아름답고 사용에도 편리한 형태이어야 한다. 그러나 이들 기능에는 절대적인 면도 있으나, 사용자에 따라 요구도가 다를 수도 있으며, 사회의 변천에 따라 변화하기도 한다. 이에, 포괄적 기능이란 미적기능과 실용적 기능을 분리하지 않고, 이들 두 기능이 조화되고 나아가서 사용자 또는 사회 등에서 요구되는 기능들도 함께 고려된 것을 의미한다. 오늘날에는 디자인 하고자하는 사물의 절대적이고 실제적인 기능과 미적 기능은 물론이며, 개인적 취향이나 사회적 변화에 따라 요구되는 상대적인 개념의 기능을 함께 고려한 포괄적 기능을 가지도록 디자인 하는 태도를 길러야 한다.

③ 디자인의 복합기능(방법, 용도, 필요성, 목적, 연상, 미학)

'인간을 위한 디자인' 의 저자이며, 건축과 제품 디자이너인 빅터 파파넥(Papanek, Victor)은 디자인이 가져야할 복합기능을 방법, 용도, 필요성, 목적, 연상, 미학의 6 부분으로 구성된다고 했으며, 이는 디자인의 포괄적 기능을 말한 것이라 할 수 있다. 우선 최상의 디자인을 하기 위한 방법으로, 재료나 도구를 타당성있게 사용하고 이 재료를 다루는 작업 과정을 합리적 또는 효과적으로 습득해야 한다. 용도에 적합해야 한다는 것은 디자인의 기본적 전제이며, 필요성은 디자인이 존재할 근본적 가치로서 중요하다.

또한 목표지향성은 디자인을 형성시키는 상황에서 시대를 반영해야 하며, 보편적인 인간의 사회적, 경제적 질서에 부합해야 한다. 연상적 가치란 인간의 잠재적 충동과 욕망에 관계하는 공통분모적인 일반성이기 때문에, 개인적이 아닌 사회적인 것임을 암시한다. 미학도 인간의 정신적 혹은 실용적 만족에 대한 요구를 만족시키는 하나의 도구로 말하고 있다.

따라서 디자인의 이러한 복합 기능을 고려하여, 디자인 시에는 필요성이 큰 사물을 선정하고, 그 사물의 쓰임새(용도)가 극대화 될 수 있게, 재료나 도구를 타당하게 사용하여 그 사물의 시대를 반영하고, 사회적 요구에 부응 되고 아름답게 설계하고 제작하도록 노력하는 것이 바람직하다.

5_ 디자이너의 자질

디자인의 분야에 따라 디자이너에게 요구되는 자질에는 다소 차이가 있다. 그러나 일반적으로 디자인 업무를 원활하게 수행하고, 성공적으로 디자인을 행하기 위해서 디자이너로서 공통적으로 갖추어야 할 자질을 다음과 같이 요약할 수 있다.

1) 자신의 내면적 가치, 미의식 및 창의성이 성숙되어야 한다.

디자인 분야에 종사하는 모든 사람들에게 요구되는 자질이며, 디자인 작업 자체가 창조적 작업이며, 디자이너의 내면적 세계와 미의식을 디자인 요소에 의해 적합한 표현으로 외부 상황에 맞게 표출하는 활동이므로, 디자이너 개인의 자질 향상을 위해 끊임없이 노력해야 한다.

사람들은 아무리 우수한 디자인이라 할지라도, 있어 온 것에 대해서는 진부한 감정을 가지며 항상 새로운 것에 호감을 가진다. 이를 위해서는 끊임없이 새로운 것에 도전해야 하며, 이를 위해서는 창의적으로 사고하는 태도와 창의력을 길러야 한다.

2) 시대적 상황에 대한 판단력 및 미래의 디자인을 예견할 수 있어야 한다.

디자이너는 아름답게 표현하는 감각적 능력이 있으면 된다고 생각하는 경향이 높아서 표현하는 기능을 우선적으로 연마하려고 노력한다. 그러나 아름답게 표현하기 이전에 무엇을 표현해야 할 것인가를 우선적으로 생각하고 결정해야 한다. 디자인의 심미성을 성립시키는 미의식과 실용성 기능에 대한 가치는 시대성, 국제성, 사회성, 개성 등이 복합되어 형성되므로, 표현할 본질을 결정하기 위해서는 이에 대한 판단 능력이 요구된다.

앞으로의 디자인이 어떠한 것이든지 그린디자인(greendesign)으로부터 자유로울 수 없다는 주장이 우세하다. 미래의 디자인의 역할은 자연과 문화의 조화를 촉진하는 것을 목적으로 할 것으로 말해진다. 또한 과도한 경제성장과 그에 수반되는 병폐를 피하기 위해서 부분적으로 저성장 · 무성장 · 안정 상태의 경제, 에코페미니즘(ecofeminism), 바이오테크닉(Biotechnic), 생명 중심 테크놀로지의 재발견, 대체디자인, 그린 디자인(greendesign), 버전-업(version up) 중심의 디자인 등이 대안으로 제안되기도 한다.

또한 지금까지 개발지향적인 산업발전을 긍정적으로 생각해 왔는데 이로 인한 생태환경의 파괴 때문에, 환경디자인이 좋은 디자인이라는 긍정적인 방향으로 나아갈 것으로 보인다. 따라서 시대가 요구하는 디자인을 창출하기 위해서는, 이들에 대헤 자료를 수집하고 분석하여 판단하는 일련의 능력을 가져야 한다.

3) 제품 사용자들의 정서와 문화를 파악하여야 한다.

디자인이나 그 디자인으로 만든 제품을 감상하거나 사용하는 자들은 그 디자인을 통해서 디자이너와 공감대를 가지기를 원한다. 이와 같은 현상을 마케팅 측면에서 본다면, 제품 디자인이 소비자들의 정서에 부합될 때 구매력을 가지게 된다고 말할 수 있다.

이러한 소비자들의 정서는 소속집단의 문화에 크게 영향을 받는다. 따라서 소비자에게 소구성이 있는 디자인을 창출하기 위해서는 그들의 정서와 문화를 알고 이해해야 한다, 또한 국제 경쟁력이 있는 디자인을 창출하기 위해서는 다른 국가나 민족이 가지지 않은 우리 민족만의 고유한 문화에서 원천을 찾아 활용하면 효과적이다. 즉 가장 한국적인 것이 세계적인 것이라 할 수 있다. 따라서 우리 문화에 대한 자료를 수집, 분석하고, 이들을 어떻게 디자인의 소재로 활용할 것인가에 대한 태도를 기르는 것이 요구된다.

디자인으로서 상품의 가치를 효과적으로 부가할 때, 그 디자인이 비로소 진정한 가치를 가지게 된다. 따라서 디자인하는 최종 제품의 용도 및 가치를 올바르게 인식하고, 이에 부가적 가치를 부여하기 위한 구체적인 디자인 방안을 고안해야 한다.

4) 재료 및 제작기술과 공정에 대한 지식이 있어야 한다.

순수 미술은 미적 기능만 요구되는데 비해, 디자인은 미적 기능과 실용적 기능 등을 포괄적으로 가질 수 있도록 디자인되어 제품화 되었을 때 비로소 가치를 가지게 된다. 즉 아무리 좋은 디자인이라 할지라도 제품으로 제작이 불가능하다면 그림의 떡과 같다. 따라서 디자인 시에는 디자인을 구체화할 재료, 제작 기술, 가공 방법 혹은 설비와의 적합성 등을 반드시 고려해야 한다. 이를 위해서 디자이너는 디자인을 행하는 능력을 길러야 함은 물론이며, 디자인을 구체화하는 데 필요한 재료, 제작 기술, 가공방법 등에 대한 전문적인 지식도 쌓아야 한다.

이상의 내용을 종합해 보면, 디자이너가 '무엇인가를 잘 그리기만 하는 사람' 이 아님을 알 수 있을 것이다. 디자이너는 디자인할 사물과 관련된 여러 상황들에 대해 폭넓은 지식과, 이들에 대한 논리적 사고를 거쳐서 디자인의 목표와 목적을 합리적이고 타당하게 설정해야 하며, 설정한 목표나 목적을 달성하기 위해서는 어떤 디자인 요소들을 왜 선택해야 하는지에 대한 근거와 이유를 가지고 선택해야 한다. 또한 디자인 전개 시에는 어떤 디자인의 원리를 어떻게 적용할 것인지에 대해서도 논리적으로 사고하고, 결정해야 하며, 이들에 대한 창의적 사고를 통해 특징적으로 표현해야 하는 능력이 요구된다. 따라서 디자인 창출을 효과적으로 행하기 위해서는 논리적인 사고와 창의적인 사고 능력을 길러야 함을 알 수 있다.

2. 디자인의 실제

디자인은 근본적으로 인간이 삶을 영위하는 데 필요한 사물, 즉 생활에 필요한 모든 물건과 정보와 환경의 형상을 조형적으로 규명하고 창조하는 분야이며, 생활에 필요한 사물, 정보 및 환경의 형상을 기능적이고 미적으로 창조함을 목적으로 한다.

오늘날 산업사회에서는 거의 모든 생활용품들이나 환경의 형상들이 제조 산업에서 제작하여 상품으로 공급되고 있다. 따라서 대부분의 디자인 활동이 산업생산과 판매증진을 위한 것으로 행해지고 있으며, 기업에서 제품(상품)을 디자인하고, 생산해서 포장, 광고하여 소비자들이 상품을 편리하게 직접 구매할 수 있는 공간에 제공되고 있다.

따라서 기업에 소속된 디자이너들은 디자인의 아이디어 스케치를 하는 등 실제적인 디자인 활동을 직접 행하는 것은 물론이며, 디자인 활동을 하기 위한 목표설정, 관련 정보수집, 표적 시장 설정, 컨셉 설정, 상품구성, 가격 결정, 품평 및 수주계획 수립, 생산 계획 수립, 판매, 유통, 평가 등 제안 과정에 단독 또는 관련 부서와 공동으로 진행하게 된다.

따라서 이 단원에서는 디자인 관련 산업체에서 행해지는 일련의 디자인 상품 개발 과정과 이에 따른 업무에 대해 살펴보겠다.

1_ 디자인을 어떻게 행할까?

디자인 분야에 따라 조건이 다양하지만, 디자인의 공통적인 조건으로는 합목적성, 경제성, 심미성, 독창성 등을 들 수 있다. 이들을 고루 갖춘 디자인을 좋은 디자인(good design)이라 할 수 있다. 기준과 형태 등 디자인을 이루는 여러 가지 복합적인 요소가 최상의 균형과 질서를 갖출 때 인간의 생활을 위한 바람직한 디자인이 탄생되는 것이다. 이상의 과정을 진행하기 위해서는 앞에서 살펴 본 논리적 사고 및 창의적 사고를 디자인 각각의 과정에서 적절하게 적용해야 한다. 즉 좋은 디자인을 도출하기 위해서는 합목적성, 독창성, 심미성, 경제성, 친환경성 등을 고려해야 한다.

1) 목적에 부합되게(합목적성)

① 합목적성의 실현

합목적성은 적합성이라는 말과 비슷한 뜻인데, 디자인할 때 목적에 합당한 수단을 썼는지에 달려있다. 즉, 디자인을 할 때, 수단과 방법이 디자인의 목적에 부합되는 외적 합목적성과, 디자인의 전체 또는 각 부분에 서로 잘 어울리는 내적 합목적성을 갖추도록 해야 한다.

② 합리적 목적을 설정해야 한다.

의상을 디자인할 경우, 디자이너는 의상의 재료나 형태를 임의로 결정하는 것이 아니라, 입을 사람의 신체 크기 및 특징, 착용 목적 등에 맞게 결정해야 한다. 즉 의상의 기능을 수행하는데 가장 적합한 재료, 형태, 봉제 기술 등을 고려하여 이들 사항과 조화되게 디자인을 해야 된다. 디자인의 목적이 합리적으로 설정되고 세부적인 부분까지 디자인 목적에 명확하게 부합될 때, 합목적성을 가지게 된다.

따라서 좋은 디자인을 창출하기 위해서는 합목적성을 사용자 특성, 사물의 용도 등에 부합되게 합리적으로 설정하고, 이를 구현할 수 있는 가장 최적의 형태, 구조, 재료, 제조 기술 등을 결정해야 한다.

2) 독창성이 결여된 디자인은 디자인이 아니다.

① 창조성은 디자인의 생명이다.

독창성은 다른 것을 모방함이 없이 새로운 것을 처음으로 만들어 내거나 생각해 내는 성향이나 성질을 말하며, 전에 없던 것을 처음으로 만든다는 의미의 창조성과 비슷한 의미이다.

디자인은 합목적성, 심미성, 경제성을 통합하여 실현되는 종합적 조형 활동이지만, 최종적으로 디자인에 생명을 불어 넣을 수 있는 것이 바로 독창성이다. 모든 디자이너들은 예술가, 과학자 등과 마찬가지로, 창조 능력을 길러야 한다. 즉, 디자이너들은 주어진 정보와 새로운 지식 및 경험을 바탕으로, 디자이너의 창조적인 상상력을 결합시켜 독창적인 디자인을 개발해야 한다. 따라서 디자인이라 함은 단순히 시각적 요소와 재료의 재결합(조직)이 아니라, 사회적 차원의 활동과 창조를 위한 모든 과정(창조 과정)을 총괄하는 계획이라 할 수 있다.

그러므로 디자인 시에는 디자인할 사물과 관련된 모든 요소를 유기적으로 연관시키고, 제기된 문제점들을 다각적 측면에서 해결책을 모색해야 한다.

왜냐하면 어떠한 디자인도 독창적인 아이디어가 없으면 아무런 가치가 없기 때문이다.

② 민족의 고유성을 활용한 디자인이 국제적 경쟁력이 있다.

고유성(固有性)은 어떤 사물이나 종족이 가지고 있는 고유한 성질이나 특유의 속성을 말한다. 대개 각 민족은 나름대로의 독특한 풍토와 역사의 특수성을 가지므로, 그 민족으로 하여금 독자적인 특성을 가지게 된다. 따라서 디자인에서 이러한 각 민족의 고유성을 표현함으로써 독창성을 가질 수 있다. 특히 오늘날은 정보화 및 글로벌화에 따라 제안되는 디자인이나 상품들이 서로 비슷한 양상을 보이는 경향이 있어 정체성이 희박해지고 있다. 그러므로 각 민족이 가지고 있는 독자적인 아름다움을 발견하는 노력을 경주하고, 나아가서 이를 디자인에 적극 활용함으로써 디자인의 독창성을 높이도록 해야 한다.

③ 전통에서 영감을 얻자.

건축가인 그릴로(Grillo, Paul Jacques)는 디자인의 세 가지 지침으로, "첫째, 자연에서 영감을 얻고, 둘째, 자연을 연구하고 관찰해야 하며, 셋째, 옛날 우리의 조상들에 의하여 설계된 원형 속에서 영감을 느껴야 한다."라고 독창성의 원천에 대해 말했다.

실제 디자인에는 '옛날 조상들에 의해 설계된 원형 속에서 영감을 얻되' 그대로 모방할 것이 아니라, 우리의 시대에 맞도록 새롭게 창조해야 한다. 그러나 이는 세상에 없는 물건만을 고집하는 것이 아니며, 자연적, 인공적 원형, 시대 양식에도 새로운 정신을 찾아서 창의력을 발휘해야 함을 의미한다. 특히 의상디자인에서는 과거 의상에서 영감을 많이 얻을 수 있는데, 이를 그대로 답습하는 것이 아니라, 시대적 흐름인 패션 트렌드에 부응하도록 재창조해야 한다.

3) 디자인은 궁극적으로 아름다워야 한다.

① 디자인은 공통의 미의식을 추구한다.

디자인은 무엇보다도 아름다움을 조화롭게 갖추어야 한다. 인간은 사용하기 편하고 튼튼하기만 한 물품에 만족하지 않고, 좀 더 아름다운 형태를 원한다. 아름다움에 대해 추구하는 심성인 심미성은 사람에 따라 차이가 있으나, 디자인이 추구하는 심미성은 소비자 대중이 공감하는 공통의 미의식이다.

따라서, 디자이너는 이러한 공통의 미의식이 무엇인지 탐색하고, 공통의 미의식의 목표를 좀 더 높은 차원으로 끌어올려 심미성을 추구하여야 한다.

② 유행과 미의식

심미성을 결정하는 것은 아름답다는 느낌, 즉 미의식을 뜻한다. 이러한 미의식은 매우 주관적인 것이어서 개인에 따라, 또 시대나 국가, 민족에 따라 각기 다른 미의식이 형성된다. 또한 스타일이나 색의 유행 등도 대중이 공통으로 느끼는 미의식은 상대적이고 유동적이며, 선전이나 유행에 따라 이끌리거나 잘못 판단될 수도 있다.

그래서 디자인의 심미성을 성립시키는 미의식은 시대성, 국제성, 사회성, 개성 등이 복합된 것이라 할 수 있다. 특히 의상관련 디자인에서는 이러한 복합성이 크게 작용하므로, 소비자들의 호응이 좋은 디자인을 창출하기 위해서는 미의식에 영향을 미치는 여러 가지 요소들을 복합적으로 분석한 자료를 토대로 하여 디자인을 행할 필요가 있다.

③ 미래의 미의식에 부응하도록 디자인한다.

미적 규범은 변할 수 있으나, 새로운 미적 가치에 대한 인간의 동경은 끊임없이 지속된다. 그러므로 디자인을 창출할 때, 미래의 사람들이 어떠한 미의식(미적인 선호)을 추구할 것인지에 대해 사전에 예측하고 평가하여, 가장 적절한 미적 가치를 디자인하는 제품에 부여하는 일이 중요하다. 현재 디자인한 사물이 제작되기 위해서는 일정 기간이 소요되므로, 실제 사용은 미래의 어떤 시기이며, 지속적으로 사용되게 하기 위해서는 미래의 미의식에 부합되게 디자인을 사전에 창출해야 하기 때문이다.

4) 디자인에 경제성을 불어넣자.

① 최소의 노력과 최대의 효과를 추구한다.

최소의 재료와 노력으로 최대의 효과를 얻고자 하는 것은 인간의 모든 활동에 통용되는 경제 대원칙이다. 디자인도 허용된 비용 안에서 가장 뛰어난 결과를 얻어야 한다. 즉, 디자인의 경제성을 결과/비용으로 나타낼 수 있으며, 디자인의 가치(W)는 성능(P)/비용(C)으로 나타낼 수 있다. 따라서 디자인 시에는 소요되는 비용을 최소화하면서 제품의 디자인의 효율을 극대화하는 방안을 모색해야 한다.

② 디자인 과정의 통합

디자이너는 재료의 선택에서부터 형태와 구조의 성형, 그리고 제작 기술과 공정의 선택에 이르기까지, 가장 합리적이고 효율적이며 경제적인 제작 효과를 얻을 수 있도록 디자인하여, 능률적으로 작업을 완수할 수 있게 계획하고 관리하는 능력을 갖추어야 한다. 그리하여 디자인 활동에서 합목적성과 심미성을 조화롭게 행하고, 그 위에 경제성을 추구하는 통합적인 마인드를 가진 디자이너를 오늘날 훌륭한 디자이너로 간주하고 있다.

5) 친환경적이어야 한다.

① 환경 디자인의 의미

1980년대에 환경운동이 가속화되면서 폐기물을 줄이고, 지구의 자원을 아껴 쓰자는 근원적인 실천을 수반하는 운동이 나타나기 시작했다. 디자인 분야에서도 좋은 디자인이 인간의 삶을 바꿀 수 있다는 인식이 생기면서 기능성, 경제성, 아름다움, 건강, 안전성 등을 고려하는 친환경디자인이 디자인의 강력한 키워드로 떠올랐으며, 현재 여러 분야에서 광범위하게 실천되고 있다.

환경디자인이라 함은 디자인의 전 과정에서 생길 수 있는 환경 피해를 줄이면서, 제품 기능과 품질 경쟁력을 높이도록 하는 디자인을 행함을 의미하며, 유해물질을 사용하지 않고, 지속 사용이 가능하고, 사용 시에 에너지 소비가 적으며, 사용이 끝난 후에는 폐기하기 쉽도록 설계하는 것을 말한다. 즉, 디자인 단계에서부터 환경에 미치는 악영향을 줄이는 것이 친환경디자인의 요점이라고 할 수 있다. 환경디자인을 에코디자인(ecodesign)이라고도 한다.

② 그린 디자인(green design)

환경 디자인과 비슷한 의미로 그린 디자인이라는 용어도 널리 사용되고 있다. 그린 디자인은 1973년 중동전쟁으로 비롯된 세계 석유위기가 한정된 지구자원에 대한 위기의식을 불러 일으켰으며, 이러한 인식으로부터 소비지향적인 굿-디자인(Good-design)의 개념 대신에 에너지 절약형 디자인과 같은 대체 디자인(alternative design) 개념이 등장했다. 그 후부터 지구자원 · 생태환경은 디자인을 생각하는 면에서 중요한 관심이 되었다.

그린 디자인은 지구 온난화 현상, 오존층 파괴, 산업폐기물, 핵폐기물, 환경호르몬 유발 물질 등 극단적인 자연 파괴로부터 인류의 생존을 보호하기 위한 범세계적인 환경운동에서 비롯된 디자인 인식이다.

1992년 각국의 정상들이 지구의 환경보존과 보호 그리고 개발에 관해 경제성장과 발전계획에 환경을 고려한 기술을 이용하는 것을 추구하자는 '리우선언(Rio Earth Charter)' 을 한 후, 생태계 보호와 자연에 대한 관심이 디자인 전반에 걸쳐, 하나의 조류로 형성되어 그린 디자인에 대한 인식이 더욱 높아졌다. 그린 디자인은 구체적으로는 분해, 재활용, 재사용이 가능한 디자인, 생산성 중심, 세품수명 연장, 소재의 순수성을 높이는 디자인 및 다품종 소량 주문생산에 의한 디자인 등을 들 수 있다. 이제 그린정책을 갖지 않는 디자인은 사회적 · 도덕적으로 무책임한 것으로 인식되고 있다.

③ 환경 디자인의 목표

환경 친화적 디자인은 제품의 전 과정에서 생길 수 있는 환경 피해를 줄이고 제품기능과 품질 경쟁력을 높이는 것이다. 구체적으로는 유해물질을 사용하지 않고 긴 수명으로 오랫동안 사용이 가능하고, 사용이 끝난 것에 대해서는 분해해서 이용하거나 혹은 폐기하기 쉽도록 설계하고, 생산 및 사용 시에 에너지 소비가 적도록 환경에 영향을 배려하고 제품과 포장을 설계하는 미래 가치 산업에 그 목표를 가지고 있다.

④ 패션관련 환경 디자인의 사례

· 에코백 : 영국 디자이너 아냐 힌드마치(Anya Hindmarch)가 친환경 소재를 사용하여 여유있는 크기로 만들고, 여기에 에코백(Eco Bag)이라는 문구를 새겨 넣어 대중들의 관심을 받았다. 그 후 이를 모방하여 면 소재로 단순하게 만들어진 에코백이 일회용 비닐 봉투를 대신한 친환경적 장바구니로 사용되기도 하고, 자투리 원단을 사용해서 쉽게 만들 수 있는 소박하고 무게감을 거의 느껴지지 않을 만큼 가볍게 만들어 스쿨백이나 바캉스 가방으로도 널리 사용되었다.

· 폐 페트병을 친환경 섬유로 재활용하여 만든 다양한 가방 제품들 : 기존에 가죽, 나일론, 면 등을 이용해서 만든 일반 가방과는 달리, 100% 재활용 페트병 원단을 사용해서 만든 친환경 아이템으로, 노트북 가방 및 아이패드 슬리브, 메신저 백, 토트백 등 다양한 제품이 출시되었다. 폐 페트병을 친환경 섬유로 재활용하면, 쓰레기의 매립되는 양을 감소시킬 수 있고, 제조 과정에서 발생하는 이산화탄소량도 감소되며, 석유 자원 절약, 에너지 발생량 감소 등 환경오염으로부터 자연 보호가 가능하다고 소개하고 있다. 특히 페트병 원단의 경우, 환경을 보호하는 것뿐만 아니라 방수 및 내구성이 일반 나일론에 보다 우수하다는 점이 부각되기도 한다.

· 디지털 프린팅, 거품염색 디자인 등 : 섬유나 직물의 염색 폐수로 인한 수질오염이 유발되는 것이 일반적인데, 이러한 환경오염을 줄이기 위해서 개발된 디지털프린팅 디자인, 거품염색 디자인 등을 들 수 있다.

⑤ 환경 디자인의 미래

앞으로 환경문제는 디자인의 새로운 전제가 될 것이다. 환경문제가 해결된 제품이 아니면 글로벌 마켓에서 판매될 수도 없고, 심지어 수입규제의 대상이 될 것으로 예상되고 있다. 이러한 상황에서 디자이너들도 단순한 종이 재활용이나 폐품이용의 차원이 아닌, 근본적인 환경 디자인에 대해 새롭게 인식하지 않을 수 없는 시대가 되었다.

특히 의상관련 디자인에서는 일반적으로 재료 생산 시에 자원을 소모하고, 생산과정에서 유해 가스나 폐수 등을 유출하게 되며, 각 개인별 사용하는 아이템으로 소지 수량도 많아 전체 소비량이 많으며, 패션 주기가 짧아짐에 따라 착용수명이 짧아 폐기 처분 되는 양도 많을 뿐만 아니라, 사용 후의 처분에서도 환경오염의 여지가 매우 크다. 따라서 의상 디자인 시에는 이와 같은 환경에 미치는 영향을 충분히 검토하여, 환경에 미치는 악영향을 최소화하여 친환경 디자인을 행하는 노력을 경주해야 한다.

2_ 디자인 상품 기획 과정

1) 목표 설정 및 관련된 외부적 상황 검토

디자인의 첫 번째 단계는 '최종 결과물, 제품이 무엇이 되어야 하는가' 혹은 '어떤 효과를 가져야 하는가' 를 결정하는 것이다. 간혹 기업 차원에서 디자인 목표가 설정되어 디자

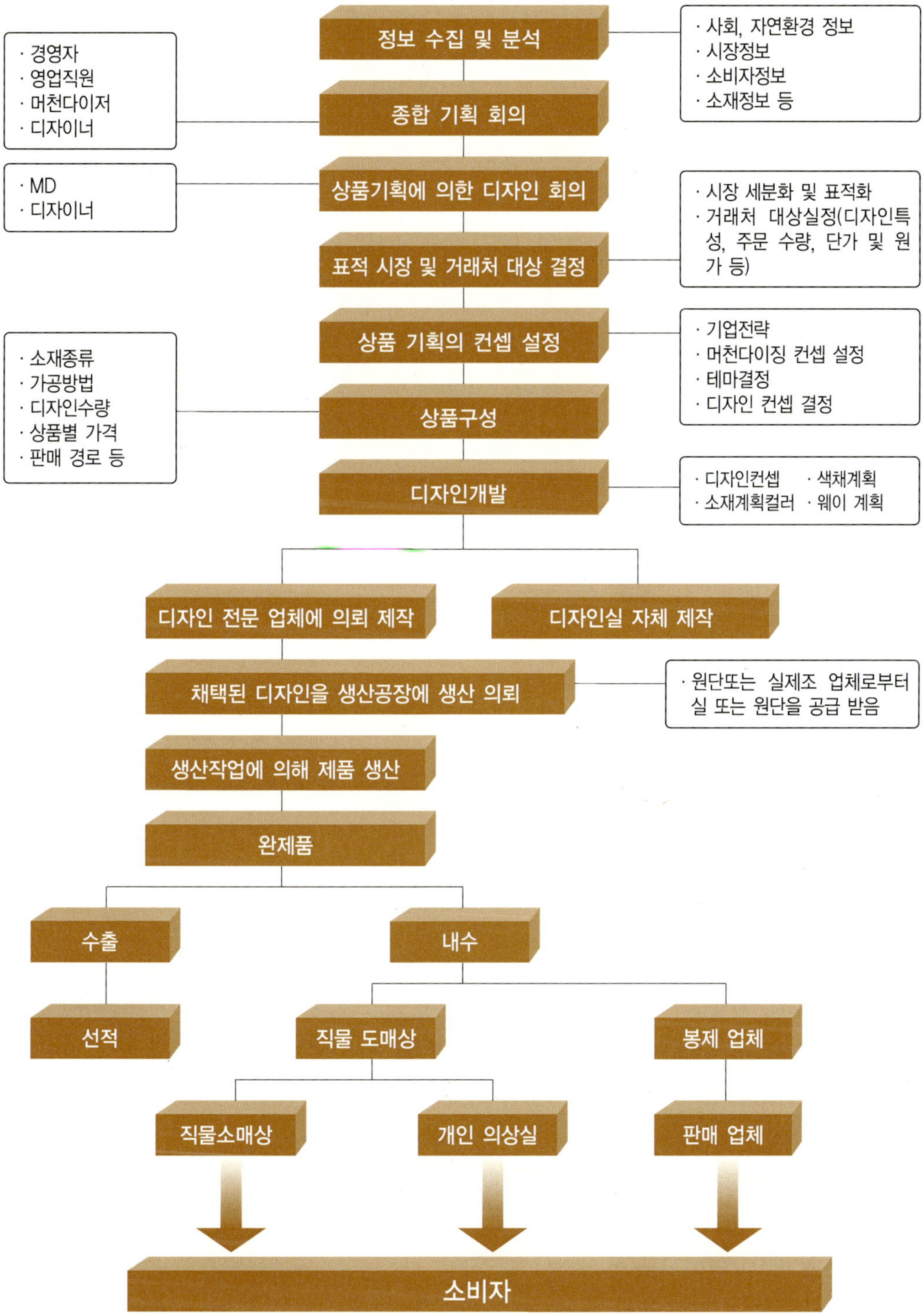

〈그림 8-1〉 상품 기획의 개요

이너에게 전달되거나 디자이너가 다른 부서와 함께 설정하기도 하는데, 이런 경우에는 디자이너가 디자인할 아이템에 대한 목표를 확인, 점검하여 디자인 목표를 명확하게 인식해야 한다. 그러나 디자인할 세부 항목에 대한 목표는 디자이너 자신이 설정하여야 한다. 따라서 디자이너는 최종 제품이 어떤 기능, 어떤 효과를 나타내도록 디자인 할 것인가를 구체화해야 한다.

이와 같이, 디자인의 목표가 구체화 되면, 그것의 가능한 범위를 정하고 부적절한 것은 배제하여 디자인의 중심이 되는 방향을 설정한다. 목표의 세부적인 사항은 미리 정할 수도 있으나, 과정 중에 영감이나 창조적인 실험에 의해서 정할 수도 있다.

세부적인 디자인에 들어가기 전에, 디자인과 관련된 기초적인 정보들을 수집, 분석해야 한다. 의상관련 디자인의 기초적인 정보로는 사회 및 자연 환경 정보, 시장 정보, 소비자 정보, 패션 정보 및 소속업체와 경쟁업체의 판매실적 정보, 기타 관련 산업정보 등이 있다. 이들에 대한 정보 수집 및 분석은 상품 기획팀 등 관련 부서가 공동으로 행하거나, 이들로부터 자료를 받아 사용하기도 한다. 좋은 디자인을 행하기 위해서는 관련된 많은 정보를 수집하여 정확하게 분석하고, 그 내용을 숙지하여 디자인 개발 시에 반영하여야 한다.

① 사회 및 자연 환경 정보

특히 의상관련 분야의 디자인은 정치, 경제, 문화 등과 밀접한 관계를 가지므로, 이에 대한 정보 분석이 필수적이다. 근래에는 사회가 급변하므로 디자인을 행할 시기와 디자인한 제품이 제작되어 판매될 시기와는 상황이 다를 수 있고, 날씨에 따라 제품의 수용 정도가 다르기 때문에 여러 가지 정보를 종합하여 사회, 경제, 문화는 물론이며, 날씨 등의 상황도 미리 예측하여 이에 부응하도록 디자인을 개발해야 한다.

수영복을 예로 들어보자. 여름에 긴 장마가 계속되면 실내 풀장으로, 맑은 날씨가 계속된다면 해변 등 야외로 수영을 갈 것이며, 착용 장소에 따라 선택되는 수영복에 차이가 있다. 즉 실내 풀장용 수영복은 단색의 노출이 적은 형이, 야외용 수영복으로는 화려한 색의 노출이 많은 것이 많이 판매된다고 한다. 따라서 수영복의 디자인이 개발되는 시기에 그 다음 해 여름철 날씨에 대한 정확한 정보 분석이 요구되는 것이다.

② 시장정보

자사와 경쟁사의 시장 점유율, 인기 상품의 시장 규모, 제조업체별 점유율, 제품별 가격, 유통 구조, 판매원의 영향, 판매 장소 등에 대해 조사 · 분석한다.

③ 소비자 정보

소비자의 의식, 생활양식(life style), 구매행동, 선호도 등을 조사하여, 소비자가 추구하는 디자인, 필요와 요구 등을 분석한다. 분석방법으로 매장에서 구매행동 관찰을 한다든지, 직접 설문지에 응답하게 하는 법 등을 활용한다.

④ 패션정보

의상관련 상품은 패션성이 강하므로, 패션 예측을 위한 여러 정보들을 수집하여 패션의 요인, 주제, 실루엣, 색채, 소재, 문양, 아이템 등에 대한 경향을 분석한다.

패션에 관련된 정보는 국내외 패션잡지 및 신문 등의 간행물, 패션전문기관의 예측 정보, 국제 및 국내 컬렉션, 국제 전시회 등을 통해서 수집할 수 있다.

기타 정보로는 자사 및 경쟁업체의 판매 실적, 재직, 염색, 기계 등 관련 산업들에 대한 정보를 수집하여 적극 활용한다.

2) 표적시장(market targeting) 선정

모든 소비자를 만족 시키는 상품은 없다고 할 정도로 소비자들의 개성과 요구가 다양하다. 따라서 소비자를 그들의 욕구나 요구 등에 따라 세분화하고, 이들 중에 누구를 위한 상품을 개발할 것인가를 결정하는 과정이다.

표적시장 선정은 시장 세분화, 시장 표적화, 시장 포지셔닝 등의 과정으로 행해지며, 기초 자료로 소비자의 개성, 성향, 생활양식, 구매 행태 등을 분석한 내용을 활용한다. 이러한 타깃선정을 디자이너들이 상품기획팀 등 관련부서와 행하거나, 기업차원에서 선정한 정보를 디자이너들이 제공받기도 한다. 그러나 디자이너로서 소비자들에게 소구성이 있는 디자인을 창출하기 위해서는 타깃의 특성에 대해서 명확하게 파악하고 있어야 한다. 시장 세분화 등 구체적인 내용과 활용방법에 대해서는 패션 상품학 관련 서적을 참고하기 바란다.

3) 상품기획의 컨셉 설정

패션 및 텍스타일 디자인 관련 기업에서는 국내외 정치, 경제, 사회 등의 환경적 요인과 인구통계학적 상황 및 경쟁 기업들에 대한 분석을 통해 기업 내의 부서들이 공동으로 전체적인 컨셉을 설정하고, 이에 따른 정책을 수립한다. 기업에 소속되어 있는 디자이너들은 컨셉 설정과 정책 수립에 동참하고, 나아가서는 설정된 컨셉과 수립된 정책을 디자인 개발에 최대한 반영해야 한다.

4) 상품 구성

텍스타일 디자인분야에서는 사용할 소재의 종류, 제직 또는 염색 등 가공 방법에 따른 종류, 패턴의 종류 등의 상품 구성에 대해 계획을 세운다.

패션 디자인 분야에서는 상하의, 외의와 중의 등 함께 조합할 의상 종류들의 구성에 대해 계획을 세운다. 일반적으로 같은 종류 또는 동일한 계통의 상품 중에서도 사용 소재 등에 따라 상 · 중 · 하 등의 단계로 구분하여 분명한 가격 차를 두거나, 소비자의 기호, 연령, 직업 등에 따른 차이에 대응할 수 있도록 상품을 구성하는 것이 바람직하다.

상품 구성 계획과 아울러서, 상품별 가격, 판매 경로, 시기별 소요 경비 등에 대해 관련 부서와 함께 계획을 세우고, 연간, 계절별, 월별, 주별 등의 타임스케줄을 수립해야 한다.

5) 디자인 개발

디자인 개발부서에서 효율적으로 디자인 작업을 행할 수 있도록 지원해야 한다. 이 단계가 패션 산업현장에서는 디자인 부서의 디자이너들이 수행하는 주된 업무이므로 비중 있게 다루기 위해서, '디자인 개발 부분' 에서 별도로 다루겠다. 즉, 텍스타일 디자인 및 패션 디자인을 사례로 들어 디자인의 실제적인 과정을 구체적으로 살펴보고, 또한 실제로 디자인을 제안하는 활동을 해 봄으로써, 디자인에서 논리적 사고와 창의적 사고를 적용하는 능력을 기르고자 한다.

6) 가격 설정

가격은 경제 가치의 척도이며, 판매량이나 기업의 판매 이익에 영향을 미치는 기초요소이다. 적정 가격은 구매자가 쉽게 상품을 구입할 수 있고, 제조원가, 판매비, 일반 관리비에 일정한 이익이 확보된 가격이라 할 수 있다. 그러나 궁극적으로는 기업의 존속과 발전을 위해서, 사회적 이익과 기업의 적정 이윤을 추구하는 차원에서 책정되어야 한다.

7) 품평 및 수주 계획

업체 내외의 품평회, 수주회, 전시회 등을 계획하고 생산량을 결정한다. 소비자의 모니

터링, 안테나 샵 등을 활용하여 시장조사를 행한다.

8) 생산 계획

소재, 염료 등 원자재 및 부자재 등의 생산의뢰를 계획하고, 수량, 원가, 제조 납기일, 검품, 보관, 출하, 재고, 배송 등에 관하여 구체적으로 계획한다.

9) 판매 유통 및 평가, 제안 등

경영진 및 기업의 타부서와 공동으로 협력하여 판촉활동의 테마를 선정하고, 판촉 스토리를 작성하며, 판매 정보조직을 확립한다. V.M.D.(Visual merchandising : 시각적 판촉활동, 디스플레이 등) 계획을 수립하고, 광고 및 홍보에 관한 협의를 개최하며, 각종 이벤트 행사를 실시한다. 또한 전반적인 평가를 행하고, 다음 상품에 대한 제안 등을 행한다.

3_ 디자인 개발의 실제

실제적인 디자인 과정이며, 패션 디자인, 텍스타일 디자인 등에는 개발할 상품의 부류에 따라 세부적인 과정은 다소 차이가 있으나, 기본적인 과정은 비슷하다.

드로잉 작업은 수작업(hand drawing)이나 캐드시스템(CAD)으로 행할 수가 있으며, 또는 이 두 방법을 병용할 수도 있다. 수작업은 작업시간이나 노력이 부담되지만, 디자이너의 의도대로 독창적 표현이 가능한 장점이 있다. 근래 컴퓨터 시스템과 소프트웨어가 급속도로 발전하여 편리한 전용 캐드들이 많이 보급되어 있다. 캐드 시스템의 활용은 작업시간과 노력이 적게 소요되고 자료 보관 및 관리가 용이하고, 생산라인과 바로 연결되는 경우가 많아서 패션산업 현장에서 널리 사용되고 있다. 따라서 효율적으로 디자인 작업을 행하기 위해 능숙한 캐드 운용 능력이 요구 된다.

디자인한 결과물의 제시 방법은 직접 실물을 제시할 수도 있으나, 대개는 시각적으로 쉽게 전달될 수 있도록 포트폴리오 형식으로 제안되는 것이 일반적이다.

포트폴리오(portfolio)는 서류가방, 상품 목록 등 여러 의미를 가지고 있으며, 의상분야에서는 '제안하는 디자인의 과정별 결과물의 사진이나 그림을 모은 파일' 을 의미한다. 포트폴리오를 통해서 디자인 의도, 컨셉 설정, 타깃 선정, 소재 및 색채 계획 등 일련의 작업과정을 볼 수 있어 디자인 의도를 알 수 있고, 결과물에 대한 평가도 가능하므로, 디자인

공모전이나 취업 시 등에 유용하게 사용된다. 이와 같이, 포트폴리오는 본인이 디자인한 결과물을 다른 사람에게 내보여 전달하는 기본적이고 중요한 매개체이며 수단이라 할 수 있다.

즉, 디자이너는 포트폴리오를 통해서 자신의 디자인 의도, 생각, 가치관, 철학 등을 시각적인 이미지(맵)로 표현하고 전달하는 것이다. 같은 생각을 가졌더라도 글을 어떻게 쓰느냐에 따라서 전달되는 느낌이나 내용에 차이가 있듯이, 동일한 내용의 디자인일지라도 포트폴리오를 어떻게 구성하느냐에 따라서 그 내용이나 강도가 다르게 된다. 디자이너들에게는 포트폴리오가 언어에 해당된다 할 수 있다.

그러므로 의상분야의 학생들이나 전문가들은 본인의 아이디어를 효과적으로 전달하여 다른 사람으로 하여금 제안된 디자인 가치를 올바로 인식되게 하기 위해서 포트폴리오를 구성하는 능력을 필수적으로 갖추어야 한다.

1) 텍스타일 디자인 개발 과정

텍스타일 디자인의 발상단계에서는 어떤 형식에 구애됨 없이 자유롭게 아이디어를 스케치하는데 이를 예술적 디자인이라 할 수 있다. 그러나 피륙은 대개 연속적으로 생산되므로, 예술적 디자인을 그대로 사용할 수 없다. 따라서 염색, 직조, 자수, 편직 등 가공공정을 고려하여, 반복되는 기본 단위로 디자인을 구상하는 것이 일반적이다. 이와 같이 예술적 디자인의 특성을 최대한 살리면서 반복 단위를 구성하고 연결부분의 문양을 맞추고, 색도수를 결정하는 디자인을 패턴 디자인(pattern design)이라 하며, 텍스타일 디자인은 주로 패턴 디자인(pattern design)으로 행해진다.

개괄적인 텍스타일 디자인 과정은 컨셉 및 용도를 설정하여 이미지 맵을 작성하고, 타깃을 선정하여 라이프스타일 맵을 작성하며, 모티프 선정 및 묘화, 반복단위 및 패턴 구성, 배색 및 칼라웨이, 최종제품 시뮬레이션 등으로 행해진다.

모티브 묘화, 반복단위 및 패턴 구성, 배색 및 컬러웨이 등 실제적인 디자인 과정에서는 반드시 컨셉, 타깃, 용도 등에 부합되도록 디자인 요소(점, 선, 형태, 색채, 명암, 질감 등)들의 여러 측면들 (선을 사용할 경우를 예를 들면, 수평선, 수직선, 곡선, 지그재그선 등) 중에 적합한 것을 선택해서, 컨셉, 타깃 특성, 용도 등을 가장 효과적으로 표출할 수 있도록 설계함과 동시에, 디자인 원리를 적용하여 미적으로 표현하는 디자인 감각이 요구된다.

Ⅰ. 컨셉 설정

컨셉은 디자인으로 나타내고자 하는 주장, 의도, 메시지 등을 의미한다. 디자인 컨셉을 구체적으로 설정하면 디자인의 실마리가 쉽게 풀리며, 또한 좋은 디자인이 도출될 가능성이 높아진다. 따라서 실제적인 디자인 작업에 앞서서, 사회, 경제, 문화 등 외부적 환경과 소비자의 요구, 추구하는 가치 등을 바탕으로 하여, 컨셉을 명확하게 설정하고, 설정한 근거나 이유를 설명하는 것이 개발한 디자인에 대한 설득력을 높일 수 있다,

컨셉은 대개 형용사들로 표현되며, 그 의미를 글로 설명하고, 기존에 나와 있는 화보 등에서 컨셉의 내용을 내포하고 있는 이미지 자료를 발췌, 활용하여 이미지 맵(Image map)을 작성하여 제시한다.

Ⅱ. 타깃 선정

소비자들은 생각이나 가치관에 차이가 있으며, 요구하는 바도 각기 다르기 때문에 모든 소비자를 만족시키는 상품 디자인은 불가능하다고 말해진다. 그래서 소비자들을 상품에 대한 요구나 추구하는 가치 등이 비슷한 사람들로 구분하여, 그 중에서 어느 한 집단을 겨냥해서 이들의 기호와 요구에 부응하도록 상품 디자인을 행하게 된다. 따라서 어떤 집단을 타깃으로 선정하되, 왜 그들을 타깃으로 선정했는지에 대한 근거나 이유를 설명하고, 또한 이들의 특성을 명확하게 규명하는 것이, 이들에게 소구성이 있는 디자인을 개발할 확률을 높게 한다. 선정한 타깃의 특성을 글로 설명하고, 기존의 화보 등에서 타깃의 특성을 내포하고 있는 이미지 자료를 발췌, 활용하여 라이프 스타일 맵(life style map)을 작성하여 제시한다.

Ⅲ. 용도 선정

개발할 텍스타일 디자인으로 만든 소재로 제조할 최종제품이 무엇인지를 결정한다. 제품의 분류는 크게 의류용, 패션소품용, 인테리어용 등으로 나눌 수 있다. 의류(어패럴, apparel)는 대상에 따라 남성복, 여성복, 아동복, 유아복, 신생아복 등으로 용도에 따라 정

장, 캐쥬얼웨어, 스포츠웨어 등으로 나누고, 스포츠웨어에서 골프복, 수영복 등으로 다시 종목에 따라 세분화된다.

패션소품은 넥타이, 스카프 또는 머플러, 손수건, 양산 및 우산, 가방, 신발 등으로, 나눌 수 있으며, 인테리어용은 침대 커버 등 침구류, 의자커버, 커튼, 벽지 등으로 구분되고 있다. 따라서 개발할 디자인의 용도를 명확하게 결정하고, 이들에 대한 정보와 아이디어를 얻기 위하여, 최신 상품들의 이미지를 수집 분석하여, 아이템 맵(Item map)을 작성하여 제시한다.

Ⅳ. 모티프 선정 및 묘화

A. 모티프 종류

모티프(motif)란 디자인의 기본이 되는 주제를 말하며, 소재에 따라 자연물, 인공물, 상상물, 상징물 등으로 크게 구분된다.

자연물은 식물, 동물, 사람, 풍경 등의 외양, 세부 형태, 표정, 숲, 계절에 따른 산 바다 등의 경치 등이 이에 속하며, 대부분의 자연물에는 형상이나 색상에서 오묘한 조화가 깃들어 있어, 디자인에 대한 많은 영감을 주므로, 패션 디자인의 좋은 소재가 된다. 특히 꽃은 여성복 텍스타일디자인의 주된 모티프로 널리 사용되며, 유아복 또는 아동복용으로는 귀여운 동물들이 많이 사용되는 경향이 있다. 인공물은 실용성 및 장식적 목적으로 인위적으로 만든 교통 수단물, 건축물, 조형물, 공예품, 무기류, 우주 관련물 등이며, 각각의 형태적 특징이 있어 중화된 즐거움을 자아내므로, 패턴디자인의 좋은 소재가 된다, 상상물은 소리, 냄새, 향기, 무서움, 즐거움, 환희 등 비시각적인 소재들을 상상을 통해서 이들을 기학적 또는 추상적 형태로 표현하여 패턴디자인을 창출할 수 있으며, 이러한 기학적 또는 추상적 형태는 현대적 감각을 주는 경향이 있어 오늘날 패턴 디자인 모티프로 널리 사용되고 있다. 상징물은 상상의 특별한 분야라고 할 수 있으나, 어떤 형태를 목적 없이 단순히 제시하는 것이 아니라, 확연한 의도를 가지고 독창적으로 시각화한 것을 말하며, 각국의 문자, 숫자, 화학기호, 부호, 문장(紋章), 각국의 국기, 마크, 교통 신호 등이 이에 속한다. 이들을 유심히 관찰하여 창의적으로 표현하면 좋은 패턴 디자인을 창출할 수 있다.

오늘날 글로벌화 함에 따라 전 세계가 동일화되는 경향이 있어, 각 민족이나 각국들의 정체성을 가지기 위해 전통문양 등 고유한 문화가 담긴 소재들을 디자인의 모티프로 널리 사용하는 경향이 있다.

B. 모티프 선정 및 구성

다양한 소재 중에서 디자인하고자 하는 컨셉, 타깃, 용도 등에 부합되는 한 종류 또는 다수 종류의 모티프 소재를 선정한다.

한 종류의 모티프를 사용할 경우에 통일감은 있으나 다소 단조로운 느낌이 있으므로, 크기, 색채, 질감 등을 달리하여 변화를 주는 것이 바람직하다. 또한 두 종류 이상 모티프를 복합적으로 사용할 경우에는 색다른 효과를 가질 수는 있으나, 자칫 혼란해지기 쉬우므로, 한 종류의 모티프를 크게, 많이 혹은 강하게 사용하여 주 모티프로 하고, 나머지는 이를 도와주는 부 모티프로 구성하는 것이 전체적인 통일감을 위해 효과적이다.

모티프의 크기, 차지하는 비율, 연속성 등에 따라 주는 느낌이 다르므로, 상세한 내용은 텍스타일 디자인 관련 전문 서적을 참고 하기 바란다.

모티브를 표현하는 방식에는 사실적, 약화적, 추상적, 기하학적 방식 등이 있으며, 표현하는 기법에는 회화적 기법, 음영기법, 빗침선 기법등으로 다양하며 디자이너가 독창적인 기법을 창안하여 사용 할 수 있다. 따라서 작품의 컨셉, 용도 및 타깃의 라이프스타일 등에 부합되는 표현 양식과 기법으로 모티브를 묘화한다.

V. 반복단위 및 패턴 구성

묘화한 모티프로 반복단위를 구성하는 방법에는 전면구성(all-over), 전도구성, 줄구성 등이 있다. 디자인 의도, 모티프 형태 등을 고려하여 적절한 방법으로 반복단위를 구성한다.

구성한 반복단위의 배열방법에는 사방이음, 하프드랍, 계단 스텝 등이 있으며, 이들 중에 적절한 방법으로 배열시켜 패턴을 구성한다.

Ⅵ. 배색 및 컬러웨이

가공방법에 따라 색채계획에 다소 차이가 있다. 즉, 실크스크린 날염할 경우에는 가능한 한 색도수를 적게 하면서 효과가 있도록 색채계획을 할 필요가 있는 반면에, 디지털 프린트할 경우에는 색수에 크게 제약을 받지 않으므로 자유롭게 배색할 수 있다.

색채계획은 가장 먼저 어떤 색채조화(동색조화, 유사조화, 대비조화 등) 방법을 적용할 것인지 결정한 후에, 주조색을 선정하고 선정한 색채조화공식에 따라 색상을 정한다. 그 다음에 선정한 각각의 색상의 명도와 채도를 정하고, 채색할 부분을 기획하여 채색한다. 배색한 결과를 여러 자료(칼라 칩, 색실, 직물 등) 중에 적합한 것을 선정하여 부착하고, 그 아래에 먼셀 표색법 등으로 색명을 기재하여 제시하거나, 이미지와 함께 칼라 맵을 작성해도 좋다.

Ⅶ. 완성된 텍스타일 디자인 및 최종제품의 시뮬레이션

완성된 텍스타일 디자인의 세부 내용을 파악할 수 있을 정도의 크기로 제시한다. 제안한 텍스타일디자인으로 개발소재로 만들어진 최종제품에서의 디자인 효과를 미리 살펴보기 위해서, 컴퓨터 시스템의 맵핑(mapping)을 응용하여 시뮬레이션을 행한다.

최종제품 시뮬레이션의 착장시킬 인체 이미지는 스타일화를 직접 그리거나 잡지 등에서 발췌하여 맵핑해도 무방하다. 인체의 포즈는 개발한 작품의 컨셉, 타깃의 특징 및 용도를 잘 반영하여 선정하는것이 시뮬레이션 상의 효과를 실제 상황에 근접하게 하므로 바람직하다.

Ⅷ. 포트폴리오 완성하기

제안한 디자인이 효과적으로 전달될 수 있도록 전체적인 구성을 행한 후에, 디자인한 순서에 의거하여, 이미지 맵, 라이프스타일 맵, 색채 맵, 선정한 모티프 및 묘화한 모티프, 색채계획 결과, 구성한 반복단위와 패턴, 칼라웨이, 완성한 텍스타일 디자인, 최종제품 시뮬레이션 결과 등으로 포트폴리오를 구성한다.

정형화된 포트폴리오 보다는 자신이 제안한 디자인을 가장 잘 나타낼 수 있는 독창적인 방법으로 구성하는 것이 바람직하다.

2) 패션디자인 제안 과정

패션디자인의 기본적인 과정은 텍스타일 디자인 과정과 흡사하다. 즉 패션디자인의 전반 과정은 컨셉을 설정하여 이미지 맵을 작성하고 타깃을 선정하여 라이프스타일 맵을 작성하는 텍스타일과 거의 동일하다.

그러나 최종 생산품이 다르므로 이후 과정부터는 다소 차이가 있다. 즉, 디자인할 의상의 종류(아이템, item)를 선정하고 아이템 맵을 제시하고, 작품의 컨셉이나 타깃 특성에 부합되도록 사용할 소재 및 색채를 계획하여, 소재 맵(fabric map)과 칼라 맵(color map)을 작성한다. 그리고 착장했을 때의 이미지를 나타내는 패션일러스트레이션을 그리고, 의상제작이 가능하도록 의상의 각 부분들(디테일, detail)과 단추부착 위치 등 부자재 사용, 봉제방법 등을 상세하게 묘사하는 도식화를 그린다.

디자인 전 과정을 통해서 반드시 컨셉, 타깃, 용도 등을 기준하여 이에 부합되도록 디자인 요소들의 여러 측면들을 적절하게 선택해서, 디자인의 원리를 적용하고, 디자인의 미적 감각을 발휘하여 실제 드로잉 작업을 행한다.

Ⅰ. 컨셉 설정

컨셉은 디자인으로 나타내고자 하는 주장, 의도, 메시지 등을 의미한다. 디자인 컨셉을 구체적으로 설정하면 디자인의 실마리가 쉽게 풀리며, 또한 좋은 디자인이 도출될 가능성이 높아진다. 따라서 실제적인 디자인 작업에 앞서서, 사회, 경제, 문화 등 외부적 환경과 소비자의 요구, 추구하는 가치 등을 바탕으로 하여, 컨셉을 명확하게 설정하고, 설정한 근거나 이유를 설명하는 것이 개발한 디자인에 대한 설득력을 높일 수 있다, 컨셉은 대개 형용사들로 표현되며, 그 의미를 글로 설명하고 실제 그려서 표현하는 것이 좋으나, 기존에 나와 있는 화보들 중에서 컨셉의 내용을 내포하고 있는 이미지 자료를 발췌, 활용하여 이미지 맵(Image map)을 작성하여 제시한다.

Ⅱ. 타깃 선정

소비자들의 생각이나 가치관에는 차이가 있으며, 요구하는 바도 각기 다르기 때문에 모든 소비자가 만족시키는 상품 디자인은 불가능하다고 언급한 바 있다. 그래서 소비자들을 상품에 대한 요구나 추구하는 가치 등이 비슷한 사람들로 구분하여, 그 중에서 어느 한 집단을 겨냥해서 이들의 기호와 요구에 부응하도록 상품 디자인을 행해야 한다.

어떤 집단을 타깃으로 선정하되, 왜 그들을 타깃으로 선정했는지에 대한 근거나 이유를 설명하고, 또한 이들의 특성을 명확하게 규명해야만 이들에게 소구성이 있는 디자인을 개발할 확률이 높아지게 된다. 선정한 타깃의 특성을 글로 설명하고, 기존의 화보 등에서 타깃의 특성을 내포하고 있는 이미지 자료를 발췌, 활용하여 라이프 스타일 맵(life style map)을 작성하여 제시한다.

Ⅲ. 아이템 선정

개발할 의상의 종류를 선정하거나, 주어진 항목에 대한 패션트렌드 정보 등 기초자료를 폭넓게 수집하여 본인이 추구하는 이미지나 설정한 컨셉과 타깃 등과 부합되는 자료들을 스크랩하여 아이템 맵을 작성한다. 근래에는 소비자들이 여러 종류의 아이템을 스스로 선택하여 조합(codination)하는 경향이 있으므로 이에 대비하여 상의 · 하의 · 중의 · 패션소품 등을 토탈화 하여 시리즈로 디자인하는 경향이 많다. 이런 경우에는 도표화하여 제시하기도 한다.

Ⅳ. 소재 및 색채 계획

상품 기획 시에 수집한 소재 및 색채에 대한 여러 자료, 예를 들면 패션트렌드, 시장조사, 경쟁사 제품정보 등을 분석하여, 설정한 컨셉, 타깃의 특성, 아이템에 부합되는 소재 및 색채를 계획하고 소재 샘플(sample) 등을 활용하여 소재 맵(fabric map)과 칼라 맵(color map)을 작성한다.

소재 계획에서 심미성은 물론이며, 패션성, 기능성, 실용성 및 관리성 등을 함께 고려하는 논리적 사고가 특히 요구되며, 독창성을 부여하기 위해서 시판 소재를 그대로 사용하지 않고, 염색, 자수, 퀼팅(quilting), 비딩(beading) 등 공예적인 기법을 활용하면 매우 효과적이다. 소재 맵에는 실제 사용할 소재로 제작하는 것이 현실감이 높다.

색채 계획에서는 색채조화, 색채의 물리적 심리적 효과, 대비현상, 잔상 현상 등 색채와 관련된 이론을 바탕으로 하여 디자인 의도를 효율적으로 나타낼 수 있도록 계획해야 한다.

V. 패션일러스트레이션 그리기 : 의상의 전체적인 형상그리기 및 채색하기

패션일러스트레이션은 의상의 착장 시의 분위기를 효과적으로 묘사하는 방법이므로 디자인 제안에서 중요한 과정이다. 포즈는 디자인할 의상의 분위기와 디자인의 장점을 최대한 표현할 수 있는 포즈로 선정하며, 자세는 한 발에 체중을 두고 한 발은 자연스럽게 뻗은 상태가 일반적이다. 묘사하는 측면은, 정면 또는 3/4 측면에서 본 의상의 앞 · 뒷면을 그린다.

의상의 분위기와 소재의 질감을 효과적으로 나타내면서 컨셉, 타깃의 특징, 디자인 의도 등을 잘 반영할 수 있도록 디자인 요소들의 측면들을, 여러 가지 디자인 원리를 적절하게 적용하는 디자이너의 미적 감각을 통해서 묘화한다. 채색도 역시 컨셉, 타깃의 특징, 아이템 등을 효과적으로 나타낼 수 있는 채화재료(마커, 아크릴 물감, 펜 등)와 채화도구를 사용하여 적합한 기법(사실적, 생략법, 과장법 등)으로 패션일러스트레이션을 행한다.

VI. 도식화 그리기 : 프로닥션 스캐치(production sketch)

도식화는 의상을 테이블 위해 펼쳐 놓은 것 같이 평면도로 묘사하므로 플렛(flat)이라고도 한다. 도식화는 디자이너가 아이디어를 빠르게 스캐치하는데 유용할 뿐만 아니라, 패션산업 현장에서는 디자이너의 의도를 생산자(패턴실, 봉제실 등)에게 정확히 전달하는 수단이므로 매우 중요하며 필수적이다. 패션산업 현장에서는 도식화가 일반적으로 작업지시서(생산 의뢰서)에 많이 쓰이며, 스펙(spec) 또는 프로닥션 스캐치라고도 한다. 따라서 도식화는 패션일러스트레이션과는 달리, 과장되지 않게 실제 인체 형태를 바탕으로,

의상의 구성선, 박음선 각 부분의 치수, 단추 등 부자재 부착하는 위치나 방법, 봉제 상의 유의할 점 등을 상세히 표시해야 한다.

Ⅶ. 포트폴리오 완성하기

텍스타일 디자인에서와 마찬가지로, 제안한 디자인이 효과적으로 전달될 수 있도록 전체적인 구성을 행한 후에, 디자인한 순서에 의거하여, 이미지 맵, 라이프스타일 맵, 아이템 맵, 소재 맵, 칼라 맵, 패션일러스트레이션, 도식화 등으로 포트폴리오를 구성한다.

포트폴리오는 독창적으로 하되, 전체적으로 통일성과 균형감이 있으면서 각 부분의 특징을 살리는 것이 바람직하다.

이상과 같이, 텍스타일디자인 및 패션디자인을 실제 행하는 과정을 살펴보았다. 텍스타일 디자인 및 패션디자인에 관한 이론 및 실기에 대한 내용이 매우 많으며, 디자인의 요소 및 원리, 색채학, 표현기법 등으로 그 범위도 광범위하다. 대학의 의상관련 학과에서는 이들을 다시 여러 분야로 나누어 교과과정을 구성하여 교육이 행해지고 있다. 따라서 본장에서는 세부적인 내용을 서술하지 않고 개괄적으로 살펴보았다. 실제로 텍스타일디자인 및 패션디자인을 제안을 할 때는 각 교과목에서 배운 내용을 활용하거나 참고하기 바란다.

▶ **활동 6 - 1** : 텍스타일 디자인 제안하기

▶ **활동 6 - 2** : 패션디자인 제안하기

이 장에서는 디자인의 의미, 가치, 목표, 본질, 요건, 디자이너의 자질, 디자인을 어떻게 할 것인지, 디자인 상품기획, 텍스타일 디자인 및 패션디자인의 실제 등에 대해 살펴보았다.

디자이너라고 하면, 그림을 잘 그리는 사람이 하는 직종이라고 많은 사람이 생각하는 경향이 있는데, 이는 일부는 맞지만, 완전히 맞는 말은 아니다. 왜냐하면 그리는 기술이나 표현하는 능력도 중요하지만, '무엇을 표현할 것인가?' 하는 그 내용, 즉 콘텐츠가 더욱 더 중요하기 때문이다. 근래에는 다양한 전용 캐드(CAD)가 드로잉 작업을 획기적으로 지원해 주고 있다. 또한 제안된 아이디어를 표현해 주는 전문직이 등장하여 드로잉 작업을 대신해 주기도 한다. 그래서 오늘날에는 디자이너에게 표현하는 능력보다, 유용하고 기발한 아이디어를 샘물같이 솟아내는 창의적 능력이 더 요구되고 있다. 또한 디자이너는 왜 그렇게 디자인 했는지, 그렇게 디자인 하면 어떤 점이 좋은지를 논리적으로 설명할 수 있어야 한다.

특히 의상분야에서 디자인의 영역은 차지하는 비중도 높을 뿐 아니라 핵심영역으로서 매우 중요하다. 또한 앞서 언급한 바와 같이, 현대 의복은 인간 -피복-환경의 역학적 구도 아래, 착의 기체인 인간의 신체에 적합하고, 동작에 따라 적응력이 우수하고 여러 상황의 환경으로부터 인체를 보호하고 의상의 용도에 부합되는 기능성, 심미적 만족감을 주는 등의 다각적이고 융합적인 디자인이 요구되고 있다. 즉 좋은 디자인은 의상관련 학문의 다양한 분야를 기초로 하여, 다각적인 면에서 만족을 가져오는 최상의 결과물을 창출할 때 얻어질 수 있는 것이다.

따라서 좋은 디자인을 창출하기 위해서는 의상관련 분야의 여러 학문 영역에서 학습한 이론적 지식과 실기 능력을 융합시켜야 한다. 그러나 본 장에서 여러 분야에 대해 세세하게 설명하는 것은 불가능하므로, 디자인 창출 시 의상분야의 여러 교과목의 내용을 참고하기 바란다. 이에 본 장에서는 디자인에 대해 새롭게 인식할 것과 좋은 디자인을 창출하기 위해서는 논리적 사고와 창의적 사고가 병행되어야 함을 강조하고자 한다.

제9장

토론은 무엇이며, 어떻게 행해야 하나?

토론은 자기주장을 말로써 논리적으로 표현하는 형식 중에 가장 강력하고 역동적인 방법이다. 이에 토론이 수업에서 널리 적용되며, 언론 매체에서 여론 수렴에도 적극적으로 활용되는 등 사회전반에 토론문화가 형성되고 있다.

본장에서는 토론에 대해서 개괄적으로 살펴보고, 이를 기초로 하여 실제 토론 활동을 통하여 토론 능력을 기르도록 한다.

1. 의상 분야와 토론(syllogue)

1_ 토론의 의미와 특징

1) 토론의 의미

토론은 사람들이 말을 주고받거나 대화하는 상호작용의 한 종류이며, 어떤 특정한 문제나 논제에 대해 의견을 교환하는 행위이다. 즉 사람들이 서로 의견을 합쳐, 해결하고자 하는 문제(논점)를 가지고 그것에 대해 다양한 제안들과 이해 방식들을 내 놓고, 그 타당성과 적절성들을 검토하는 대화를 말한다. 대표적인 사례로 TV의 토론 프로그램이나 선거 후보자들의 합동 토론회, 인터넷의 게시판 등을 통해 댓글달기 등을 들 수 있다.

토론이 단순한 대화와 다른 점은 둘 이상의 사람들이 어떤 주제에 대해서 서로 경쟁적으로 논증을 펴서 누가 더 설득력이 있는지 따진다는 점이다. 그런 점에서 토론은 논술에 해당되는 말하기 형식이라 할 수 있다. 논술은 독자들이 잠재적이고 추상적인데 비해서, 토론은 대화 상대자나 논적을 직접 대면하거나 의견을 직접 주고받는다는 점이 다르다. 따라서 논술에 비해, 토론 시에는 논리적 사고력은 물론이며, 그 때마다 대처하는 순발력과 상황 판단력이 특별히 요구된다.

이상의 내용을 요약하면, 토론은 어떤 주제에 대하여 서로 다른 주장을 하는 사람들이 논증이나 검증을 통해 자기주장을 정당화하고 다른 사람을 설득하려고 말하고 듣는 활동이라 할 수 있다. 독백보다는 대화가, 대화보다는 토론이 논리적 사고력을 기르는데 탁월하다.

2) 토론의 특징

토론은 한 마디로 싸움이다. 이 싸움은 승패를 가리기 위해 공정하고 엄격한 규정과 절차에 따라 말을 가지고 설득하는 싸움이다. 또한 게임의 본질이 승부를 가리고, 규칙과 절차를 강조하며 스포츠맨십(sportsmanship)을 중시한다는 점을 감안한다면, 토론은 일종의 게임, 말로 하는 게임이라고도 할 수 있다. 토론은 싸움과 게임의 양면성을 지니고 있으며 장점과 단점을 이런 양면성에 근거하여 예측할 수 있다.

① 토론은 종합적이다.

토론 중에 상상도 못했던 엄청난 힘이 발휘되거나, 온갖 기발한 수단과 방법이 다 동원되어 토론은 종합적, 통합적 요소들을 가지게 된다. 토론에는 듣기, 말하기, 쓰기, 지식 등 내용적 요소 뿐 아니라 자세, 언어, 태도, 예절 등 정의적 행동적 요소들이 모두 관련된다. 토론 교육은 한 분야에만 국한된 지엽적, 분과적 교육보다는 정의적, 행동적, 인지적 요소가 총동원되는 종합적 관점에서 접근해야 좋은 결과를 얻을 수 있다.

② 토론은 창의적이다.

승패가 갈리는 상황은 매우 자극적이고 흥분된 상황이며, 이런 자극과 흥분은 평소에 생각해내지 못했던 새롭고 창의적인 사유와 논리의 전개를 가능하게 한다. 뜻하지 않은 엉뚱한 방향으로 논리가 전개되기도 하지만 그것 자체가 다른 면에서 보면 창의적이고 신선한 내용의 전개라고 볼 수 있다. 협동적 상황에서 다양하고 끊임없는 자극에 대한 반응으로서 창의적 사고는 토론 교육이 갖는 중요한 장점의 하나이다.

③ 토론은 흥미 있다.

게임은 승패의 결과가 있기 때문에 흥미 있는 것이다. 학습에는 흥미 없는 학생들도 게임에는 흥미를 보인다. 따라서 토론의 게임적 요소를 잘 살리면 학습이 의외로 흥미진진하고 재미있는 게임으로 바뀔 수 있다.

④ 토론은 규칙을 준수하게 한다.

게임에서 이기기 위해서는 규칙을 잘 지켜야 한다. 규칙을 어기면 그만큼의 손해를 감수해야 하고, 심하면 바로 패배하기도 한다. 토론에서도 마찬가지이다. 정해진 시간을 준수해야 하고, 상대와 판정관을 존중해야 하고 예절 바르게 행동해야 한다. 신사다운 규칙, 스포츠맨십을 지킬 줄 알아야 승리할 수 있다.

⑤ 토론은 참을성을 길러준다.

토론은 상대방의 이야기가 끝날 때까지 긴장을 늦출 수 없으며 경청해야 한다. 중간에 끼어들 수 없고 말을 가로챌 수도 없다. 아무리 급하더라도 자기 차례가 될 때까지 기다려야 하고 인내해야 한다. 우리 교육이 가지고 있는 큰 취약점 중의 하나인 인내심 교육과 듣기 교육을 한꺼번에 할 수 있다.

⑥ **토론은 듣는 힘을 길러준다.**

토론은 상대방의 이야기를 주의 깊게, 분석적으로 듣도록 만드는 힘을 가지고 있다. 상대방 이야기에 귀 기울여 듣지 않고 집중하지 않으면, 반박할 수 없고 이길 수 없기 때문이다. 분석력과 통찰력을 동원하여 다른 사람의 이야기를 주의 깊게 듣고 경청해야만 이길 수 있다.

⑦ **토론은 설득력을 키워준다.**

토론은 상대방을 설득하여 그가 자신의 의견을 스스로 철회하고 패배를 인정할 수 있도록 압도해야 한다. 이것은 힘에 의한 강제적 굴복을 강요하는 것이 아니라 순전히 말의 힘으로, 논리와 수사력의 힘으로 해야 하는 것이다. 즉 토론은 설득력이 무엇인지를 몸으로 깨닫고 실천하게 하며 그 능력을 키워준다.

3) 토론의 목적 및 가치

① **토론의 목적**

토론은 주장을 펼치는 행위이다. 토론의 목적은 토론을 통해 우리가 의도하는 바가 다른 사람들의 생각과 태도와 가치를 변화시키도록 설득하는 것이고, 궁극적으로는 행동하도록 만드는 것이다.

토론의 최종 목적은 다양한 견해들의 역동적 상호 경쟁을 통해 논제에 관해 최선의 견해나 해결책을 도출하는 것이다. 토론 중의 갑론을박하는 논쟁은 수단일 뿐이며, 과정으로서의 토론의 핵심은 그러한 논쟁에 있다고 볼 수 있다.

② **토론의 가치**

– 토론을 통해 자발적인 행동 변화가 있다.

이는 명령을 통해 나타나는 행동 변화와 근본적으로 구분된다. 스스로 마음에서 우러나와 하는 행동은 인간의 존엄과 품위를 유지시켜 준다. 명령에 따라 하는 행위 등이 존엄성을 근본적으로 부정하는 것과 비교한다면 엄청난 차이이다. 개개인의 존엄성과 품위를 유지하면서 행동할 수 있게 한다는 점에 토론의 가치와 목적이 있다. 행동함으로써 우리는 세계를 변화시킬 수 있기 때문이다.

– 토론은 민주사회를 살아가는 시민의 기본 자질이 된다.

민주주의란 인간이 스스로의 존엄성을 유지하면서 다수의 자발적인 뜻에 따라 사회를 이끌어 나갈 수 있게 만드는 원리이다. 그러므로 토론은 사회를 이끌어 가는 지도자의 기본 능력이 된다. 민주사회의 리더는 자신의 뜻을 말과 대화를 통해, 토론을 통해 여러 사람들에게 펼치고 그 지지를 얻어 사회를 이끌어 가는 사람이기 때문이다. 폭력과 힘에 의해서가 아니라, 대화를 통해, 토론을 통해 사회가 변화되고 움직일 때, 그때 비로소 우리는 민주사회에 산다고 자부할 수 있을 것이다.

4) 토론과 토의의 비교

토론(debate)과 토의(discuss)가 같은가 다른가에 대한 논의는 아직도 진행 중이며 여전히 이 두 말에 대한 개념이 명확히 규정되지 않고 있으나, 다음과 같이 공통점과 차이점이 있다고 할 수 있다.

① 토의

· 공동의 관심사가 되는 어떤 문제에 대하여, 가장 바람직한 해결 방안을 찾으려고 집단 구성원이 협동적으로 의견을 나누는 과정이다. (교육인적자원부, 2004)

· 제기된 문제에 대해 다양한 의견을 개진하고 수렴하는 것을 목적으로 하여, 자기의 견해를 개진하는데 주력하는 활동이다. (하병학, 2003)

· 참가자들이 협력적인 사고를 통해 문제를 해결하는 과정이다. (송창석, 2001)

· 어떤 주제에 대해서 여러 사람들이 정보와 의견을 교환하여 그 주제에 대해 학습하거나 문제를 해결하려는 말하기와 듣기 활동이다. (정문성, 2004)

② 토론

· 어떤 주제에 대하여 서로 다른 주장을 하는 사람들이 논증이나 검증을 통해 자기주장을 정당화하고 다른 사람을 설득하려는 말하기와 듣기 활동이다. (정문성, 2004)

· 그 방식이 규칙적이고 결정방식도 일정하기 때문에 결과가 분명하다는 장점을 갖고 있다. 여러 의견들 중에 보다 나은 것과 보다 못한 의견을 정당한 근거를 바탕으로 명확히 구별하는 것을 목적으로 하는 활동이다. (하병학, 2004)

· 참가자들이 대립적인 주장을 통해 바람직한 결론에 도달하는 과정이다. (송창석, 2001)

· 정해진 규칙에 따라 긍정과 부정으로 대립하는 두 팀이 주어진 논제에 대해 논거에 의한 주장과 이에 대한 검증과 의논을 되풀이함으로써 이성적 판단을 내리는 과정이다. (강태완 외, 2001)

③ 토론과 토의의 공통점과 차이점

• 공통점

가장 큰 공통점은 수렴적, 비형식적, 결과적인 사고과정을 중시한다는 점이다. 토의는 함께 모여 공동으로 문제를 해결하기 위해 정보나 아이디어를 교환하는 과정이다. 토의에서 중요한 것은 합의할 수 있는 결론을 이끌어 내는 것이다. 토의의 가장 이상적 형태는 만장일치이고, 그것이 안 될 때는 합의하여 타협적인 결과를 이끌어낸다.

• 차이점

토의는 일정한 형식이나 엄격한 규칙을 중시하지 않고, 생각나는 대로 자유롭게 의견을 말할 수 있고 논제도 비교적 열려 있는 경우와 반론과 재반론도 엄정한 규정에 따라 이루어지지 않는 경우가 많다. 또한 토의는 결론에 도달하기 위해 논의과정에서 자신의 주장과 관점을 수정하고 심지어는 포기할 수도 있다. 즉, 토의는 문제해결의 목적으로 다양한 의견교환을 통해 합의적 결론에 도달하려는 비형식적 대화방식이라 할 수 있다.

토론은 말과 언어를 가지고 서로 목적을 쟁취하기 위해 투쟁하는 것이다. 그래서 '논쟁식 토론'이라고도 한다. 토론은 '논쟁적, 형식적, 과정적' 사고를 중시한다. 토의에 비해 토론은 각자의 주장과 관점이 찬성과 반대로 분명하고 확연하게 나누어져, 본질적으로 타협하거나 수정할 수 없다. 각자는 자신의 관점과 주장을 옹호하고 강화하여 상대방을 논박해야 한다. 둘 다의 공존과 타협은 불가능하고 한 쪽의 승리와 다른 쪽이 패배함에 따라서, 승자의 주장은 채택되고 패자의 주장은 폐기된다. 이런 부작용을 최소화하기 위해 토론에서는 절차적 형식적 요소가 중시된다. 본래 치열한 싸움이므로, 공정함이 생명이고 공정함을 위해서는 양 쪽에 똑같은 기회가 부여되어야 하기 때문이다. 토론은 이런 면에서 철저하고도 공정한 과정과 절차가 중시되는 언어 게임이다. 결국 토론은 서로 대립되는 주장들의 승패를 결정하기 위해, 공정하고 엄격한 규칙에 따라 자신의 주장을 설득하려는 절차적 대화 방식이라 규정할 수 있다.

5) 설명, 설득(협상 · 선전 · 강압), 이야기는 토론이 아니다.

① 설명

설명 중에서 단순한 사실을 서술하는 형태의 대화나 문장은 논증이 아니다. 원인과 결과 관계를 설명하는 경우에 논증이라고 말할 수 있다. 어떤 대화나 글이 논증이 되기 위해서는 주장과 타당한 이유가 제시되는 형식을 갖춰야 한다.

② 설득

설득 중에서도 겉으로는 논증처럼 보이지만 실제로는 그렇지 않은 유형이 있다. 논리성과 공정성이라는 논증의 핵심 요소가 빠져 있기 때문이다. 우리가 흔히 접할 수 있는 '논증이 아닌 설득' 으로 다음과 같은 것이 있다.

· 협상(negotiation) : 물품 가격을 놓고 서로 흥정을 할 때도 주장과 이유를 서로 교환하기 때문에 마치 논증하는 것처럼 보인다. 협상에서는 쌍방이 수긍할 수 있는 결과에 도달할 수 있다면 어떠한 이유를 제시해도 상관없다. 물론 원칙적으로는 거짓말을 해서는 안 되지만, 솔직할 필요는 없다. 기꺼이 지불할 수 있는 금액을 숨긴다고 해도 전혀 윤리적으로 잘못된 것이 아니다.

· 선전(propaganda) : 주장과 이유를 제시한다는 면에서 논증과 비슷하지만, 선전은 그 이유의 타당성에 대해서는 전혀 고려하지 않는다. 선전에서는 대개 청중의 감정을 자극하는 효과가 있느냐 없느냐 하는 것만 중요시 한다. 사람의 생각에 전혀 신경 쓰지 않고, 다만 자신이 목표로 하는 사람의 특정한 생각을 꺾는 것이 목적이다. 마음을 열고 상대방의 주장과 이유를 듣고 생각을 바꿀 수도 있는 정직한 논증과는 다르다.

· 강압(coercion) : 자신의 주장을 거부했을 때 고통을 치러야 한다고 협박함으로써 문제를 푼다. "순응하든지 아니면 고통을 받아라!" 강압을 채찍에 비유한다면 당근은 뇌물로 사용할 때 또 다른 형태의 강압이 될 수 있다. "순응하면 보상을 주겠다." 또한 자신의 권위를 논증에 이용하는 것도 역시 강압이다. "내가 당신보다 더 많이 아니까 내 말에 따라라." 상대방에게 창피를 줘서 동의하도록 만드는 것도 강압이다.

③ 이야기

'좋은 이야기가 곧 좋은 논증' 이라고 생각하는 사람들도 있으나, 이야기만으로는 절대 어떠한 주장도, 이유도 될 수 없다. 실제로 훌륭한 이야기 중에 핵심이 명확하게 드러나, 작가의 의도를 독자가 쉽게 이해할 수 있는 것도 있다. 도덕적 교훈을 가르치는 이야기들은 대부분 '아무거나 욕심내지 마라' 와 같은 명확한 메시지로 끝맺는다. 그러한 교훈적인 문구로 장식하지 않으면 독자는 자신이 읽은 이야기가 어떤 메시지를 전달하려고 하는지 추측해야 하기 때문이다. 그러나 좋은 이야기가 논증을 뒷받침하기 위한 근거로 사용할 때는 큰 힘을 발휘하기도 한다.

2_ 토론 교육의 장점

1) 토론 교육이란?

학생들이 자신의 주장을 분명하고 설득력 있게 전달하고 상대방의 주장을 논리적이고 타당하게 반박할 수 있도록 의사소통에 관련된 내용과 방법 등을 효과적으로 습득할 수 있게 한다. 교육학적 관점에서 본다면 토론 교육은 이제까지 우리 교육이 가진 문제점을 종합적으로 보완할 수 있는 다음과 같은 장점을 가지고 있다.

2) 토론 교육의 장점

① 토론 교육은 학생들의 의사소통 기술을 키워줄 수 있다. : 의사소통 기술은 다른 사람과 말하고 듣는 의견교환과정에서 상대방의 말을 상대방이 의도한 대로 알아듣고, 나의 말을 상대방이 내가 의도한 대로 이해하도록 정확하게 전달하는데 필요한 여러 화법적 기술을 말한다. 이런 의사소통 기술에는 논리적 기술과 수사법적 기술이 포함된다. 형식적 논리학 및 비형식적 논리학, 수사학적 지식과 훈련이 필요하다.

② 분석적 · 비판적 사고력을 키워줄 수 있다. : 토론에는 정확하게 듣는 능력을 기르는 것이 필수적이다. 정확하게 듣는다는 것은 두 가지 의미를 갖는다. 먼저 상대방의 의도를 상대방이 뜻한 대로 파악하는 것이고, 그 다음은 그 말이 실제로 타당 여부를 비판적으로 검토함을 뜻한다. 이 두 측면이 서로 유기적으로 연관되어야 상대방의 말을 정확하게 들었다고 할 수 있다. 상대방의 말을 정확하게 듣기 위해서는 그런 면에서 분석적이고 비판적인 인지 능력이 필요하다. 오류 찾기를 통해 분석적이고 비판적 사고 능력을 키워줄 수 있다.

③ 체계적 · 종합적 사고력 증진이 가능하다. : 상대방의 말을 논리적으로 반박하고 설득하기 위해서는 분석적 사고력만으로는 충분하지 않다. 상대의 논리를 압도할 수 있는 새롭고 강력한 논증을 개발하는 것이 필수적이다. 상대방 논리의 허점을 극복하고 더 나은 대안과 해결책을 아울러 제시할 수 있는 종합적 사고력이 필요하다.

④ 창의적 문제해결력을 높일 수 있다. : 창의적 문제해결력이란 자신에게 제시된 곤란한 문제를 인식하고 이를 해결하기 위해 아이디어를 제시하고, 가설을 세우고 검증하는 등 새롭고 다양한 해결책을 모색하는 종합적 정신능력이라고 할 수 있다. 이런 창의적 문제해결력에 대한 논의는 매우 다양하지만, 많은 사람들은 공통적으로 비판적 사고, 확산적 사고와 과정적 사고를 중요하게 인지하고 있다. 이 세 가지 능력은 이미 토론이 가지고 있

는 핵심적 정신 능력이다. 이런 면에서 토론교육은 창의적 문제해결 능력을 기를 수 있는 직접적으로 관련된 교육방법이다.

⑤ **민주적 시민교육 및 지도자 교육이 가능하다.** : 토론은 민주사회를 이끌어가는 핵심적 의사결정 능력이다(Ericson & Murphy, 1987). 토론을 통해 우리는 자신의 의견을 다른 사람에게 전달하고 설득하여 이를 공론화 한다. 다른 사람의 말을 비판적이고 분석적으로 듣고, 공감하면 이에 동의하게 되므로, 이 과정에서 바람직한 여론의 수렴도 가능하다. 바로 민주적 시민의식 교육이 가능한 것이다. 또 이를 다른 면에서 보면 민주적으로 의사를 결집하여 여론을 형성해내는 과정을 뜻하기도 한다. 다른 사람을 설득하여 자신의 의견에 동조하게 만듦으로써 자신의 의견을 확산시켜 나갈 수 있는 것이다. 이런 면에서 토론은 민주적 지도자의식을 기르는 방법이기도 하다. 토론은 민주적 시민의식과 지도자의식을 동시에 기를 수 있는 민주시민 교육방법이다.

3_ 토론할 때의 자세와 태도

① **단정한 옷차림과 자세 및 태도를 가지도록 한다.** : 토론에 나서는 복장은 단정해야 한다. 그러나 눈에 너무 띠는 요란한 차림은 오히려 역효과를 낸다.

② **태도는 정중하고 예의 바르게 행동해야 한다.** : 청중과 심판에게 정중하지 못하고 예의 바르지 않으면 그 결과는 반드시 자신에게 되돌아오게 된다. 따라서 깍듯한 예절을 늘 몸에 지니도록 노력해야 한다.

③ **자세는 반듯하게, 허리와 어깨를 편다.** : 곧고 바른 자세는 본인에게는 피로를 적게 느끼게 하고 다른 사람에게는 기분을 좋게 만든다. 남에게 이야기할 때, 곧은 자세는 뜻밖의 설득력을 갖는다. 또 자세에서 손의 위치가 어려운데, 자연스럽게 하되, 지나치게 흔들면 불안해 보이고 너무 일자로 하면 긴장한 것처럼 보인다. 주머니에 손을 집어넣거나 팔짱을 끼지 않는 것이 좋다.

④ **시선은 자연스럽게 정면을 바라보고 시선을 골고루 준다.** : 청중과 배심원과 상대방을 골고루 보면서 편안하게 바라보도록 한다. 한 사람 한 사람씩 눈을 맞추되 너무 오래 바라보면, 자칫 쓸데없는 오해를 살 수도 있다. 토론에서 손과 시선 처리만 제대로 해도 듣는 사람이 훨씬 편안함을 느낀다.

⑤ **목소리는 부드럽게 하되, 선명하게 알아들을 수 있게 한다.** : 목소리는 부드러운 목소리,

강한 목소리, 천천히 걷는 것 같은 목소리, 빠르게 달리는 목소리 등 다양한 효과를 낼 수 있다. 따라서 목소리의 완급과 강약을 잘 조정하면 토론에서 의외의 결과를 얻을 수 있다. 사람들은 말을 하면 할수록 말이 빨라지는 경향이 있다고 한다. 토론은 독백이 아니라 시선으로 주고받는 양방향의 대화이므로, 말을 하다가 적당히 끊고 반응을 살펴보면서 하는 것이 여유 있게 보인다.

⑥ **호소하기** : 토론의 목적은 설득하는데 있다. 그런데 설득은 단지 논리적으로만 되는 것이 아니다. 사람의 마음을 움직이는 것은 냉정하고 차가운 논리보다는 오히려 뜨거운 열정의 힘일 가능성이 더 크다. 적절한 비유와 감동적인 예시, 타당한 대비와 날카로운 풍자는 듣는 사람의 마음을 움직이게 한다. 토론을 성공적으로 하기 위해서는 어떻게 사람의 마음을 움직일 수 있을지 깊게 연구해 봐야 한다.

4_ 의상분야와 토론

의상을 착용하는 생활양식, 즉 의생활은 인간의 3대 물질생활인 의식주 가운데에 인간만이 누리는 생활이므로 가장 인간답게 해주는 물질생활이라 할 수 있다. 또한 집이나 음식에 비해서 의상은 특별한 경우를 제외하고는 인간과 거의 함께 있을 뿐만 아니라 인간에게 가장 근접해 있어, 인간에게 미치는 영향이 지대하다. 특히 현대에는 많은 사람들의 외모에 관심이 높아짐에 따라, 개인의 이미지 형성에 의상을 적극적으로 활용하고 있어 의생활을 더욱더 중요시 되고 있다.

또한, 연예인들의 지나친 노출 문화, 신체노출과 성범죄의 상관성, 동물의 털을 소재로 한 옷의 소비와 동물보호, 의생활 과대 소비문화에 따른 자원 고갈 및 환경오염, 중고등 학생들의 고가 메이커 의류의 착용현상 등 의상이나 의생활과 관련한 사회문제들이 야기되고 있다. 이외에도 의상 또는 의생활과 관련한 토론거리가 무수히 많을 것이다.

따라서 의상 및 의생활과 관련된 문제점들을 찾아내어 토론을 해봄으로써, 우리들 각자가 과연 의생활을 어떻게 영위하는 것이 바람직한지에 대한 해답을 얻을 수 있을 것이라 생각된다.

의상관련 혹은 의생활의 다양한 사안(문제)에 대해 각자 생각을 모아, 자기주장을 설정하고 여러 가지 자료를 참고하여 주장하는 합당한 근거나 이유를 제시하는 토론을 통해서, 의생활이 나아갈 바람직한 방향을 모색해 본다면 매우 의의 있을 것이라 생각한다.

2. 토론 형식

토론의 형식은 토론의 목적에 따라 다소 다르다. 그러나 대부분의 토론이 찬반양론의 대립적인 견해와 입장이나 태도의 차이를 토론의 과정을 통해서 다양한 정보를 제공하고, 합의를 도출해 나가는 방식이다.

토론 형식은 정책 토론과 비정책 토론으로 대별할 수 있다. 정책토론은 문제인식, 해결방안을 논하며, 비정책 토론은 사고방식과 가치관의 차이를 논하는 형식이다. 정책토론 중에 가장 보편적인 형식이 미국대학 간의 토론대회 등에서 도입된 대학식 토론 형식을 들 수 있다. 또한 우리나라의 민족사관고등학교에서 개최한 중학생 토론대회에서 채택된 토론 모형이 오늘날 학교의 토론 교육에서 널리 사용되고 있다. 이에 대학식 토론 형식과 민족사관고등학교식 토론 모형에 대해 살펴보겠다.

1_ 대학식 토론 형식

(1) 형식

어떤 의제에 대해 찬성하는 팀과 반대하는 팀으로 나누어 논쟁하며, 그 과정은 발제, 논박, 질의로 진행된다. 발제에서는 의제에 대해 찬성팀과 반대팀이 논거를 제시하는 과정이며, 논박과정에서는 각 팀이 상대의 주장을 비판하고 공격하면서 자기 팀의 주장을 굳히기 위한 반론을 전개한다. 질의과정에서는 상대방이 주장하는 내용을 확실하게 파악하기 위해 한 상호 질의한다.

· 토론의 시간 배분 : 발언 기회의 공정한 관리상 필요한 것이지만, 수업의 진행과정에서 허용되는 시간에 따라 단축 또는 연장할 수도 있으며, 필요한 경우에 발제, 논박, 질의의 횟수를 늘이거나 줄일 수도 있다. 토론 순서에 형평성을 준다. 일련의 토론이 진행되는 과정에서 마지막으로 발언하는 편이 대개 유리하기 마련이므로, 발제에서는 반대편에, 그리고 논박에서는 찬성 편에 마지막 발언의 기회를 주는 것이 바람직하다.

· 토론의 인원구성 : 한 팀을 두 사람으로 구성하면 수업상황의 경우에, 네 사람 이외의 구성원들은 심판 혹은 방청자가 되므로, 토론에 적극적으로 참여하는 기회를 얻지 못할 수도 있다. 그러므로 한 집단의 구성원을 찬성과 반대의 두 팀으로 나누고, 한 학생이 발제나 논박을 한번 씩 맡게 하면 최소한 여덟 명이 참여하게 된다. 물론 발제나 논박의 수를 늘이는 방법도 있다. 나머지의 학생들은 모두 각 팀에서 행할 토론에 관련된 자료를 함께 조사하고 분석하고, 또한 토론의 전략을 세우는 데 참여하게 하면 수업은 그만큼 생산성을 높일 수 있다.

· 논제 : 경기형식으로 진행되는 논쟁식 토론은, 경기를 주관하는 조직의 관심사에 따라 다르기는 하지만, 주로 사실의 문제, 가치의 문제, 정책의 문제로 분류될 수 있는 여러 가지의 논제를 그 내용으로 한다. 그러나 수업에서 토론학습을 할 경우에는, 수업의 상황에서 교사가 혹은 학생이 교과의 일상적 운영과정에서 논쟁식 토론이 가능한 의제를 발굴하는 것이 매우 중요한 일에 속한다.

2) 토론 수업의 절차

토론은 그 자체로서 흥미를 유발하기도 하고, 승부를 가리는 경기로 진행될 때는 승리 그 자체가 목적이 되어 토론자들은 의욕에만 차 있을 수가 있다. 그러나 토론은 단순한 게임이 아니라, 학습의 과정으로 수행되는 것이니 만큼, 교육적 목적이 최대한으로 실현되는 방향으로 진행되어야 한다. 토론에 의한 학습의 효율성을 높이기 위해서는 적어도 다음의 다섯 단계가 충실하게 이루어져야 한다.

① 주제 이해의 단계

토론자들은 주제에 대한 관심을 가지고 그 의미를 파악하고자 노력해야 하며 그 주제가 왜 논쟁거리가 되는가를 먼저 인식해야 한다. 그러므로 이 단계에서 교사는 학생들로 하여금 그것이 우리의 일상적 삶에서나 이론적 탐구의 과정에서 어떤 의미를 지니는가를 스스로 생각해 볼 수 있게 한다. 쟁점으로 부각된 내용과 관련된 학생 자신의 경험이 있으면 그것을 조직하고 정리하도록 지도할 필요도 있다.

주제에 관한 학설, 이론, 사례 등에 관한 연구 과제를 개별적으로 혹은 집단적으로 부과하는 것도 토론학습의 성과를 높이는 방법이 된다.

② 주제 연구의 단계

토론자들은 주제에 관련된 정보를 체계적으로 수집하고, 가능한 한도 내에서 관련된 이론과 지식을 폭넓게 정리하여 소화하며, 쟁점의 논거를 분석적으로 검토할 필요가 있다. 교사는 이 단계에서 학생들로 하여금 토론을 단순한 '말 연습'으로 하게할 것이 아니라, 그 자체로서 주제와 관련된 지식을 획득하고 조직하고 분석하는 경험을 스스로 할 수 있게 하여야 한다. 즉 자율적인 학습의 역량을 높이는 방법으로서의 의미를 지니게 하여야 한다. 연구는 구체적 문제의식과 강한 동기에 의해서 이루어지기 때문에, 유의미한 경험을 통하여 선택되고 조직된 지식들이 체계적으로 정리되어 있어야 한다. 그러므로 이렇게 학습한 학생들의 마음에 정리된 지식들은 단편적으로 주입된 많은 지식들이 별로 활용성 없이 내장되어 있는 상태와는 근본적으로 다르다.

③ 토론 준비의 단계

주제에 대한 이해, 그리고 관련된 지식과 정보가 잘 정리된 상태가 되면, 토론 전략과 기법을 어떻게 수행할 것인가를 생각해야 한다. 상대방의 논박이 불가능할 정도로 주장하는 바의 확실한 사실적 증거를 제시하고, 완벽한 논리적 추론을 구사하는 전략을 세워야 한다. 또한 심판진이나 방청인에 대해서는 주장하는 바가 최대한의 설득력을 지닐 수 있도록 논변의 기법을 동원하여야 한다. 동원하는 지식의 확실성, 전개하는 논리의 타당성, 주장하는 논지의 설득력, 수행하는 전략의 효율성 등에 대한 종합적인 계획과 준비가 있어야 한다. 교사는 토론자가 자신의 주장을 펴는 전략을 세우거나, 상대방의 반론에서 제시될 것으로 예상되는 논거나 이유를 사전에 검토하거나, 같은 편의 토론자들을 지지하는 논거를 검토하는 과정을 지도할 필요가 있다.

④ 토론 수행의 단계

토론은 긴장과 흥미 속에 진행되게 한다. 계획하고 준비한 그대로 완벽하게 실현되기는 어렵지만, 때로는 예상보다 더 좋은 성과를 거둘 수도 있다. 또한 상대팀의 비판이나 공격에 대응하는 순발력, 기동성, 적절성, 자극적 발언에 대한 인내심과 자제력도 성패를 결정하는 중요 요인이 되기도 한다. 자기팀 구성원 간의 현장적 협동능력, 성공적 분위기의 주도력, 실수에 대한 관용성 등이 더욱 중요할 수도 있다. 적정 수준의 긴장을 유지하면서 예상치 않은 위기의 상황에 대처하는 능력도 토론의 수행과정에서 학습될 수 있다.

⑤ 결과 검토의 단계

토론의 성공과 실패의 원인을 검토해 보는 것은 필요한 일이다. 토론 그 자체에 대한 종합적인 혹은 부분적인 평가도 필요하지만, 토론자가 발언한 내용, 방법, 전략, 기술 등에 관해서 개별적으로 평가해 볼 필요도 있다. 더욱 중요한 것은 토론을 통하여 우리가 무엇을 얻게 되었는가를 반성해 보는 일이다. 쟁점에 관해서 무엇을 알게 되었으며, 어떤 면이 부각되었으며, 결론은 어떻게 내려져야 할 것인가를 함께 생각해 보아야 한다. 이 단계에서는 협의적 토론방식을 취할 필요가 있을 것이다.

물론 교과에 따라서는 토론 수업이 잘 활용될 수 있지만 그렇지 못한 경우도 있다. 그러나 교사와 학생이 토론의 의미와 가치를 이해하고 좋은 주제와 의제를 개발하는데 창의력을 발휘한다면, 대부분의 교과에서 토론수업이 가능하다.

3) 토론 의제(논제)

토론에 임하는 사람들은 무엇보다도 논제의 성격을 먼저 인식하여야 한다. 먼저 그 논제(의제)가 사실, 논리, 가치, 처방, 정책 등의 어느 것에 관한 것이냐를 식별하여 그 성격을 인식해 두는 것은 바른 토론을 하기 위한 토론자의 가장 기본적인 자질이다.

논제의 성격적 차이에 관한 예를 다음과 같이 들 수 있다.

① 피고는 살인의 혐의가 없다. (사실)
② 둥근 삼각형도 있다. (논리)
③ 신앙의 자유는 언론의 자유보다 소중하다. (가치)
④ 학습 능률을 위해서는 8시간 이상 잠을 자야한다. (처방)
⑤ 의무교육은 고등학교까지 연장하여야 한다. (정책)

①의 논제는 그 진위가 사실에 의해서 판별되어야 하므로 "사실적 논제"라고 할 수 있다. 토론에서 찬성 또는 반대 어느 편에 있든지 간에, 자신들의 주장이 옳고 그름은 사실과의 일치 여부에 달려있다. 주장하는 바를 뒷받침하는 사실적 증거가 진실성을 지닌다고 할 수 있느냐가 토론의 주된 판단 기준이 된다.

②의 논제는 논리적 가능성의 여부를 두고 토론하는 것이다. "둥글면서도 삼각형" 이라는 말은 모순된 표현이라고 할 수 있다. 그러나 비유클리드 기하학에 의하면 둥근 삼각형도 성립한다. 우리가 삼각형이라고 하는 정의에 대해 논쟁이 성립할 수 있고, 이 논쟁은

사실의 관찰을 통해 주장하는 것이 아니라 삼각형의 개념(혹은 논리)에서 나온 논쟁거리이다. 이러한 논제는 "논리적 논제"라고 한다.

③의 논제에서와 같이, 신앙의 자유와 언론의 자유는 모두 민주주의의 기본적 가치에 속하는 논쟁은, '가치적 논쟁' 이다. 주장의 옳고 그름을 가리고자 하는 논제는 가치논제로서, 때때로 사실에 대한 진실여부의 확인이나, 논리의 일관성과 타당성의 입증이 따라야 하거나 선행되어야 하는 경우가 없지 않으나, 결국에는 가치의 주장을 정당화하는 논쟁이 된다. 논쟁의 궁극적 결론이 가치를 표현하고 있으면 가치적 논제라고 할 수 있다.

④의 논제는 어떤 문제를 해결하기 위한 방도나 처방이 옳으냐의 여부를 두고 논쟁을 하는 것이므로 '처방적 논제' 라고 할 수 있다. 의사가 어떤 질병을 진단하고 이를 치유하기 위한 처방을 내리는 것과 같이 문제해결의 방도를 강구하는 것을 표현하는 논제는 이에 속한다. '교통사고를 줄이기 위해서는 음주운전을 단속해야 한다.' 라든가, '도난방지를 위해서는 무인 카메라를 설치하면 된다.' 는 처방적 논제들이다.

⑤의 '정책적 논제' 는 '○○히어야 한다.' 의 형식으로 당위적 진술 혹은 선언을 한다는 점에서 표현의 특징상 '처방적 논제' 와 유사하다. 그러나 정책적 논제는 사회적 문제와의 관련을 갖는 데 비하여 처방적 논제는 반드시 그렇지 않을 수가 있다. '정책적 논제' 는 논쟁식 토론의 대종을 이루고 있다. 대부분의 논쟁식 토론은 정책적 논제에 대한 토론이라고 할 수 있다. 우리의 생활 주변에는 토론의 내용을 삼을 만한 사회적 문제들이 매우 많다는 것이 가장 주된 이유이기도 하고, 다른 논제들은 논쟁식 토론의 논제로서 적절하게 표현하기가 쉽지 않은 점도 작용한다.

2_ 민족사관고등학교식의 토론 모형

민족사관고등학교가 2004년 6월에 개최한 제1회 중학생 논쟁식 토론대회에서 채택한 토론모형이 현재 여러 곳에서 적용되고 있으며, 토론의 모형들 중에서 4명을 한 팀으로 하여 두 팀 간에 이루어지는 토론의 형식을 취하고 있다. 이 토론 모형은 발제와 논박과 정리의 단계로 진행된다.

1) 단계 구분

① 토론 준비 : 규칙 확인, 주제 제시, 자료 숙지 등 (16분)

② 찬성 발제 : 찬성팀 제1토론자 (5분)

③ 반대 발제 : 반대팀 제1토론자 (5분)

- 휴식 (4분) --

④ 찬성측 1차 논박 : 찬성팀 제2토론자 (3분)

⑤ 반대측 1차 논박 : 반대팀 제2토론자 (3분)

-- 휴식 (4분) --

⑥ 찬성측 2차 논박 : 찬성팀 제3토론자 (3분)

⑦ 반대측 2차 논박 : 반대팀 제3토론자 (3분)

-- 휴식 (4분) --

⑧ 반대측 정리 : 반대팀 제4토론자 (5분)

⑨ 찬성측 정리 : 찬성팀 제4토론자 (5분)

2) 단계별 활동

① 토론 준비

토론의 주제는 사전에 공포되어 토론자들로 하여금 오랜 기간 동안 준비하게 한 후에 실제의 토론을 하는 방식도 있으나, 경기대회의 형식으로 진행될 경우에 이미 예고된 몇 개의 주제 중에서 토론 시마다 선정하는 방식도 있다. 먼저 토론이 시작되기 전에 토론의 규칙을 간단히 확인하고 주제를 발표한다.

주제의 발표는 제목만 밝히는 것이 아니라, 그 제목과 관련된 연설이나 문장을 듣거나 읽게 할 수도 있고 현장에서 활용할 수 있는 자료를 제시하기도 한다.

② 찬성 발제

토론을 시작하면 맨 먼저 의제에 대한 찬성 연설을 한다. 말하자면, 그는 의제를 성립시키는 동의(動議, motion)를 한다. 즉, 토론하고자 하는 의제는 옳은 정책이라는 것을 논리적으로 증명하거나 사실에 근거하여 정당화하는 일이다. 토론의 제목을 해석하고, 명료화할 필요가 있다고 생각되면 용어를 정의하고, 논점을 명백히 하여 찬성의 이유를 밝힌다. 찬성발제자는 이 논제가 쟁점으로 부각된 배경을 밝힐 필요가 있다. 심판과 청중은 논제에 관해서 토론자와는 다른 지식을 소유하고 있을 수 있으므로, 그 배경을 밝히는 것은 토론에 관계하는 사람들이 동일한 관심사와 문제의식에 기초해서 생각할 수 있게 하는 계기가 된다.

토론자는 세 개 혹은 네 개 정도의 논점과 그 논점을 뒷받침하는 자료를 함께 제시하면서 심판과 청중에 대하여 주장의 타당성을 설득력 있게 의사를 표시한다. 이 때 토론자는 청중과 상대방에게 자신감을 나타내어 보이는 것이 중요하다. 예컨대, "중학생은 모두 교복을 입어야 한다"는 의제를 두고 토론한다면, 교복을 입어야 하는 이유를 세 가지 혹은 네 가지 정도로 준비하여 체계적으로 제시하는 일이다.

③ 반대 발제

반대팀은 찬성팀에 대하여 무엇보다도 충돌을 시도한다. 그러자면 찬성팀 발제의 논리를 파헤쳐 정면으로 공격해야 한다. 직접적인 논박의 방법을 취할 수도 있고 간접적인 논증의 방법을 취할 수도 있다. 직접적인 논박이란 찬성논리를 비판적으로 분석하여 일관성의 결여, 논리의 비약, 논증의 오류, 인과관계의 부적절성, 그리고 과장된 주장을 지적하는 것을 뜻한다. 간접적인 논증이란 찬성측 발제자가 의제의 타당성을 주장한 내용에 포함하지 않은 문제를 반론의 근거로 제시하는 방법이다.

경우에 따라서는 이와는 달리 기술적으로 전략적 동의를 할 수도 있다. 말하자면 찬성팀이 지지하는 내용의 일부를 수용하면서도 토론에서 승리할 수 있게 하는 결정적 부분을 집중적으로 공격하는 방식을 취할 수도 있다.

반대발제자는 찬성발제에서 나타난 중요한 논점과 쟁점을 몇 가지로 정리하여 균형 있게 언급할 필요가 있다. 여기서 "논점"이란 발제에서 내세운 중요한 주장과 이를 정당화하기 위한 근거의 제시를 말하며, "쟁점"이란 의견의 대립이 있을 수 있는 문제를 말한다. 동의할 수 있는 것과 동의할 수 없는 것을 정리하여 제시하고, 필요한 부분에서 직접적으로 혹은 간접적으로 반론을 편다.

④ 찬성측 1차 논박

반대편 주장을 논박하기 위하여 나선 찬성측의 첫 번째 토론자는 두 가지의 역할을 하여야 한다. 하나는 찬성 발제의 내용을 재확인하여 보충하는 것이고, 다른 하나는 반대 발제의 내용을 분석하여 비판하는 것이다. 의제에 대한 새로운 논점과 쟁점을 제시하는 기회로 삼을 수 있으나, 시간이 제약되어 있으므로 그것은 최소한으로 해야 하고, 비중을 논박에 두는 것이 효율적일 것이다.

이 단계의 토론자는 반대 발제의 내용을 들어 논박하는 것이 주된 역할이라고 생각해야 하지만, 동시에 곧 이어질 반대편의 논박 발언에 대한 방어벽을 미리 구축하는 것도 중요하다.

⑤ 반대측 1차 논박

찬성편 주장을 논박하기 위하여 나선 반대측의 첫 번째 토론자도 찬성편의 경우와 유사하게 두 가지의 역할을 하여야 한다. 하나는 반대 발제의 내용을 재확인하여 보완하는 것이고, 다른 하나는 찬성 발제와 반대 발제에 대한 찬성측 논박의 내용을 분석하여 비판하는 것이다.

일차적으로 필요가 있다고 여겨지면 반대 발제의 내용을 보완하고, 그렇지 않으면 찬성 발제와 찬성측 1차 논박의 내용을 다시 논박하는 데 집중할 필요가 있다. 혹시 논박할 내용이 너무 많다고 판단되면 일부를 2차 논박의 토론자에게 넘기는 전략을 세우는 것도 필요한 일이다.

⑥ 찬성측 2차 논박

반대편의 주장을 논박하는 마지막 기회이다. 이 단계의 토론자는 반대편의 발제, 1차 논박을 종합적으로 재확인하여 비판하고, 또 이어서 있을 반대편의 2차 논박에서 거론될 것으로 예상되는 논점과 쟁점을 미리 검토하여 대비하는 역할을 하여야 한다. 특히 이어지는 논박과 반대편 정리는 8분간에 이루어지는 집중적이고 체계적인 반론이 전개될 것이므로 이에 대한 사전의 대비 전략을 세우는 것이 매우 중요하다.

⑦ 반대측 2차 논박

찬성편의 주장을 논박하는 마지막 기회이다. 필요한 경우에 반대 발제, 1차 논박의 내용을 연장시키거나 미진한 부분을 보충하면서 찬성측의 논리와 주장을 비판하는 마무리 작업을 한다. 그리고 이어지는 이 단계의 논박은 반대편 정리 단계와 합하여 8분간의 시간이 주어지므로 이를 최대한 효율적으로 사용하는 전략을 이 단계에 세우는 것이 전략상 필요한 일이다.

⑧ 반대측 정리

이미 논박할 내용은 거의 끝이 났다. 마지막 정리를 하는 반대편 토론자는 지금까지의 발제와 논박으로 행한 모든 발언이 상대방을 압도하였다는 것을 다시 한 번 밝혀주어야 한다. 즉 반대편의 주장은 찬성편의 주장과 어떻게 다르며, 왜 자기편의 주장이 더욱 진실하고 타당한가를 청중과 심판과 상대에게 잘 정리해서 보여 주어야 한다.

먼저 양측의 논지를 요약해서 대조시키고, 중요한 논점들을 언급하면서 주장의 차이점을 밝히며, 자기편의 주장이 어떤 점에서 강점을 지니는가를 명백히 제시한다. 마지막 정리를 맡은 토론자는 그 동안 어지럽게 거론되고 토론된 내용을 축약해서 인상 깊게 그 요점을 밝혀야 한다. 그리고 마지막 토론자는 찬성편을 염두에 두고 더 이상의 논박 여지가 없을 만큼 단단히 문을 잠그는 자세로 마무리를 하여야 한다.

⑨ 찬성측 정리

대체적으로 말해서, 논쟁식 토론에 관한 한, 의제를 찬성하는 편에 서는 것보다는 반대하는 편에 서는 것이 다소 유리하다고 할 수 있다. 찬성편에서 주장하는 것 중에서 어느 하나라도 치명적인 타격을 입으면, 반대편이 승리의 기세를 잡게 되기 때문이다. 그래서 반대편에 마지막 토론의 기회를 주면 찬성편은 타격을 입은 채로 끝날 수밖에 없다. 그러므로 마지막의 발언기회를 찬성편에 주어 전면적으로 방어할 수 있도록 하는 것이 일반적인 관례이다.

이러한 배려로 주어지는 찬성편의 마지막 정리를 맡은 토론자는 찬성편의 발제로부터 반대편의 정리에 이르기까지의 전반적 과정을 요약하고, 반대편의 주장들이 의제의 불합리성을 밝히는 데 왜 실패했는가를 밝히며, 다시 한 번 찬성편의 중한 논지를 힘차게 내세우면서 토론을 끝내도록 한다.

⑩ 휴식 시간의 활용

찬성과 반대의 양측에서 발제, 논박, 정리 등으로 한 차례식 서로 공방을 주고받고 나면, 4분간의 휴식이 주어진다. 휴식은 중간에 세 번 있다. 이 휴식은 그냥 쉰다는 의미의 휴식이 아니다. 한 차례씩 대결한 결과에 따라 다음의 대결에 어떻게 임할 것인가를 협의하는 시간이다.

토론팀의 멤버들은 함께 머리를 맞대어 다음의 자기편 토론자에게 몇 가지를 주문한다. 너무 많은 것을 주문하면 해당 토론자가 주어진 시간 안에서 그 내용을 발언으로 감당하기가 어려울 것이므로 가장 중요한 것을 중심으로 시간에 맞게 계획하여야 한다.

그리고 논박할 좋은 꼬투리를 놓쳐서 안 되는 것은 말할 것도 없고, 상대방으로부터 논박당할 거리를 어설프게 주어서도 안 된다. 이 휴식 시간에 그때그때 마다 전체의 흐름 속에서 우선적으로 거론해야 할 것과 유보하거나 생략할 내용이 무엇인가를 협의해야 한다.

3) 토론의 사전 준비

① 역할 분담

민사고의 모형에 따라서 경기대회 형식으로 토론회를 하게 될 경우에 토론의 잠정적 주제들을 5개 정도로 제시하게 된다. 토론팀의 구성원들은 각기 적어도 한 주제씩 맡아서 토론에 필요한 자료(지식과 정보)를 수집하여 분석하고 정리하는 책임을 지게 된다.

그러나 한 주제를 한 개인이 혼자서 맡아서 준비하는 것이 아니라 공동으로 해야 한다. 그래야 토론의 과정에서 나타날 수 있는 우발적 사태에 대응할 수 있는 능력을 누구나가 가질 수 있으며, 토론 주제와 관련된 학습의 기회를 모두가 가질 수 있게 된다. 다만 책임자는 자료를 체계적으로 수집하고 예비적으로 분석하여 공동으로 검토하기 위한 준비를 하며 검토된 결과를 정리하는 책임을 져야 한다.

그리고 찬성팀 혹은 반대팀을 스스로 가상해서 모의토론을 해 보는 것도 큰 도움이 된다. 일반적으로 발제자는 토론할 주제에 관한 준비 책임자가 맡는 것이 좋지만, 한 팀 속에 상하급생이 혼합되어 있을 경우는 토론에 경험이 많은 사람이나 상급생이 발제자를 맡는 것도 무난한 방법이다.

② 관련 지식과 정보의 연구

사전 연구는 주제에 따라서 여러 가지 모양으로 있을 수 있지만, 필요한 경우에 관련된 이론적 문헌의 연구, 관련 현장의 답사, 관련 전문가와의 대담, 필요하면 간단한 의견 혹은 실태조사, 증거자료의 수집 등과 같이 토론 내용에 관한 지식과 정보를 체계적으로 수집하고 분석하는 노력을 포함한다.

③ 예비적 전략

토론대회에서 실제로 어떤 주제가 주어질 것인지는 예측을 할 수는 있으나 반드시 미리 정해진 것을 두고 토론하는 것은 아니다. 그러므로 주제마다에 찬성편과 반대편에 서서 전략을 세워야 한다.

발제, 논박, 정리를 각기 누가 맡을 것이며, 어디에 강조점을 둘 것이고, 어떤 순서로 시작과 끝을 연결할 것인가를 전략적으로 계획할 것이며, 예상치 못한 공격이나 자기 팀에서 실수가 발생했을 때와 같은 우발적 사태에 어떻게 대비할 할 것인가 등에 관해서 사전에 면밀히 계획해 둘 필요가 있다.

3. 토론의 구성

토론은 논술의 내용을 말로써 상대방과 논쟁을 하는 것이라 할 수 있다. 따라서 논술과 마찬가지로, 주장, 근거, 이유 등으로 구성된다.

1_ 주장

토론은 소설이 아니라 논술에 근거한다. 논술적 사고가 말로 표현되면 토론이 된다. 토론 교육에서 논의하고자 하는 것은 문학적 말하기가 아니라 학술적 말하기, 논술적 말하기이다. 그렇다면 논술적 말과 문학적 말을 어떻게 구별할 수 있을까?

토론에서 제일 먼저 구별해야 할 것은 진술(statement)과 주장(claim)이다. 이 둘을 제대로 구분하는 것이 토론을 이해하는 첫 걸음이다. 그런데, 이 둘을 잘 구별하려면 명령(imperative)을 알아야 한다. 명령과 진술과 주장은 우리가 세계를 대하는 태도를 결정하도록 만든다.

1) 주장은 진술이나 명령문과는 다르다.

① 진술

정보와 지식을 제공하고 다루는 문장이다. '이 꽃은 붉다.' 와 같이, 우리에게 이 세상의 현상적 모습과 성질이 어떠한지를 가르쳐 준다. 우리가 세상을 알 수 있고 파악할 수 있는 것은 진술을 통해서다.

진술은 참과 거짓을 가릴 수 있다. 아리스토텔레스의 말대로, '있는 것을 있다고, 있지 않는 것을 있지 않다고 말하는 것은 참이며, 있는 것을 있지 않다고, 있지 않는 것을 있다고 말하는 것은 거짓' 이다. 이때 참 또는 거짓이라는 말은 말(言)과 세계, 언어와 대상의 관계를 일컫는다. 언어와 대상이 서로 일치하면 참이라 하고 일치하지 않으면 거짓이라 한다. 진술은 참과 거짓을 구분할 수 있으며, 우리에게 우리가 살고 있는 이 세상에 대한 정보와 지식을 제공한다. 그래서 진술을 명제(命題)라고도 한다.

② 명령문

다른 사람으로 하여금 행동하게 만들려는 목적을 갖는다. '문 닫아!', '공부 해!' 같은 말들이 우리에게 '문'이나 '공부'에 대한 정보나 지식을 제공해 주는 것은 아니다. 명령의 목적은 정보의 제공이 아니라, 행위를 실행시키려는데 있다. 명령은 전적으로, 인간의 행동 변화를 목적으로 한다.

③ 주장(claim)

명령과 진술의 중간쯤에 위치한다. '너는 공부해야 해.' 등과 같이, 명령과는 어딘가 좀 다르고, 진술과도 다르다. 주장은 직접적인 행동을 목적으로 하지 않는다는 점에서는 명령과 다르며 세계에 대한 지식이나 정보를 단순히 제공하는 데 머물지 않는다는 점에서 진술과 다르다.

주장의 목적은 다른 사람의 가치와 판단과 태도를 변화시키는 데 있다. 따라서 주장은 순수한 행동 변화를 목적으로 하는 명령과 순수한 정보 제공을 목적으로 하는 진술의 중간쯤에서 양자의 성격을 모두 가지고 있으면서도 양자와 다르다. 주장이 가치와 태도를 변화시켜 궁극적으로는 행동하도록 만들려는 점에서는 명령과 상통하고, 일정 부분 대상과 세계에 대한 어떤 정보를 제공한다는 점에서 진술과 공통된다. 그러나 진술과 명령, 주장을 정확하게 가려내기가 쉽지는 않다.

2_ 이유

진술문을 다룰 때는 그 진술의 참과 거짓을 토론할 수도 있다. 법정에서 벌어지는 변호사와 검사의 공방은 어떤 행위나 언명의 참, 거짓 여부를 토론하는 것으로 사실 토론의 대표적 예이다. 그러나 이런 사실의 진위 여부를 둘러싼 토론은 증거에 의해 결정되는 경향이 강하다. 참과 거짓을 명백하게 가려낼 수 있는 결정적이고 확실한 증거 하나면 승패가 결정된다. 그런 면에서 민주 시민 교육의 절차와 과정을 중시하는 학교 토론에는 가치나 정책에 대한 토론이 더 적합하다.

토론의 성패는 다른 사람의 행동을 자발적으로 변화하도록 만드는 주장의 질에 달려 있다. 토론은 나와 생각이 다른 사람을 설득하여 그로 하여금 내 의견에 동의하도록 판단과 가치와 태도를 바꾸려는 것이기 때문이다.

이런 면에서 토론에는 주장과 주장의 충돌이 불가피하다. 토론에서 맞서는 두 주장은 양립할 수 없다. 토론은 두 주장 사이의 선택을 강요한다. 이처럼 결정과 포기를 요구한다는 점에서 토론(debate)은 대립하는 두 주장을 수렴할 수 있는 제3의 길을 허용하는 토의(discussion)와 구별된다.

토론이 주장으로만 구성되는 것은 아니다. 토론의 목적은 다른 사람의 판단과 태도와 가치의 변화, 즉 설득에 있으며, 이 설득의 힘은 주장 자체에서 나오는 것이 아니기 때문이다. 이유가 뒷받침하지 않는 주장은 문제제기에 불과하다. '너는 무조건 공부해야 해.' 라는 말에 곧바로 수긍할 수 있는 사람이 몇이나 될까? 이유가 제시되지 않은 주장은 명령과 다를 바 없다. 그것은 듣는 사람의 인격을 무시하고 행위를 강제하기 때문이다. 명령을 듣는 순간, 감정적 반발이 앞서는 것은 그것이 듣는 사람의 인격과 존엄성을 완전히 무시하기 때문이다.

사람들은 어떤 주장이 제기되었다는 사실만으로 주장을 받아들이지는 않는다. 주장의 설득력은 그것을 뒷받침하는 다른 어떤 것에 의해 생겨난다. 이렇게 주장 밖에서 주장을 뒷받침하고 납득할 수 있게 만드는 어떤 것을 이유 또는 근거라 한다.

이유나 근거가 주장을 뒷받침할 때, 주장은 비로소 설득력을 가지게 된다. 이유나 근거는 진술일 수도 있고 또 다른 주장일 수도 있다. 때로는 이 두 가지가 결합되기도 하며 몇 개의 이유가 모여 주장을 지지하기도 한다. 설득력은 주장과 이유가 서로 잘 어울릴 때 생긴다.

3_ 설명

주장과 이유만 있다고 설득력이 생길까? 설득력은 단순히 주장과 이유가 모였다고 생기지는 않는다. 주장과 이유가 '타당하게' 연결되었다는 것은 무슨 뜻일까? 이 말은 주장과 이유를 연결시켜 주는 어떤 보이지 않는 고리가 있고, 이 고리가 튼튼하고 안전할 때 설득력이 생긴다는 뜻이다. 이 연결 고리를 우리는 설명(warrant)이라 부른다. 타당하고 튼튼한 설명이 중요하다고 오래 전에 이미 인식하였다. 설명은 주장과 이유의 논리적 관계를 말한다. 토론은 주장과 이유, 그리고 논리적 관계라는 세 요소가 서로 타당하게 잘 어울릴 때 설득력을 가지게 된다.

4. 토론의 오류

논리학은 주장과 이유의 관계가 타당한가, 그렇지 않은가를 따진다. 주장과 이유는 둘 다 말로 표현된 문장이다. 즉 논리학은 문장과 문장의 관계가 제대로 합당하게 잘 연결되었나를 따진다. 이 관계가 잘못되면 엉뚱한 말이 되어 버리기 때문이다.

1_ 토론에서 오류 찾기 및 유의할 점

토론을 하다보면 우리는 자신도 모르게 논리적 오류를 범하는 경우가 종종 있다. 상대방의 이야기를 듣다가 이런 엉뚱한 소리가 나오면 그 점을 잘 기억해야 한다. 기억하기 쉽지 않으면 메모라도 해 두어야 한다.

이 오류를 잘 찾아낼 수 있는 방법이 있다. 오류의 종류는 대단히 많고 또 보는 각도에 따라 다양한 형태로 분석될 수 있지만, 일상생활에서 우리가 흔히 저지르는 오류들은 대개 한정되어 있기 때문이다. 오류의 종류와 형태를 평소에 익혀두면, 상대방의 이야기를 들을 때 반박의 포인트와 문제점을 쉽게 찾아낼 수 있다. 또 내가 이야기할 때는 그런 오류를 미리 피할 수 있다. 어느 쪽이든 결정적인 순간에 오류가 있음이 밝혀지면 그대로 승패와 직결되므로, 오류를 범하지 않도록 유의해야 한다. 그러나 상대방의 오류 찾기에 너무 급급하다보면, 다음과 같은 상황에 처할 수 있으므로 주의해야 한다.

1) 논의의 수준이 제한되는 경향이 있다.

오류 찾기에서 다음과 같은 점을 주의해야 한다. 오류 찾기는 논의의 수준이 제한되는 경향이 있다. 대단히 정밀하고 엄밀한 분석을 요구하는 학술적 수준과 우의를 다지려는 친교적 수준의 대화에서 논리 분석이 같을 수는 없다. 또한 논리 분석에만 열중하다 보면 논의의 흐름을 놓쳐 버릴 수 있다.

2) 얻는 것보다 잃는 것이 많을 수 있다.

논리적으로 엄격히 따지는 것을 별로 좋아하지 않았던 동양적 전통 속에서 다른 사람의 이야기를 꼬치꼬치 파헤치는 태도는 옳고 그름에 대한 합리적 판단을 넘어 감정적 적개심과 미움을 불러일으킬 수 있다. 자칫하면 토론을 싸움으로 전락시켜 논쟁에서는 이기고 사람은 잃는 잘못을 가져올 수 있다. 이런 면에서 상대방 오류를 지적할 때는 언어 선택과 사용에 매우 주의할 필요가 있다는 언제나 가장 소중한 것은 사람이라는 사실을 잊지 말아야 한다.

2_ 범하기 쉬운 논리적 오류 : 논리적 모순

토론에 임하는 사람들이 스스로 주장하는 내용에 모순이 있으면 주장 그 자체가 성립되지 않는다. 왜냐하면 모순은 자신의 논의 속에 자신이 주장하는 바와 그 주장을 부정하는 것이 함께 들어 있을 때를 의미하기 때문이다. 즉 스스로 주장하면서 스스로의 주장을 부정하는 것이다.

논리적 모순을 범하지 않도록 노력하는 것은 토론자의 가장 기본적인 자질에 속한다. 토론의 과정에서 공격을 받게 되는 많은 경우가 바로 논리적 모순의 지적이다. 논리적 오류는 모순만이 아니라, 주장이나 논의 자체의 힘을 잃게 하는 여러 가지의 요인들을 포함한다. 예로부터 논리학자들은 우리가 일상적인 대화를 할 때나 무엇을 의도적으로 주장할 때, 심지어는 학술적으로 이론을 펼 때에도 알게 모르게 논리적 오류를 범하는 습관이 있다고 말한다.

이처럼 말로 주장과 논증을 하는 토론에서도 글로서 주장과 논증을 하는 토론처럼 논증의 오류를 범할 소지가 많다. 이에 대해서는 제4장의 논증의 오류 부분을 참고하기 바란다.

5. 토론 수업 : 교직과목에서의 토론 수업 준비

1_ 토론 수업 준비

1) 토론 주제 및 탐구 주제 결정

쟁점이나 논쟁거리가 추출되면 이를 바탕으로 토론 주제 및 탐구 주제를 결정한다. 토론 주제 결정은 쟁점이나 논쟁거리를 토론에 필요한 명제 형식으로 구체화시키는 것을 말한다. 예를 들면, '패션의 역할' 이라는 쟁점이 있다면 이를 구체화하여 '패션의 발전은 인간 삶의 질을 발전시킨다.' 는 등의 토론 주제로 명제화 하는 것이다. 이렇게 토론 주제가 명제화 되면 학생들이 이 주제를 스스로 탐구하고 학습할 수 있도록 탐구 주제를 구성한다.

탐구 주제는 토론 주제를 세분화한 것으로, 상위교육과정의 내용 중에서 토론 주제로 되지 않은 내용들을 포함하여 확산적으로 구성한다. 예를 들면, 패션의 역할이라는 논쟁거리를 보다 구체적이고 심도 있게 다룰 수 있는 '패션의 특징과 인간 사회에 미친 영향', '패션과 환경오염의 실태', '패션의 맹목적 추종' 등 토론 주제와 관련이 있고 토론 주제를 선명하게 할 수 있는 관련 논쟁거리들을 탐구 주제로 구성한다.

2) 학습 자료 제작

이렇게 토론주제 및 탐구주제가 구성되면 이를 바탕으로 학생이 스스로 학습할 수 있는 다양한 학습 자료를 제작한다. 학습자료 제작은 교사가 할 수도 있고, 학생들이 하도록 안내할 수도 있다. 학생들에게 안내할 때에는 관련 도서 목록이나 인터넷 사이트 목록, 관계 전문가 명단 등 자료 제작 경로와 접근 방법을 구체적으로 안내해 주는 것이 좋다.

2_ 토론 수업 진행

학습자료 제작이 끝나면 만들어진 교과교육과정을 실행할 단계가 된다. 교과교육과정은 세 단계의 학습 절차를 거쳐 실행된다. 자기 주도적 학습은 제작된 학습 자료를 바탕으로 학생 스스로가 학습하는 과정이다. 이 과정에서는 학생들이 토론 주제와 탐구 주제를 해석하고 재조직하여 자신의 문제로 구성하고, 이를 바탕으로 해답을 만들어내는 구성적 방법으로 진행하는 것이 바람직하다.

여러 논제들의 개념들을 어떻게 정의하고 증명할 것이냐를 학생들이 분석하고 판단하여 재구성하고 조직하도록 해야 한다. 자기 주도적 단계의 학습 방법으로는 논술이 적합하다. 논술은 스스로의 생각과 판단을 구조화하고 체계화할 수 있으며 객관화시킴으로써 자신의 아이디어와 의견을 평가하고 다시 조직할 수 있게 해주기 때문이다.

1) 주제 파악하기

자기 주도적 학습을 할 때 두 가지 정도는 미리 준비하도록 말해주는 것이 좋다. 학생들이 구체적으로 어떻게 할 것인가를 알아야 하기 때문이다.

이 과정은 두 단계로 나뉜다. 먼저 주제 파악하기이다. 사실, 토론을 준비할 때 제일 먼저 해야 할 일이 주제를 파악하는 것이다. 자기 자신을 알아야 싸움에도 이기는 법, 토론의 쟁점을 알아야 싸울 수 있다.

① 주제를 명확히 파악하기 위해 문장을 서술문 형식으로 전환하기 : 주제를 파악하기 위해서는 먼저, 주제를 분석해야 한다. 의문문은 글자 그대로 의문문이다. 논제는 찬반을 주장할 수 있는 서술문 형식으로 나타나는 것이 원칙이다.

② 토론에 임하기에 앞서, 먼저 논제에 대한 개념 정의가 필요하다. : 만약 찬성 쪽에서 이 점을 놓쳤다면 반대쪽에서 그 점을 바로 지적해야 한다.

③ 논제에 면밀한 분석과 사전 조사가 필수적이다. : 토론 대상의 논제는 크게 세 가지이다. 첫째로, 사실에 대한 논란, 둘째로, 가치에 대한 논란, 셋째로 정책에 대한 토론이 있다. 따라서 논제가 어디에 속하는지 분석하고 이에 대해 조사하는 것이 좋다.

2) 논제 종류 및 선정

논제 종류는 사실에 관련된 문제, 가치에 대한 것, 정책에 대한 문제, 3가지로 분류된다. 이들 중에 사실에 대한 논쟁은 주로 법원에서 다루며 학교나 미디어 등에서는 잘 다루지 않는다. 이는 사실에 대한 논쟁은 그것이 의존하는 증거에 의해 결정되는 경향이 강하기 때문이다. 학교에서는 주로 가치와 정책에 관련된 문제들을 주로 다루는데, 정책은 그 이면에 가치문제를 두고 벌어지는 경우가 많다. 행정 수도를 옮길 것인가 말 것인가와 같은 정책 대결의 이면에는 이해관계의 충돌, 즉 가치의 충돌이 있는 경우가 많기 때문이다.

그 주제가 속하는 부류를 결정해야 한다. 사실에 관련된 문제인지, 가치에 대한 것인지, 아니면 정책에 대한 것인지를 먼저 결정하고 각각에 맞는 대응 방법을 모색하는 것이 좋다. 사실의 문제라면 논거 부분을 꼼꼼하게 따져보고 상대의 주장을 뒤집을 수 있는 결정적 논거가 없는지 찾아보아야 한다. 가치의 문제라면 그 가치가 과연 타당한 것인지, 전제되는 가치보다 더 상위의 가치는 없는지, 전제하는 가치가 제시된 논제에 적용될 수 있는지 등을 따져 보아야 한다. 정책의 문제는 그 정책이 제시된 배경이 무엇인지, 정책을 채택하여 얻을 수 있는 것과 잃게 되는 것이 무엇인지 등에 대해 면밀히 살피면 문제의 핵심에 더 빨리, 더 정확하게 접근할 수 있다.

3) 주장과 근거 만들기

논제 분석이 끝나면 토론에 대해 구체적으로 준비하도록 한다. 무엇을 주장할 것이고 논거는 어떤 것을 어떤 순서로 제시할 것이며, 논거를 제시했을 때 상대방이 어떻게 반박할 것인지에 대한 면밀한 계획을 세워 토론 시나리오를 만들도록 한다.

먼저 논제와 관련된 자료를 찾아서 검토하고, 수집한 자료를 정리하여 활용하여, 주장과 근거를 만들고, 자료들을 조합하여 토론에 앞서 논술을 작성해 본다.

① 논제와 관련된 자료 찾기와 검토하기

토론을 잘하기 위해서는 아는 것도 많아야 한다. 토론과 관련된 자료를 잘 찾아야 한다. 논제 분석을 통해 찾아야 할 자료의 종류를 정확하게 파악한 다음, 그와 관련되는 자료들을 찾아야 한다. 논제와 관련된 자료를 도서관 및 인터넷 등을 활용하여 찾을 수 있다.

· 도서관 활용 : 자료를 찾는 고전적인 방법으로 도서관을 활용하는 방법이 있다. 도서관의 사서들은 이용자들이 잘 활용하도록 안내한다. 여건이 된다면 수업 시간에 직접 도서관에 데리고 가서 자료 찾는 법을 지도하는 현장학습을 하는 것이 좋다. 학생들은 의외로 도서관에서 자료를 찾아내는데 서툴 수 있으므로 도서관 활용법을 익히도록 지도해야 한다.

· 인터넷 활용하기 : 현실적으로 많은 학생들이 인터넷에 의존하고 있다. 인터넷 상의 자료 중에 백과사전은 다소 믿을 수 있으나, 많은 자료들이 부정확하거나 왜곡되어 있는 등으로 신빙성이 낮은 점에 유의해야 한다. 그러나 책으로 출판 되는데 일정 기간이 소요되므로, 출판되기 이전의 최신 기사나 패션 트렌드 등 최신 자료들은 인터넷의 자료를 유용하게 활용할 수 있다.

② 수집한 자료를 정리하여 활용하기

수집한 많은 원 자료들이 생생하지만, 정리하여 활용해야 한다. 정리하는 대표적인 방법으로 마인드맵(mind map)을 들 수 있다. 마인드맵은 '생각의 지도' 라는 뜻이며, 자신의 생각을 지도 그리듯, 이미지화해 사고력, 창의력, 기억력을 한 단계 높인다는 두뇌 개발 기법이다. 어떤 문제에 대하여 창조적으로 사고하고 있을 때, 시간이 흐르거나 연속적인 사고의 연상이 진행되면 그 사고한 내용의 일부는 잃어버리게 되고 재생하기가 어렵게 된다. 마인드맵은 유기적으로 연결되는 일련의 생각을 훌륭하게 상기시켜주므로, 학습법과 기억력 뿐 아니라 기업 업무능력 향상 등에도 활용되고 있다.

③ 자료들을 조합하여 논술을 써 본다.

마인드맵을 통해 조사한 내용을 정리한 후에 이것을 짜 맞추어 조합한다. 토론하는 법은 논술을 통해서 배운다. 말로 할 것을 미리 글로 써보는 것이다. 논증을 말로 한 형식이 토론이며, 글로 쓴 형식이 논술이다. 단지 표현하는 방법이 다를 뿐이지, 내용이나 본질은 똑같은 구조를 가지고 있다.

토론할 내용을 미리 글로 써보면, 생각을 객관화함으로써 균형적인 판단을 할 수 있으며, 주장을 체계적이고 조리 있게 전개할 수 있고, 내용에 친숙해지고 이해가 깊어지는 장점이 있다.

· 자신의 생각을 객관화함으로써 균형적인 판단을 할 수 있게 만든다. : 사람의 생각을 말로 표현하면 다를 수도 있으며, 문자로 표현되었을 때 또 다르다. 머릿속 생각이 주관적이라면 글은 객관적이고, 말은 이 둘의 중간쯤에 해당한다고 할 수 있다. 그래서 자신의 생각을 글로 써 놓으면 생소하고 낯설게 보일 수도 있다. 그렇지만 이 생소하고 낯설어 보인 것이 생각의 균형감을 찾게 해 준다.

· 자신의 주장을 체계적이고 조리 있게 전개할 수 있다 : 생각이 일단 말로 표현되면 그

것은 돌이킬 수가 없는 반면에, 글은 몇 번이고 수정할 수 있고 바꿀 수도 있다. 자신의 생각을 글로 써 봄으로써 수정과 첨삭을 통해 엉클어진 생각을 질서 있게, 조화되게, 체계성 있게 해줄 수 있다.

· 내용에 친숙해지고 이해가 깊어지는 효과가 있다 : 한 번 써본 글은 오랫동안 머리에 남게 된다. 글을 쓰면서 학생들에게 중요한 개념과 단어와 용어들을 익히게 할 수 있다. 또한 토론에서 말할 내용을 머릿속에 정리할 수 있어 주장과 근거를 보다 명확하게 말할 수 있다.

4) 협동학습

협동학습(팀 토론)을 통해 학생들의 협동심의 향상, 자제력의 신장, 희생심 증가 등의 효과가 있을 것으로 기대된다. 논쟁식 토론수업에서 협동학습은 워크숍 형식으로 진행하는 것이 좋다. 학생들에게 각자의 역할을 배분하고, 이를 실현하게 함으로써 자신의 학습 체험을 더욱 정교화 할 수 있을 것으로 기대되기 때문이다.

학생들에게는 자신의 생각을 논술로 써 보도록 하고, 역할을 정하고 작전을 짜고 예행 연습을 해 보도록 한다. 이때는 서로 비판적 시각에서 잘못된 점을 지적해 주게 하는 것이 좋다. 연습에서 많은 지적이 나오면 나올수록 많이 보완하게 되므로 그 팀의 토론 결과가 좋아지게 된다.

토론 수업에서 협동학습을 행하면 다음과 같은 장점이 있다.

· 학급 동료와의 협력적인 상호 작용을 촉진할 수 있다.
· 정의적 발달에 기여한다.
· 바람직한 자아상을 형성하게 한다.
· 학습과제에 대한 긍정적 태도를 갖게 한다.

3_ 토론 수업의 실제

토론수업의 형태는 토론에 참여하는 사람들의 수에 따라 다양하게 나눌 수 있는데, 4인 1조로 8명이 토론에 참여하는 민사고식 모델에 의해 토론 수업을 실제 해보기 바란다.

① 찬성 발제 : 찬성팀 제1토론자(4분)
② 반대 발제 : 반대팀 제1토론자(4분)
  · 작전회의(1분)
③ 1차 찬성 논박 : 찬성팀 제2토론자(3분)
④ 1차 반대 논박 : 반대팀 제2토론자(3분)
  · 작전회의(1분)
⑤ 2차 찬성 논박 : 찬성팀 제3토론자(3분)
⑥ 2차 반대 논박 : 반대팀 제3토론자(3분)
  · 작전회의(1분)
⑦ 반대 정리 : 반대팀 제4토론자(4분)
⑧ 찬성 정리 : 찬성팀 제4토론자(4분)

1) 소요 시간

이 논쟁식 토론 모델은 총 31분 분량으로 구성되어 있다. 중고등학교 수업 시간인 45분 모델에 맞춘 것이지만, 현실적으로 수업을 하다보면 시간이 부족할 수 있다. 이 경우에는 토론 시간을 줄이기보다는 작전회의 시간을 줄이거나, 경우에 따라서는 생략하기도 하여 시간을 조절하는 편이 바람직하다.

2) 토론 수업의 준비 단계

① 교과교육과정을 편성하는 과정

교과교육과정의 편성은 상위교육과정을 분석하는데서 시작한다. : 무엇을 가르쳐야 할지를 결정하는 단계로서 교사가 자기만의 수업내용을 만들어가야 한다. 제7차 교육과정은 이렇게 교사가 스스로 교육내용을 구성하고 만들어갈 수 있는 길을 허용하고 있다. 물론 그렇다고 해서 교사가 아무렇게나 자기 마음대로 교육과정을 만들 수 있다는 의미는 아니다. 국가 수준의 교육과정과 시도 교육청의 교육과정 편성 · 운영지침, 각 학교가 만든 학교 교육과정 등을 기준으로 하여 만들어야 한다. 이렇게 교사가 자신의 교육과정을 만들고, 자신만의 교육내용을 만들었을 때, 그 수업은 참된 의미에서 교사 자신의 수업이 된다.

· 교육목표 설정 및 목표의 단계화 : 첫째 단계가 끝나면 둘째 단계는 비교적 쉽다. 교

육목표가 정해지면 그 목표를 세부적으로 단계화 하기는 비교적 쉽기 때문이다.

· 자신의 교재 만들기 : 이 일은 시간도 오래 걸리고 상당한 노력이 드는 일이다. 그러나 자신의 교재를 만든다는 것은 자신의 교과서를 만든다는 뜻이기도 하다. 시간과 노력이 많이 드는 일이기는 하나 가치 있는 일이다.

3) 교육과정의 실행

① 자기 주도적 학습 단계 : 이 단계를 잘 하기 위해서는 학생들에게 자세한 안내를 해주고, 처음에는 하나하나 보여 주어야 한다. 익숙하지 않은 일에는 예를 보여주는 것이 제일이다. 학생들은 한 번만 보여주면 그 다음부터는 대부분 잘하게 된다. 대체로, 학생들의 능력은 교사의 능력을 넘어서는 법이다. 다만 교사에 의해 그 능력이 감춰지고 사장될 뿐이다.

② 협동학습의 단계 : 협동학습의 단계는 워크숍이나 세미나 등으로 대신해도 좋다. 학생들에게 여건을 마련해주면 학생들은 교사가 시키지 않아도 즐겁게, 자발적으로 학습한다. 교사가 자신의 생각을 주입하려 하고, 자신만의 방식을 고집하려 하기 때문에 학생들이 공부하는 것을 싫어하는 것은 아닌지 생각해볼 일이다.

③ 토론학습의 단계 : 실제 시도해보는 단계이며, 학생들에게 신선함도 준다.

4) 토론 평가

토론평가의 특징은 일회적, 종합적, 참여적이라 할 수 있다. 일회적이라 함은 토론하는 말은 한 번 지나가 버리면 그만이므로, 토론을 평가하는 데는 상당한 주의와 집중이 요구됨을 의미한다. 종합적이라 함은 토론의 평가 영역은 언어를 통해 표현되는 토론 내용뿐만 아니라, 말하기와 제스처 등 행동적 요인과 동료 학생들의 반응에 민감하게 반응하는 태도 등을 통해 정의적 요인까지 평가대상이 되기 때문이다. 참여적이라 함은 배심원으로 또는 주심으로서 교사는 학생의 토론에 영향을 끼치며 학생들은 교사의 작용에 반작용하므로, 객관적, 독립적 평가가 어려운 면이 있다.

이러한 특징으로 인해 토론평가는 평가하기가 어려운 점이 있다. 이에 토론 평가를 객관적으로 행하기 위해서, 평가영역과 대상을 주장, 논거, 용어, 말하기, 태도의 다섯 영역으로 나누고, 각 영역별로 평가항목에 평가하며, 평가항목별 5점씩 100점 만점으로 평가해 보는 방법이 제안되고 있다.

① 주장

주장에서 평가목표는 주장이 분명하게 드러났는가 하는 점이다. 토론에서는 주장이 가장 중요한 요소이므로 평가항목에서도 가장 중시해야 한다. 주장이 명확하게 드러났는가의 여부는 진술의 독립성, 핵심성, 명료성, 적절성의 측면에서 평가하며, 주장과 이유의 논리적 연결 관계가 잘 되었는지도 평가한다.

· 주장을 나타내는 진술은 독립적으로 표현되었는가?(독립성)
· 어느 주장이 핵심주장인지 쉽게 판단되는가?(핵심성)
· 제시된 주장이 명료하고 간결하게 진술되었는가?(명료성)
· 주장은 제시된 문제에 바르게 대답하고 있는가?(주장과 이유의 관련성)

② 논거

논거는 타당하고 충분한가가 평가목표이며, 논거의 논리성, 사실성, 충분성, 체계성을 측정하며, 이중에서 논리성과 체계성은 논리적 연관관계를 측정하는 것이고, 사실성과 충분성은 논거의 신뢰도와 관련된다.

· 논거는 주장과 사실적, 논리적으로 모순 없이 연결되어 있는가?(논리성)
· 논거는 사실적이고 객관적이며 믿을 수 있는가?(사실성)
· 여러 논거가 다각도로 주장을 뒷받침하고 있는가?(충분성)
· 논거와 주장은 잘 구조화되어 있는가?(체계성)

③ 용어

용어를 잘 이해했는지에 대해 정확성, 품위, 이해성, 규범성 등을 평가한다.

· 토론 내용을 잘 나타내는 정확한 용어를 사용하였는가?(정확성)
· 어법과 문법에 맞는 품위 있는 용어를 사용하였는가?(품위)
· 용어의 의미를 정확하고 바르게 이해하고 사용하였는가?(이해성)

· 규범적 용어와 기술적 용어를 적절하게 사용하였는가? (규범성)

④ 말하기

말하기는 토론의 핵심 요인이며, 듣는 사람이 오해 없이 명료하게 알아들을 수 있도록 말의 속도, 정확성, 변화, 비유 등의 사용 여부로 평가한다.

· 말의 속도가 너무 빨라 알아듣기 힘들거나 너무 느려 지루하지 않았는가?
· 정확하고 분명하게 발음하여 쉽게 알아들을 수 있었는가?
· 고저장단과 속도의 변화가 없어 단조롭지 않았는가?
· 적절한 비유법을 사용하여 설득력을 증가시켰는가?

⑤ 태도

토론 시에 자세가 적절하고 품위 있는 태도가 중요하다. 시선, 손동작, 복장, 청중과 심판에 대한 태도의 정중함 등을 평가한다.

· 시선이 청중에게 골고루, 적당하게 배분되었는가?
· 손동작, 몸동작이 지나치게 부산스럽거나 어색하지 않았는가?
· 복장이 적절하고 자세가 자연스러웠는가?
· 청중과 심판에게 정중하고 예의 바르게 대했는가?

본 장에서는 오늘날 학교 및 사회 전반에서 활발히 전개되고 있는 토론에 대한 능력을 기르기 위해서 토론의 특징, 가치와 목적, 자세와 태도, 토론 형식, 토론의 구성, 토론의 오류 등에 대해 개괄적으로 살펴보았으며, 토론에 대해 익힌 내용을 바탕으로 실제로 토론 수업을 해보도록 구성하였다.

토론에 관한 이론을 익히는 것이 핵심이 아니라, 토론에 관한 기초적인 내용을 활용하여 토론능력을 개발하는 것이 목표이다.

의상관련 분야에서도 패션생활과 환경오염, 패션트렌드에 대한 자세, 패션물자 소비행태 등 다양한 주제에 대해 자료를 수집, 분석하여, 기초적 지식을 쌓고 논리적 · 비판적 · 창의적 사고를 행하여 각자 나름대로의 자기주장을 설정하고 이에 대한 합당한 근거나 이유를 제시하여 다른 사람들을 설득하여 바람직한 결론을 도출하는 능력을 기르기 바란다.

부록 1 로버트 스턴버그의 사고 양식에 의한 사고 양식 평가지

◆ **평가방법** : 7점 척도(전혀 그렇지 않다 1점, 매우 그렇지 않다 2점, 약간 그렇다 3점, 어느 정도 그렇다 4점, 그렇다 5점, 매우 그렇다 6점, (정말)극단적으로 그렇다 7점)

[표 1] ①정시자치의 기능에 따른 사고 양식

양식	평가항목	점수
입법적 사고양식	1. 의사결정 시, 나의 생각과 일하는 방식에 의존하는 경향이 있다. 2. 문제 직면 시, 나는 해결하기 위해 자신의 생각과 전략을 사용한다. 3. 내 생각대로 일하면서 어느 정도까지 진행될 수 있는지 보기 원한다. 4. 자신의 방식으로 풀어 볼 수 있는 문제를 좋아한다. 5. 과제 수행 시, 나의 아이디어를 가지고 시작하고 싶다. 6. 과제를 시작하기 전, 나는 스스로 어떻게 할지 생각하고 싶다. 7. 직장에서 무엇을 어떻게 할지 결정할 수 있을 때, 더 행복하다. 8. 내 아이디어를 이용하고 내 방식대로 일할 수 있는 상황을 좋아한다.	
	합 계	
행정적 사고양식	1. 토론하거나 아이디어를 기록할 때 정해진 규칙을 따른다. 2. 어떤 문제를 풀기 위해 적절한 방법을 사용하도록 주의를 기울인다. 3. 분명한 구조와 확립된 계획이나 목표가 있는 프로젝트를 좋아한다. 4. 과제, 프로젝트 시작 전에 어떤 방법과 절차로 해야 할지 점검한다. 5. 내 역할과 참여방식이 분명하게 정해진 상황을 좋아한다. 6. 일정한 규칙에 따라 문제를 푸는 방법을 생각하고 싶다. 7. 지침에 따라 할 수 있는 일을 하고 싶다. 8. 문제해결, 과제수행 시, 분명한 규칙, 지시를 따르는 것을 좋아한다.	
	합 계	
사법적 사고양식	1. 토론, 아이디어 제출 시, 타인의 작업방식을 비판하는 것을 좋아한다. 2. 반대 아이디어 직면 시 어떤 것이 옳은 방법인지 결정하기 좋아한다. 3. 반대 관점, 갈등이 있는 아이디어의 검토, 평정하는 것을 좋아한다. 4. 다른 관점과 아이디어를 연구, 평가할 수 있는 프로젝트를 좋아한다. 5. 타인의 계획안, 방법에 등급 매길 수 있는 과제나 문제를 선호한다. 6. 의사결정 시, 반대되는 관점을 비교해 보는 것을 좋아한다. 7. 일을 하는 다른 방식을 비교하고 평정할 수 있는 상황을 좋아한다. 8. 분석하고 등급을 매기고 비교하는 일을 즐긴다.	
	합 계	

[표 2] ② 정신자치의 형태에 따라

양식	평가항목	점수
입법적 사고양식	1. 내 생각을 말하거나 글로 쓸 때, 중요한 생각 하나에 집중한다. 2. 세부적, 사실적인 것보다 중요 쟁점, 중요 주제 다루기를 좋아한다. 3. 한 과업을 끝내고자 노력 시, 기타 문제를 무시하는 경향이 있다. 4. 나의 목표를 달성하기 위해 어떤 방법이라도 사용한다. 5. 의사결정 시, 오직 중요한 요인 하나만 고려하는 경향이 있다. 6. 해야 할 여러 일 중에서 내게 가장 중요한 한 가지 일을 한다. 7. 한 번에 한 가지 일에만 집중하는 것을 좋아한다. 8. 진행 중인 한 가지 일을 끝내기 전에 다른 일을 시작하기 어렵다.	
	합 계	
행정적 사고양식	1. 일 시작 전에 할 일의 우선순위를 결정하는 것을 좋아한다. 2. 이야기 또는 사안 작성 시, 중요도에 따라 쟁점을 조직화하고 싶다. 3. 과제 시작 전에 할 일이 무엇이며 진행할 순서를 알고 싶어 한다. 4. 난제를 다룰 때, 문제의 중요도, 처리순서에 대해 분별할 수 있다 5. 해야 할 일이 많을 때 그 일들의 우선순위를 분명하게 한다. 6. 일 시작 때, 할 일의 목록작성, 중요도에 따라 순서정하기를 좋아한다. 7. 작업 중에, 그 일의 부분사항들이 전체 목표와 관련성을 잘 파악한다 8. 토론, 사안 제안 시, 중요사안 강조, 모든 것들과의 조화를 강조한다.	
	합 계	
과두적 사고양식	1. 과제수행 시, 몇 가지 일을 동시에 시작할 수 있는 여지를 남겨둔다. 2. 대립되는 중요한 쟁점들이 있으면, 어떻게 해서든지 그것을 동시에 시작하려고 애쓴다. 3. 할 일이 많이 있을 때, 대체로 시간과 관심을 동일하게 배분한다. 4. 한 번에 여러 일을 하므로 이 일하다가 저 일하다가 왔다갔다 한다. 5. 보통 몇 가지 일을 한꺼번에 수행한다. 6. 해야 할 몇 가지 일들의 우선순위를 정하는데 곤란을 때때로 겪는다. 7. 꼭 해야 할 일을 알고 있지만, 그 일 순서의 결정을 어려워한다.. 8. 작업 시, 그 작업의 모든 측면을 똑같이 중요시하는 경향이 있다.	
	합 계	
무정부적 사고양식	1. 해야 할 일이 많을 때 무슨 일이건 첫 번째로 떠오르는 일을 한다. 2. 모든 과제들이 똑같이 중요해 보이므로 다른 과제로 쉽게 이동한다. 3. 문제가 사소해 보여도 모든 종류의 문제들을 다루는 것을 좋아한다. 4. 토론 또는 사안 제안 시, 머리에 떠오르는 무엇이든지 다 이용한다. 5. 어떤 일이라도 해결하는 것이 다른 여러 중요한 문제를 해결하는데 도움이 된다고 생각한다. 6. 의사결정 시, 모든 관점을 다 고려하려고 노력한다. 7. 할 일이 많을 때 시간이 있는 한 가급적 많은 일을 하려고 노력한다. 8. 일 시작 시, 어떤 방법이든 가능한 모든 방법을 고려하기 좋아한다.	
	합 계	

[표 3] ③ 정신자치의 수준에 따른 사고 양식 평가지

양식	평가항목	점수
전체적 사고양식	1. 세부사항에 주의를 기울이지 않아도 되는 과제, 상황을 좋아한다. 2. 해야 할 과제의 세부적 사항보다 일반적인 효과에 더 신경을 쓴다. 3. 과제수행 시, 하는 일이 전체와 조화되는지 알아보는 것을 좋아한다. 4. 주제의 전반적 양상이나 전체적인 효과를 강조하는 경향이 있다. 5. 세부적 면보다 전체적 주제에 초점을 맞출 수 있는 상황을 좋아한다. 6. 사안 제안 시, 생각의 범위, 맥락 등 전반적 면을 보여주기 좋아한다. 7. 세부사항에 대해서 주의를 덜 기울이는 경향이 있다. 8. 작은 세부적 사항보다 전체적 쟁점을 다루는 과제 수행을 좋아한다	
	합 계	
부분적 사고양식	1. 일반적 문제보다 구체적 문제를 다루는 것을 좋아한다. 2. 개괄적 문제, 다수의 문제보다 구체적, 단일 문제 다루기를 좋아한다. 3. 과제를 전체로 보지않고, 해결 가능한 조작들로 나누는 경향이 있다. 4. 수행하는 일을 위해 상세하고 구체적 정보 수집을 좋아한다. 5. 세부적인 주의를 기울여야 하는 문제를 좋아한다. 6. 과제의 전체적 효과나 의의보다 각각의 부분에 더 주의를 기울인다. 7. 토론, 제안 시, 전체 면보다 세부 면과 사실이 중요하다고 생각한다. 8. 어떤 특정한 내용이 없는 사실과 정보라도 기억하기를 좋아한다.	
	합 계	

[표 4] ④ 정신자치의 범위에 따른 사고 양식 평가지

양식	평가항목	점수
전체적 사고양식	1. 일의 모든 과정을 타인과 의논하지 않고 혼자 하는 것을 좋아한다. 2. 의사결정 시, 그 상황에 대한 나 자신의 판단에 의존한다. 3. 타인에 의존하지 않고 내 생각을 실행할 수 있는 상황을 좋아한다. 4. 토론, 제안 시, 내 자신만의 아이디어를 사용하기를 좋아한다. 5. 독자적으로 완수할 수 있는 과제를 좋아한다. 6. 정보를 타인에게 요청하지 않고 스스로 보고서 읽는 것을 선호한다. 7. 어떤 문제에 직면할 때 나는 스스로 문제를 해결하는 것을 좋아한다. 8. 과제나 문제를 혼자서 해결하고 싶다.	
	합 계	
부분적 사고양식	1. 일 시작 시, 친구들 혹은 동료들과 함께 브레인스토밍하고 싶다. 2. 정보획득 시, 보고서 읽기보다 타인들과 그에 대한 대화를 좋아한다. 3. 구성원으로서 타인들과 상호작용할 수 있는 활동에 참여하고 싶다. 4. 타인들과 함께 일할 수 있는 과제를 좋아한다. 5. 타인과 상호작용하며 모두가 함께 일하는 상황을 좋아한다. 6. 토론, 제안, 보고서작성 시, 내 생각과 타인의 생각을 종합하고 싶다. 7. 과제수행 시, 타인과 정보공유 또는 그들 아이디어를 수용하고 싶다. 8. 의사결정 시, 타인의 의견을 고려하려고 노력한다.	
	합 계	

[표 5] ⑤ 정신자치의 경향에 따른 사고 양식 평가지

양식	평가항목	점수
진보적 사고양식	1. 일을 할 때 새로운 방법으로 과제를 수행하고 싶다. 2. 새로운 방법을 시도하며 일할 수 있는 상황을 좋아한다. 3. 일하는 방식을 개선하기 위해 기존의 틀을 바꾸고 싶다. 4. 과거 아이디어나 수행방식에 도전해서 더 나은 방법을 찾고 싶다. 5. 문제 직면 시, 문제 해결할 새로운 전략, 방식을 찾는 것을 좋아한다. 6. 새로운 시각으로 상황을 바라볼 수 있는 하는 과제를 좋아한다. 7. 오래된 문제를 찾아 해결을 위한 새로운 방법 모색함을 좋아한다. 8. 과거에 타인들이 사용 안한 새로운 방식으로 일하는 것을 좋아한다.	
	합 계	
보수적 사고양식	1. 이전부터 사용해왔던 방법에 따라 문제를 해결하는 것을 좋아한다. 2. 일처리 시, 과거의 방법, 아이디어를 그대로 따르는 것을 좋아한다. 3. 일을 완수하는데 필요한 규칙이 정해진 과제나 문제를 좋아한다. 4. 일상적, 관례적 방법으로 무언가를 할 때 발생하는 문제를 싫어한다. 5. 일을 할 때 표준적인 규칙이나 방법에 충실히 따른다. 6. 고정된 절차를 따를 수 있는 작업환경을 좋아한다. 7. 문제 직면 시, 전통적인 방식으로 문제를 해결하기 좋아한다. 8. 전통적 방식으로 역할을 수행할 수 있는 상황을 좋아한다.	
	합 계	

◆이상의 평가 결과를 통산하여 스턴버그의 다양한 사고 양식 중에 나의 사고 유형이 어디 속하는지 점검해 보자.

[표 6] 나의 사고 유형

구분	기능	점수	형태	점수	수준	점수	범위	점수	경향	점수
유형	입법형 행정형 사법형		군주형 계급형 과두형 무정부형		전체형 부분형		내부 지향형 외부 지향형		진보형 보수형	
나의 유형										

부록 2 스턴버그가 교육과 관련된 사고양식을 적용한 결과

[표 7] 사고 양식과 수업 방법

수업 방법	수업 방법과 잘 맞는 사고 양식	
· 강의식	· 행정형	· 계급형
· 사고에 기초한 질문하기	· 사법형	· 입법형
· 협동(집단)학습	· 외부 지향형	
· 주어진 문제의 해결	· 행정형	
· 프로젝트	· 입법형	
· 소집단-사실적인 질문에 대답하기	· 외부지향형	· 행정형
· 소집단-아이디어에 대해 토의하기	· 외부지향형	· 사법형
· 독서	· 내부지향형	· 계급형

[표 8] 사고 양식과 수업 및 평가 과제

강조되는 양식(자극어 유형)		
행정법	사법형	입법형
· 누가 말했는가?	· 비교 대조하시오.	· 창작하시오.
· 요약하시오.	· 분석하시오.	· 창안하시오.
· 누가 했는가?	· 평가하시오.	· 만약 당신이라면
· 언제 했는가?	· 당신의 판단으로	· 상상하시오.
· 무엇을 했는가?	· 왜 했는가?	· 설명하시오.
· 어떻게 했는가?	· 무엇이 원인인가?	· 어떻게 할 것인가?
· 다시 반복하시오.	· 무엇이 가정되는가?	· 가정해 보시오.
· 기술하시오.	· 비평하시오.	· 이상적으로는?

[표 9] 사고 양식과 평가 방법

평가방법	주요 개발 기능	적합한 사고 양식
단답형 및 선다형	· 암기 · 분석 · 시간배분 · 혼자 공부하기	· 행정형 · 부분형 · 사법형 · 부분형 · 계급형 · 내부 지향형
논술시험	· 암기 · 거시적 분석 · 미시적 분석 · 창의성 · 조직화 · 시간배분 · 교사 견해수용 · 혼자 공부하기	· 행정형 · 부분형 · 사법형 · 전체형 · 사법형 · 부분형 · 입법형 · 계급형 · 계급형 · 보수형 · 내부 지향형

평가방법	주요 개발 기능	적합한 사고 양식
프로젝트 및 포트폴리오	· 분석 · 창의성 · 공동 작업 · 혼자 공부하기 · 조직화 · 높은 관여	· 사법형 · 입법형 · 외부 지향형 · 내부 지향형 · 계급형 · 군주형

참고문헌

고병림 역(2006), *미래의 교육에 반드시 필요한 7가지 원칙*, 에드가 모랭저, 서울: 당대.

김성준 외 10명(2010), *교과교육에서 창의성의 이론과 실제*, 서울 ; 학지사.

김경자, 김아영, 조석희(1997), 창의적 문제해결능력 신장을 위한 교육과정 개발의 기초, 교육과적 연구,15(2), 129-155.

김아영외 2인 공역(2004), *교육심리학*, A. Woolfolk 저, 서울 : 박학사.

김영필(1996), *논리읽기*, 서울 : 테일출판사.

김용규 (2007), *설득의 논리학*, 서울 : 웅진지식하우스.

교육인적자원부(2007), *디자인 일반*, 서울 : (주) 두산,

김인희(1997), *새 시대를 위한 교육의 이해*, 서울 : 문음사.

김현영 역(2007), *논리의 힘*, 미우라 도시히코 저, 서울, 루비박스.

도부선 역(2005), *생각 발전소*, 옌스 죈퇴겐, 서울, 북코드.

도정일, 김훈, 박원순(2008), *글쓰기의 최소 원칙*, 서울 : 룩수문디.

문정화, 하종덕(1999), *또 하나의 교육*, 창의성, 서울 : 학지사.

박윤정 역(2005), *생각의 오류*, 토마스 키다 저, 서울 : 열음사.

박진환, 김혜숙(2005), *고차적 사고력 교육*, 메튜 립맨 저, 서울 : 인간사랑.

박찬옥외 9명(2010), *유아교사를 위한 논리 · 창의교육*, 서울 : 정민사.

소홍력(1997), 논술문 *강의와 연습*, 서울 : 이화여자대학교 출판부.

소홍렬(2004), *부드러운 논리 아름다운 생각*, 서울 : 이화여자대학교 출판부.

송하석(2007), *리더를 위한 논리 훈련*, 서울 : 사피렌스 21.

여훈군 (1999), *현대논리학*, 서울 : 면영사.

윤영삼 역(2008), *논증의 탄생*, 조셉 윌리암스 , 그레고리 콜럼 저, 서울: 민음사.

윤재홍 역(2008), *실존철학과 교육학*, 볼노우 저 서울 : 학지사.

위기철(1998), *논리야 고맙다*. 서울 : 사계절 출판사.

위기철(2003), *생각은 힘이 세다*. 파주: 청년사.

이경화, 최병연, 박숙희 공역(2006), *창의성 계발과 교육*, Arthur J. Cropley 저, 서울 : 학지사.

이대희, 이재승 (2003), *논리와 논술*, 학진출판사,

이보경 역(2004), *논증의 기술*, Anthony Weston 저, 필맥.

이상욱, 문태순, 김미애 (2010), *예비교사를 위한 논리와 논술*, 서울 : 학지사.

이연순 (2009), *직물디자인*, 대구 : 형설출판사.

이영애 역(2003), *사고 유형*, S. I. Robertson 저, 서울 : 시그마프레스.

이은영, 장인희(2004), *의류학 연구 방법론*, 서울 : 교문사.

이정한 역(2004), *생각해 내는 기술*, 오모태 사부로 저, 서울 : 달과소.

이종승, 김인선 역(2004), *사고 양식*, R.J..Stemberg 저, 서울 : 교육과학사.

임선하(1993), *창의성에의 초대*, 서술 : 교보문고.

전남대학교 교육발전연구원 역(2008), *토론-수업을 위한 도구와 기법*, D.Brocfield 저, 서울 : 학아당.

전영길, 이영만 역(1994), *수평적 사고와 창의성*, 에드워드 드 보노 저, 서울 : 서원.

전경원(2000), *창의학*, 서울 : 학문사

정범모(2003), *창의력이란-그 실체와 육성*, 서울 : 교육과학사.

정상모(2004), *논리적 사고의 길잡이*, 부산 : 신라대학교 출판부.

조연순, 성진숙, 이해주(2008), *창의성교육-창의적 문제해결력 개발과 교육 방법*, 이화여자대학교 출판부.

최훈(2007), *논리는 나의 힘*, 서울 : 세종서적(주).

하영석 외 2인(1994), *사고의 논리*, 형설출판사.

허제창 외 1인 (1995), *논리학*, 한국문화사,

한상기(2007), *비판적 사고와 논리*, 파주 : 서광사.

한준상 역(1994), *생각연습*, 에드워드 드 보노 저, 사울 : 한올.